国家社科基金"十三五"规划教育学一般项目"网络文化视域下青少年道德学习模式构建研究"（BEA160076）的主要研究成果之一。

国家社科基金丛书
GUOJIA SHEKE JIJIN CONGSHU

网络文化与
青少年道德学习

Cyberculture and
Adolescent Moral Learning

桑青松 著

人民出版社

前　言

　　文化是一种社会现象,是人们长期创造形成的产物,同时又是一种历史现象,是社会历史的积淀物。网络文化作为一种新的文化形态对主流意识形态以及整个社会的文化价值观产生强大影响,网络文化的创作、传播和消费已成为核心价值观建设的重要载体。《信息安全词典》将网络文化定义为以网络信息技术为基础、在网络空间形成的文化活动、文化方式、文化产品、文化观念的集合。网络文化是现实社会文化的延伸和多样化的展现,同时具有文化行为特征、文化产品特色、价值观念和思维方式的特点。网络文化在青少年道德结构定型过程中起着十分重要的作用。

　　道德学习作为人类社会经验系统的获得,是一种以社会规范为对象的价值习得过程。它以情感体验和价值澄清为核心,最终形成正确的道德价值观,实现道德主体人际和谐与知行和谐的特殊认知发展过程。道德学习心理机制是以体验为核心的知情行整合学习,既有认知学习,也有行为学习,更有情感学习。作为社会规范的价值学习,它是青少年形成品德结构的社会化过程。国内外道德学习研究经历不同阶段主要包括道德学习的认知发展观、道德学习的文化社会观、道德学习的价值发展观、道德学习的建构主义观等。在研究方法上主要使用了两种方法:一是问卷调查法,分析不同人群道德养成的现状,如莱斯特编制的 DIT 测验;二是实验法和测量法,分析道德形成的结构和影响因素。研究内容主要集中在道德学习的性质、道德学习与其他领域学习的关系、道德学习理论、道德教育课程建设及青少年道德学习的特点、规律等，缺乏对道德学习存在的问题、教育策略等方面的深层次、质性研究。研究对象绝大部分集中在对儿童以及大学生群体上，以横向研究为主，研究儿童道德形成的阶段、大学生道德的现状、形成原因等，对道德发展的追踪研究、道德学习整体性研究、互联网社会青少年道德系统性研究等有所不足。

网络道德作为一种实践精神，是人们对网络持有的意识态度、网上行为规范、评价选择等构成的价值体系，是一种用来正确处理、调节网络社会关系和秩序的准则。网络道德的目的是按照善的法则创造性地完善社会关系和自身，其社会需要除了规范人们的网络行为之外，还有提升和发展自己内在精神的需要。《青少年网络道德学习与发展》是国家社科基金"十三五"规划教育学一般项目"网络文化视域下青少年道德学习模式构建研究"（BEA160076）的主要研究成果之一。网络文化视域下青少年道德学习理论框架构建，为提升青少年品德发展水平，增强网络时代青少年道德教育实效性提供了新路径和新模式。研究成果丰富了思想政治教育的基础理论，彰显了中国特色社会主义建设"以人为本"的精神内涵，为促进青少年学生身心健康和谐发展提供了理论支撑。基于健康网络文化的学校、家庭和社会相结合的道德教育模式，可切实提高青少年学生在网络文化环境中自我认知水平、网络使用自我管理和自主学习的能力。青少年网络道德教育的新机制、新模式和新路径构建，符合新课程改革提出的情感态度价值观的教学目标要求，是贯彻落实《国家中长期教育改革和发展规划纲要（2010—2020年）》《新时代公民道德建设实施纲要》的具体要求，也是加强对青少年社会主义核心价值观培养的具体体现。青少年道德学习心理机制与模式构建研究拓展了德育研究领域，丰富了中国化研究的理论成果，为探讨有效道德教育模式提供了新视角，可提高青少年思想政治教育的科学化水平。

一是深刻阐明网络道德学习的理论基础和核心要义。本书在深入剖析网络文化内涵、特征和发展阶段的基础上,结合青少年道德学习、网络道德学习心理特点和规律,揭示网络文化对青少年发展的影响,特别指出其在青少年道德学习和品德发展中的价值导向与功能表征。基础理论围绕道德学习和网络道德学习的认知发展和社会性发展,分别阐述了道德认知发展理论、道德认知理论、亲社会行为理论、认知失调理论和社会信息加工模型等,以及道德推脱理论、自我效能理论和社会学习理论,分析和概括不同道德学习理论的核心要义和研究取向。网络道德学习心理机制从网络道德学习的逻辑理据、正面网络道德行为的学习机制和负面网络道德行为的学习机制入手,总结概括正面网络道德行为的影响因素、负面网络道德行为的产生机制和影响因素。这些皆为研究和探明网络文化对青少年道德学习作用机理提供了必要的逻辑与理据。

二是深入揭示网络道德学习与青少年发展的相互作用机制。本书聚焦青少年道德认知发展,通过网络信息接触与道德判断能力、网络道德判断与网络偏差行为、道德推脱与被动社交网站等实证研究,提出了增强青少年网络道德认知能力的反思与重构;聚焦青少年道德情感发展,通过现状调查,青少年网络道德情感影响因素分析,提出了青少年网络道德情感培养的有效生态系统;聚焦青少年社会性发展,分析网络文化对青少年社会性发展的积极影响和消极作用,通过网络利他行为、网络欺凌行为等实证研究,强调通过更新教育理念、健全机制模式和加强条件保障等促进青少年社会性发展;聚焦青少年人格发展,通过利他人格与道德伪善、公正世界信念与网络攻击行为、校园受欺凌与网络欺凌行为等实证研究,提出了健全青少年道德人格发展的具体实现路径。

三是构建网络文化视域下青少年道德价值观教育模式。本书结合网络道德学习与青少年发展的关系研究,基于理论研究成果与实证研究结论,提出构建自教与他教相结合,网上网下相配合,社区、学校和家庭相协调的青少年网络道德学习新模式。其中,部分青少年网络德育心理案例贯穿全书的不同章节,通过对青少年网络成瘾、网络欺负、网络道德失范等典型案例分析,可进一步帮助家庭、学校和社会增进对网络文化价值观标准及其网络育人功能的认知和理解,有助于增强青少年学生在网络文化建设中的自我认知、自我管理和自主学习能力。构建基于网络文化的学校、家庭和社会相结合的网络道德教育的新机制、新模式和新路径,可增强青少年网络思想政治教育的实效性,为新时代德育工作提供了一定的借鉴参考。青少年网络道德学习与发展研究成果对教育启示有以下三点:一是要以网络伦理建设营造清朗网络环境,提升公共文化服务水平;二是建设高质量教育体系,健全家庭学校社会协同育人机制;三是加强网络心理研究,增强青少年网络德育的积极后效。

全书具有以下特点:

第一,聚焦理论创新,构建网络道德学习新体系。以哲学、心理学、教育学等学科理论为指导,聚力道德活动主体,分析青少年对网络信息的接受、理解和态度改变,探讨网络文化影响青少年道德学习的认知发展机制、网络道德学习的情感调节机制及网络文化视域下青少年网络道德判断和评价机制。探明网络活动方式和网络文化传播途径对青少年道德学习心理结构的影响。网络文化视域下青少年道德学习心理机制与模式构建研究,是德育工作必须抓住的核心环节,符合德育理论创新的需要。研究彰显了新时代中国特色社会主义建设"以人为本"的精神内涵,拓宽了德育研究范围,为改进未成年人思想道德建设提供了新视角。

第二,强化实践导向,创新网络道德学习新模式。研究结合新时代德育工作实效性问题,关照生命本体价值,回归青少年学生道德生活世界,构建全方位、多样化和过程化的青少年学生道德学习实践模式。加强适应网络时代特征的青少年道德学习理论与实证研究,建构适合中国国情的网络文化视域下的青少年道德学习理论架构,丰富青少年网络德育理论,引导青少年进行网络道德学习的价值定位,发挥网络文化对青少年道德观念和行为的积极影响,有助于推进网络文明建设。

　　本书在撰写过程中,作者广泛阅读了大量国内外文献资料,引用了诸多有关研究成果和相关测验量表,谨向这些文献资料的著作权者致以衷心的感谢。感谢北京师范大学檀传宝教授、中国科学院心理研究所刘正奎研究员在课题开题和研究过程中给予的指导!感谢华中师范大学周宗奎教授研究团队、中国人民大学雷雳教授研究团队等给予的关心和支持!感谢安徽师范大学教育科学学院领导在本书出版过程中给予的支持!感谢全莉娟、舒首立、王礼军、孙文强老师及研究生马少勇、朱铁军、刘思义、康琪、孙婷婷、房可玉、杨霄楠等同学给予资料整理和校对工作的帮助,在此一并致谢。

　　由于作者学识有限,书中疏漏和不妥之处敬请专家和广大读者批评指正。

桑青松

2023 年 3 月 12 日

目　　录

第一章　网络文化与道德学习 …………………………………… 001

　　第一节　网络文化 …………………………………………… 002

　　第二节　青少年道德学习 …………………………………… 014

　　第三节　青少年网络道德学习 ……………………………… 036

第二章　道德学习的理论基础 …………………………………… 052

　　第一节　道德学习的层级与要素 …………………………… 053

　　第二节　道德学习的认知理论 ……………………………… 060

　　第三节　道德学习的社会理论 ……………………………… 075

　　第四节　道德学习理论新进展 ……………………………… 079

第三章　青少年网络道德学习心理机制 ………………………… 087

　　第一节　青少年网络道德学习逻辑理据 …………………… 087

　　第二节　青少年网络亲社会行为心理机制 ………………… 093

　　第三节　青少年网络偏差行为及其作用机制 ……………… 098

第四章　青少年网络道德认知与发展 …………………………… 108

　　第一节　青少年网络道德认知及其影响因素 ……………… 108

第二节　青少年网络道德认知的实证研究 ……………… 118

第三节　青少年网络道德认知能力促进与发展 ………… 130

第五章　青少年网络道德情感及培育 …………………… 138

第一节　网络道德情感的特点与功能 …………………… 138

第二节　青少年网络道德情感研究新进展 ……………… 154

第三节　青少年网络道德情感培养的教育对策 ………… 162

第六章　网络道德学习与青少年社会性发展 …………… 178

第一节　网络道德学习对青少年社会性发展影响 ……… 179

第二节　孝道信念与青少年网络利他行为 ……………… 185

第三节　道德同一性与青少年网络欺凌行为 …………… 196

第四节　促进青少年社会性发展的对策和建议 ………… 209

第七章　网络道德学习与青少年人格发展 ……………… 214

第一节　网络环境与青少年道德人格发展 ……………… 214

第二节　公正世界信念与青少年网络道德行为 ………… 219

第三节　利他人格和人际信任对青少年道德伪善影响 ………… 230

第四节　青少年道德人格发展的对策与建议 …………… 257

第八章　青少年网络道德学习模式建构 ………………… 263

第一节　网络安全与健康网络行为 ……………………… 264

第二节　青少年网络道德教育的理念与原则 …………… 277

第三节　青少年网络道德学习模式建构与实践 ………… 286

主要参考文献 ……………………………………………… 302

第一章　网络文化与道德学习

　　互联网的发展改变着人们的生活、工作和学习方式的同时,也深刻地影响着人们的道德观念和道德行为。互联网在人类社会生活和生产领域所渗透的程度逐渐深入,并形成了网络文化。网络文化在整个社会实践中拥有越来越突出的地位,网络文化建设最终以文化软实力体现,对社会进步具有划时代的现实意义。健康丰富的网络文化资源、精细专业的文化生产运营生态和持续有效的网络文化"育人"机制等是网络文化软实力的重要指标。卡尔·马克思(Karl Marx)说过:"人创造环境,同样,环境也创造人"。① 在网络虚拟空间中,人不仅是网络文化的实践者,也是网络文化的受众,青少年是国家的希望、民族的未来。打造健康网络文化,是建设文化强国题中应有之义,也是建设文化强国的重要组成部分。习近平总书记指出,"法是他律,德是自律,需要二者并用。"②面对多样的网络文化及网络乱象,有关部门必须净化网络信息环境,营造和谐网络空间,为广大网民特别是青少年营造一个风清气正的网络空间。

---

① 《马克思恩格斯选集》第 1 卷,人民出版社 1995 年版,第 92 页。
② 《十八大以来重要文献选编》上,中央文献出版社 2014 年版,第 722 页。

第一节　网络文化

网络文化内容是多样化价值文化价值输出的载体,直接关系民生福祉、关系人的全面发展。习近平总书记反复强调加快构建现代公共文化服务体系,让文化民生得到显著改善,人民群众的文化获得感、满足感不断增强。文化是一个国家和民族的精神血脉。培育健康向上的网络文化,是加强网络文明建设的重要内容,也是推动互联网健康有序发展的内在要求。近年来,伴随互联网的快速发展,网络文化蓬勃兴起,极大地丰富了人民群众的精神文化生活,为推动我国文化建设高质量发展发挥了积极作用。青少年是网络文化的主要参与者,其行为认知已经与数字时代深度交融。王选院士曾指出:"世界上从来没有一种技术像互联网这样,为青少年学习超过老一代的本领提供了便捷条件。通过互联网,可以用最快的速度查找到最需要的信息。"网络文化影响着人们的生活方式、价值取向和对时空的判断,形成了一种强势文化,成为重要的文化形态之一。

一、网络文化的内涵、特征

网络文化可以分为"网络"和"文化"两个方面。网络是人类科技进步的结果,文化是人类文明精神的结晶,网络文化既是一种社会现象,又是一种历史现象,是人类长期积累的产物,也是社会历史进步的结果。习近平总书记强调,网络空间是亿万民众共同的精神家园。网络空间天朗气清、生态良好,符合人民利益。网络空间乌烟瘴气、生态恶化,不符合人民利益。网络文化作为一种新的文化形态在对主流意识形态产生强大影响的同时,也对整个社会的文化价值观产生强大影响。网络文化的创作、传播和消费已成为核心价值观建设的重要载体。《信息安全词典》中给网络文化下的定义为:以网络信息技术为基础、在网络空间形成的文化活动、文化方式、文化产品、文化观念的集合。网络文化是现实社会文化的延伸和多样化的展现,同时具有文化行为特征、文化产品特色、价值观念和思维方式的特点。有学者指出,网络文化是通过计算机互动所产生的文件和图像的人机世界。马林·埃尔姆(Marling Ail-mar)认为,网络文化是各种网络环境中能够引导与他人互动的产生并维持的那种共同价值观。①

网络文化属于发展建设中的一种文化,随着科学技术的发展与革新、互联网的普及,其概念界定及内涵不断丰富。从狭义上讲,网络文化是以网络科技为支柱通过网络而创造物质财富和精神财富的总和。网络文化是以互联网为基础网络传播和交流文化的平台,强调以一定的价值观为指导,以创新发展、网络互动为核心,是人们在各种价值观引领下通过互联网所开展的文化交流活动。从广义上讲,网络文化是指人们利用互联网所进行的各种生产、生活的交互活动,并对网络世界中人们的思维方式、行为方式、生活方式、价值观念产生巨大的影响。纵观人类发展历史,近代以来,科技的不断进步推动着人类文化的变革,人类所经历的四次科技革命深刻推动了人类文化历史的发展,科技的发展就像一把"双刃剑",科技进步虽然给人类生活带来便利,但也对人类文明精神的发展造成了一定的影响,因此人类需要辩证地看待科技发展的利弊。

恩斯特·韦伯(Ernst Weber)认为,现代文明的推进就是对科学知识的神秘性、神圣性、魅惑力的消解过程。将古希腊哲学和中国传统文化与现代的科学精神相比较,人类的文化精神一直是关注的重点,科技进步应该与人类文明精神保持并行的发展。网络是人类科技发展进步的产物,人们在网络产生之初对其充满着期待,表征出"网络决定一切"的价值倾向。但事实上,网络只是客观物质的载体,人们在运用网络或者利用网络作为某种工具时会自觉带

---

① Elm, S., " Understanding and Studying Internet Culture (s): Hybridity and Interdisciplinarity", *Nordicom Review Nordic Research on Media & Communication*, Vol. 29, No. 2, 2008, pp. 85−92.

入自己的文化和思想文明,因此,在网络空间中形成了一种网络文化。同时由于网络中的运行是按照一种技术理论的逻辑,存在信息化、标准化、数字化和计量化的评价标准,由于这种评价尺度的广泛运用,使得原本形而上学的精神文明逐渐淡化,形成"内容错位、数量与质量分离、实用与价值相悖,重科技、轻人文"的价值取向。

网络文化是信息化革命的产物,并以网络为工具让人们感受到文化的享受和精神的满足。网络文化的工具性价值不仅增加了网络的魅力和活力,也增加了对文化的价值和意义的追求的缺失感,由此导致了实用主义的迅速发展。实用主义按照网络的标准化、数字化、定量化的一般逻辑来组织实施可靠、合理规范的形式,但也因为过于关注其实用价值,而使得人类的文化情感在网络中逐渐淡化。在网络文化发展中主要有两种实用主义:一种是经济实用主义,它认为经济利润是网络文化的各种主体仅追求的目标,并且网络文化中的生产者和传播者都打着"多元文化"的口号,实际上已经忽视了伦理道德规范以及法律规则;另一种是价值实用主义,表现在网络的发展中,一些人不去追求积极向上的文化,反而通过索取、混合、掺杂等手段满足人低级趣味以及动物性欲望的好奇。实用主义文化观认为,网络中社会存在思想曲解、价值观变异、理解错位和格调低俗的问题,并且对文化的追求过于虚妄,以及过度消费了文化产品、过度包装了文化的形式,有试图超越网络文化的趋向。

二、网络文化研究的发展历程

国内学者对网络文化研究始于 20 世纪 90 年代后期。网络文化的研究内容涉及网络文化的内涵及特征、网络文化的管理与影响、网络文化的全球化进程、网络文化与传统文化等方面。研究者从技术、构成、文化形态等角度对网络文化进行了定义,认为网络文化具有开放性、互动性、虚拟性及个性化特征;认为网络文化具有传播知识、信息服务等功能价值,同时具有娱乐、商业、意识渗透等功能倾向;网络文化管理研究主要集中在网络文化管理形式、完善网络环境、网络文化发展价值等方面;网络文化与全球化主要研究二者之间的关系、全球化时代我国网络文化建设、信息领导权与文化殖民等议题;网络文化与传统文化主要是关于网络文化和传统文化之间的关系研究,以及网络文化对传统文化发展的机遇和挑战。

　　国外学者对网络文化的研究大致可分为初识阶段、本体研究阶段和综合研究阶段。初识阶段(20世纪90年代前期)主要集中在大众媒体对网络文化的介绍上,更多局限于网络文化发展好坏的争论及网络文化发展前景的预测。本体研究阶段(20世纪90年代中期),学者们对网络文化发展有两种不同态度,一是网络文化给人们生存和发展带来了希望,二是网络文化发展的同时也带来了一些弊端。网络文化本体研究中有两根支柱——虚拟社区和在线身份。霍华德·莱茵戈尔德(Howard Rheingold)的《虚拟社区》与雪利·特克尔(Sherry Turkle)的《屏幕生活:因特网时代的身份》是网络文化研究的典范文本。此外,金伯利·杨(Kimberly S.Young)和帕特里夏·华莱士(Patricia Wallace)展开了互联网心理学研究。综合研究阶段(20世纪90年代后期至今),学者们开始在更宽广的领域上研究网络文化,戴维·西尔沃(David Silver)把网络文化综合研究分为四个主要的方面且互相交叉,包括线上互动中的文本交织、网络空间话语研究、线上访问进程及其障碍研究,以及数字化的研究;也有国外学者对线上真实的社会结构问题作了回顾;并且有学者借助民族学研究方法较好地解释了虚拟社区的特性。此外,研究还涉及线上社区成败的复杂因素和变量。

三、网络文化相关概念辨析

(一) 网络道德与道德学习

　　关于网络道德的概念界定,不同学者之间的观点各不相同,总体而言,主要有关系论、规范论和综合论。关系论认为,网络道德是人们用信息网络作为媒介来进行社会交往,在此过程中表现的道德关系;规范论认为,在网络社会中需要准则来调节人们的道德行为,这就是网络道德。网络道德规范的三个层次按照由浅入深排列,分别是网络礼仪、网络规范、网络原则;综合论指出网络道德是指在网络环境中人类表现出的道德关系,它对参与的人和组织提出了区别于传统道德的新要求、准则、规约。网络道德是以善恶为准则,用传统习俗、社会舆论与内心信念来判断人们的网络行为及调节网络环境中各方面关系之间的行为规范。

道德学习从字面意义上理解,就是一种对"道德"的学习。但由于"道德"自身是一个复合概念,在不同的层面上具有不同的含义,因而要想准确界定道德学习的含义,首先就必须确定道德学习中道德概念的外延。从《辞海》的定义可以看出:"道德"可以从两个方面来理解:一个是客观方面,指社会对其成员的要求,表现为道德关系、道德理想、道德标准、道德规范等;另一个是主观方面,指人们的道德实践,包括道德意志、道德信念、道德判断、道德行为和道德品质等。一个社会的道德是由社会道德(表现为道德规范和价值体系)和个体道德所构成。道德作为一个完整的概念,从词源上来分析,包含了社会的道德规范和个人的道德品质两方面的内容,是社会客观精神与个体主观精神的统一。

道德学习指的是人们通过对道德客观方面的感知认识、理解和把握,并通过自身的道德实践,把社会道德内化、建构为自身的道德品质,并在这种道德品质的影响下,自觉地不断进行道德实践的过程。道德在把握世界时,在把握人们的社会关系时,最主要的就是以一种标准化的方式来表达自己。从这个意义上说,道德是通过道德规范发挥作用的,没有道德规范也就没有道德本身,道德的客观方面集中体现在社会所拥护的、约定俗成的道德规范上,道德学习是以社会道德规范为载体的学习,这正如让·皮亚杰(Jean Piaget)所说:"所有道德的实质都要在人所学会的那种对于规则的尊重中去求得"。道德实践是道德学习的基础,不是任意的一种活动和行为都能成为良好品德形成的基础,只有负责任的行为才具有道德价值,只有具有道德价值的行动,才具有教育性品格。提倡道德学习,也绝非是要否定或轻视道德教育的作用和功能,而更加强调的是,在确立道德学习为主体的基础上,对学生道德学习活动的引导和促进,让学生的道德学习获得最佳效果,从而提高学校德育的实效性。

(二) 网络道德情感和网络道德行为

网络道德情感是随着时代的发展衍生出来的一种新的道德情感,是对网络道德关系和网络道德行为好恶的态度体验,是网络道德主体对网络道德原则和规范自觉认同和自觉履行的基础上形成的对遵守网络道德原则和规范的喜爱之情,以及对违反网络道德及规范的言行的厌恶之情。网络道德情感是在人们进行网络生活的过程中,产生的一种道德情感,它需要道德认知和道德社会规范的共同作用。比较特殊的一点是网络道德情感遵循的是网络社会规范,对象也是网络交往道德关系和网络交往道德活动。道德养成是一个知、情、意、行统一的过程。所谓"知",就是"知道",是道德认识、道德观念,是对道德规范及意义的理解,道德认知是道德行为的基础,有了正确的认知,才能有正确的行为;所谓"情",即道德情感,是在进行道德判断时产生的爱憎、好恶;所谓"意",就是"意志",是人们在进行道德判断时内心进行的较量与权衡,最终靠意志解决内心矛盾,选择正确行为;所谓"行",即道德行为,是道德品质的外化。道德品质好与坏,主要表现在人们的日常行为之中,因为行为才是看得见摸得着的。道德行为是个人在一定道德认识、道德情感和道德意志的指引和激励下,表现出对他人或对社会所履行的具有道德意义的一系列具体行动。任何道德品质最终都要以道德行为及效果来确证和表现,也只有见诸道德行为的品德才具有社会价值。因此,在道德建设过程中,既要提高道德认知,又要陶冶道德情操,同时还要锤炼道德意志,并最终表现出良好的道德行为,养成稳定的道德习惯。

网络信息内容广泛影响着人们的思想观念和道德行为,互联网为道德实践提供了新的空间、新的载体,正面的网络道德行为是指遵守法律、道德的要求,合乎网络规范,不损害他人利益的行为。其中主要有网络亲社会行为等。负面网络道德行为是通过网络这一特殊的媒介展现出的负面道德行为,是在使用网络过程中,那些出现在网络使用者身上的有违甚至破坏网络环境规范的,对正常网络生活的适应具有一定程度破坏的偏差行为的总称。

网络亲社会行为通常指的是在互联网中发生的亲社会行为。亲社会行为主要以助人、分享、谦让、合作、自我牺牲等方式出现。南希·艾森伯格(Nancy Eisenberg)等认为这种行为经常表现为行为者要付出某些代价、自我牺牲或冒险,帮助他人得益,行为者不期望得到回报。与传统的亲社会行为概念相比较,网络亲社会行为关心的重点是在网络环境中的亲社会行为。网络利他行为是指个体在网络中表现出的对他人有利的行为,而且这种行为是自觉自愿的、不期望有任何回报的。彭庆红等指出在网络环境中,个体作出使他人受益,而且自身也没有自私动机的助人行为为网络利他行为。针对网络利他行为,其提出了其操作性定义,指出在网络环境中,表现出有益他人和社会的行为,不期待得到回报的助人行为。

德内格里·克诺特(Denegri-Knott)等以偏差行为作为判断标准,强调当网络中的行为与偏差行为的内容和形式相吻合,可认定此类行为属于网络偏差行为,这属于网络偏差行为的"相对取向"观点;另一种"绝对取向"观点认为,网络偏差行为是指由于网络行为无法适应于网络上的规范制度而产生的一种毁灭、破坏的行为倾向,即不能适应正常互联网生活而产生的、有违甚至破坏互联网用户期望的行为。

(三) 网络传播与社会主义核心价值观培育

"舆情"属于中国化的概念,西方存在与之相似的是"公众意见""民意"等相关概念。以 WOS 数据库为检索平台,以"互联网""舆论""公共事件"等为主题进行检索,通过文献梳理与分析,以时间为主线,可将国外有关"网络舆情"的研究进程分为奠基阶段、发展阶段、上升阶段、繁荣阶段等。奠基阶段(2002 年以前):网络舆情基础理论研究。该阶段出现了诸如舆论、通信、媒体等较为前沿的主题,①此阶段有关网络舆情的研究主要集中在应对传统媒介下的社会公共事件的研究。发展阶段(2003—2007 年):初步确立网络舆情理论体系。此阶段,新闻传播学学者关注的前沿主题主要为大众传媒、在线意见等,公共管理学学者关注的前沿主题则是政治、社会行为等。② 上升阶段(2008—2011 年):网络舆情研究技术的发展。此阶段,研究者对社交媒体、网络舆论等新兴计算机技术开展了集中研究。③ 繁荣阶段(2012 年至今):从多维视角对网络舆情进行研究。这一时期管理学和传播学领域主要关注网络舆情与政府治理、新闻传播等方面的问题,信息科学与图书馆学领域则着重探讨当前国际环境下各国网络舆情预警与引导机制。

相对国外研究而言,国内学者自 2005 年开始,从理论和实践层面关注网络舆情研究。有关网络舆情的研究主要集中在操作性定义、生成机制与演变过程、引导与控制等方面。国内网络舆情研究的发展可划分为三个阶段。网络舆情研究的探索阶段(2005—2007 年)。研究者并没有太多的关注网络聚集舆情的潜力,研究主要局限在描述网络舆情信息传播现象本身。网络舆情研究的发展阶段(2008—2011 年)。研究成果主要有网络舆情的概念定义以及其演变发生的特点和研究方法等。网络舆情研究的完善阶段(2012 年至今)。研究者全方位地对网络舆情进行了研究,主要集中在情报学、社会学、

① Kacperski, K., & Holyst, J. A., "Phase Transitions and Hysteresis in a Cellular Automata-based Model of Opinion Formation", *Journal of Statistical Physics*, Vol. 84. No. 1/2 (1996), pp. 169-189.

② Bordogna, C. M., & Albano, E. V., "Monte Carlo Simulations of a Model for Opinion Formation", *European Physical Journal Special Topics*, Vol. 143, No. 1, (April 2007), pp. 237-239.

③ Lippmann, W., "Public Opinion and the Politicians", *National Municipal Review*, Vol. 15, No. 1 (January 2007), pp. 5-8.

心理学、传播学等方面,研究成果大多集中在网络舆情的受众群体以及依托计算机和网络技术建构监测、分析、预警系统等方面。越来越多的学者研究重点不再始终聚焦于网络技术是如何发展和进步的,而更多关注网络舆情给个体思想带来的影响以及如何在互联网信息时代中保持清醒的认知和科学的价值观念,以及如何避免消极负面的网络舆情消弭个体的理想信念、滋生非理性情绪,同时关注如何利用网络舆情传播正向主流思想,促进个体的利他行为和共情现象发生。

《教育部关于加强高等学校思想政治教育进网络工作的若干意见》实施以来,教育理论与实践工作者聚焦核心价值观体系、社会主义核心价值观培育、网络课程思政、网络舆情治理等进行研究。网络舆情与社会主义核心价值观研究未来趋势如下:第一,适应网络时代特征的社会主义核心价值观理论架构研究;第二,注意研究方法的多元化,综合实证分析、跨界研究等多种研究方法,凝练总结社会主义核心价值观培育的原则方法,深入揭示网络舆情的影响因素和作用机制;第三,基于网络舆情的传播特点与影响路径,探索符合中国国情的社会主义核心价值观培育方法;第四,研究内容逐步转向我国社会主义核心价值观的内化过程与作用机制研究;第五,加强我国青少年社会主义核心价值观教育模式探究,提供具有中国特色、中国气派、中国风格的社会主义核心价值观教育方法和手段等实践成果,促进社会主义核心价值观培育与践行。

(四) 主动性与被动性社交网站使用

社交网站主要是以个体之间的交互性为主要载体,建立在个体之间、个体与社会之间的链接,是社会交往发展的一种方式。社交网站使用可以分为被动使用和主动使用两种形式。社交网站使用是指用户登录并使用社交网站的服务与功能(如更新动态、评论好友的主页等),被动性社交网站使用是指缺乏交流沟通的信息浏览行为,如浏览动态信息汇总或他人状态更新等。被动使用是指在没有任何评论互动的情况下使用,也没有试图与他人进行社交交流(例如浏览新闻提要、查看帖子)。主动使用指的是与他人直接交流或与他人互动的交流(例如发布朋友圈、评论动态、朋友圈点赞等)。

(五) 主观幸福感和人生意义感

主观幸福感主要是指人们对其生活质量所做的情感性和认知性的整体评价。主观幸福感水平高的个体,生活满意度较高,具有较多的积极情绪和较少的消极情绪,身心处于一种愉悦快乐的状态。马克思主义认为,幸福是主观性与客观性的统一,是物质生活与精神生活的统一。人民幸福论是让物质幸福和精神幸福统一于人民的美好生活现实,进而推动实现人的全面发展。网络精神文明建设是数字化生存的"道",应将网络空间打造为精神文明建设和传播的重要阵地,大力弘扬社会主义核心价值观,以高尚的道德情操涵养青少年,以优秀网络文化吸引青少年,以远大理想、科学理论、光明未来感召、激励青少年,使广大青年成为新时代网络道德风尚的倡导者、拥护者和践行者,让青少年成为践行网络精神文明的中坚力量。

人生意义感是指人们领会、理解或找到生活意义感的程度,并伴随着觉察到自己的生命目的、使命和首要目标的程度。意义寻求模型指出,意义取向应对能够显著提高个体的利他意识。另外,根据恐惧管理理论,为了追求生命意义,个体受文化世界观的影响更倾向于去从事亲社会行为。有研究表明拥有高水平人生意义感的个体具有更高的幸福感和情绪体验。

四、网络文化对青少年道德发展的影响

(一) 网络文化影响青少年道德学习

网络社会的文化结构导致青少年在虚拟社会中的道德意识、责任感弱化,并在现实生活中表现出来。学者普遍认识到网络文化在青少年道德结构定型过程中的重要作用,并以科学的态度和全新的观念研究如何利用网络文化的

积极作用促进青少年道德的形成与发展。

社会各界高度重视校园网络道德教育,主要体现在规范青少年网络行为方面。为保证青少年良好的道德教育环境,加强青少年思想道德建设,国内第一本青少年蓝皮书——《中国未成年人互联网运用报告(2009—2010)》由中国少先队事业发展中心、中国社会科学院青年中心、中国社会科学院社会科学文献出版社于2010年6月18日发布。该书指出,未成年人已成为使用互联网的重要群体,未成年人对互联网的运用需要被客观认识,应加强正确的引导。全国未成年人思想道德建设工作会议强调,要充分认识未成年人思想道德建设工作的重要性及紧迫性。另外,中共中央、国务院印发的《新时代公民道德建设实施纲要》指出,"加强公民道德建设是一项长期而紧迫、艰巨而复杂的任务,要适应新时代的新要求,坚持目标导向和问题导向相统一,进一步加大工作力度,把握规律、积极创新,持之以恒、久久为功,推动全民道德素质和社会文明程度达到一个新高度。"①

随着互联网的发展,中学生网络使用的相关问题如社交网络成瘾、网络游戏成瘾等也逐渐显现出来,并且受到社会的广泛关注,中学生的身心健康不断遭受影响;另外,作为一种网络使用形式——被动网络使用,同样对中学生有着消极的影响。根据中国互联网信息中心的数据,青少年网民数量已占青少年总量的近八成,青少年年纪尚小,并且社会阅历严重不足,在复杂的网络空间中,更易产生网络使用问题。

当前,影响品德发展的相关因素已经不再局限于家庭、学校、社会文化等现实因素,虚拟世界中的网络文化也对青少年品德发展产生影响。国外学术界有关网络文化的研究开始于20世纪90年代初,而网络道德及网络道德教育研究开始较早。国外有关网络德育的研究理论成果主要包括以下几个部分:第一,相关论文、著作的发表和出版。如《网络伦理学:计算机时代的社会

---

① 《新时代公民道德建设实施纲要》,《人民日报》2019年10月28日。

道德问题》《网络伦理:网络道德与法律》等。第二,相关课程的开设。如欧美等国家的大学已开设了《伦理学与网络道德学》《互联网与网络道德》《网络技术与网络道德》等必修课,美、法、日等国家将网络德育课引入中小学课堂。第三,重视网络立法及网络信息的监督监控工作。如韩国建立信息通信伦理委员会监控网络有害信息,保护青少年身心健康,比利时官方网络公布了《互联网权力观察哨》,美国先后通过了《通信内容端正法》《儿童在线保护法》《儿童互联网保护法》等相关法案,逐步将网络道德规范建立在人类共同认可的价值规范上。

国内外研究表明,网络文化的基础理论、外部特征、管理与引导、青少年道德价值观的特点、规律研究等方面已取得一批共识的成果,现有相关研究所呈现的特点:第一,网络文化的德育价值、青少年网络德育的问题和对策研究等缺乏综合性研究;第二,大多数研究是关于网络文化对于道德、道德价值观的建设、影响以及二者之间的价值冲突,鲜有网络文化视域下青少年道德学习心理机制研究,更鲜有网络文化促进青少年品德发展的模式研究;第三,研究成果更多呈现的是直观概念推理,缺少实证研究;第四,研究多从单一学科视角展开,少有多学科角度进行整合研究。

(二) 网络文化影响青少年品德发展

网络文化是新兴技术与文化内容的综合体,个体因所处环境、文化、政治态度和价值观的不同,对现有社会问题会产生不同的看法。网络已经渗入青少年的生活和学习中,网络环境在无形中影响着青少年的思考。互联网上对于一些热点事件、焦点问题进行的剖析与解读是网络舆情的体现。个体在舆情的环境中产生的认识,如果不对其进行分析综合,会弱化青少年的理性思维并影响青少年品德的发展,导致其认知能力钝化,道德判断缺失,还会影响良好道德行为观念的形成。网络舆情导致的网络舆论价值观念偏离,会造成青少年个体对社会的信任感的削弱,青少年虽然在年龄和生理上接近成熟,但依旧容易受到网络中不正当导向的影响,使其对正确的认知观念产生怀疑,价值观容易发生扭曲、变形甚至迷失、产生负能量等。网络空间中模糊化的文化观念会影响到青少年在现实中的品德表现。主要表现在:

第一,模糊化的观念使青少年正确道德观念衰减。网络空间中的匿名性特点是每个人在其中都有虚拟的身份,并且可以肆无忌惮地评论和关注着所谓的热点,以自己有限的标准去衡量他人,无畏的发散恶意,并不担心受到惩罚和承担道德责任。同时这种错误的观念又会影响其他青少年,从而形成了一个恶性循环,这种在网络空间中模糊化了的道德观念会影响青少年在现实中的认知表现。

第二,青少年道德判断能力降低。青少年阶段本是个体人生中重要的发展阶段之一,处于这一阶段的青少年的思维存在片面化、情绪情感不稳定、想象力丰富、愿意挑战极限等特点。当青少年面临网络的多元价值观时,随处可见的极端思想和模糊的界限对青少年的道德判断产生了极大挑战。由于青少年身心发展不成熟,容易在虚拟的网络空间中迷失自己,产生道德思想上的认知偏差,价值观上的歪曲理解,进一步导致青少年的道德判断能力降低。

第三,青少年道德敏感性减少。道德敏感性是一种感知他人处境和需求的能力,对个人的道德行为具有一定的推动力。在当今网络的后真相时代,很多涉及道德的舆论充斥各个角落,青少年如何在这些不同道德观念的处境中,仍保持正确的认知和道德感,保持对社会和公民的信任,是当前研究需要注意的重点。

第二节　青少年道德学习

道德对于人类的意义极其重要。伊曼努尔·康德(Immanuel Kant)认为人们心中的道德如同天上的星空一般,是这个世界上最令人好奇,最引人深思的。[①] 道

---

① 康德:《实践理性批判》,商务印书馆 1999 年版,第 177 页。

德是人类文明的产物,是凝聚了智慧思想的结晶,它是人们行动的指南,引领人们不断发展前行。情感体验、价值澄清是道德学习的核心,是实现道德主体人际与知行和谐的认知和行为发展过程,对道德认知、道德情感、道德行为和道德意志进行整合,最终使个体形成良好的道德品质。青少年道德学习以个体智力、认知发展以及社会角色承担的责任为基础,力求促使青少年道德学习层面上能力的发展以及人格层面上的至善至美,这是探求的最终积极价值和目标方向。强调"道德学习"主要是为了彰显有别于"道德教育"的崭新的教育理念,是对道德教育观念和方法的创新与超越,而不是对道德教育的简单否定与疏离。道德学习作为传统道德教育向现代道德教育转型的创新手段,也是对德育学科发展诉求的理论应答,体现了我国道德学习理论研究的本土化取向。

一、道德学习的内涵与要义

(一)道德的本质

道德可以从主观和客观两个方向理解。①《说文解字》中解释:"道,所行道也;德,外得于人,内得于己"。②《荀子·劝学篇》中指出:"故学至乎礼而止矣,夫是之谓道德之极"。《辞海》注释:第一,在中国哲学史上,道德是指"道"与"德"的关系;第二,道德是社会意识形态之一,是指一种社会流行的价值观,也是一种社会规范信念,即运用善恶好坏、是非对错作为准则来对人们的行为活动加以评判和改变。在我国古时候,道德是被分成"道"与"德"二字理解的。"道"有很多深刻的含义,一是道路的道,既"道者,径路也";二是说话的意思;三是理则、法则,如《易经系传》中:"一阴一阳之谓道"和《孙子》中:"兵者,诡道也";四是形而上学的概念,如《道德经》中:"道可道,非常

---

① 余仕麟:《伦理学概论》,民族出版社 2004 年版,第 2—3 页。
② 许慎撰等注:《说文解字》(下篇),浙江古籍出版社 2002 年版,第 75 页。

道"。中国古代哲学中,"道"既指天道,又指人道,被赋予社会和道德理想的意义,不仅具有存在根据的意义,同时还具有普遍法则的意义。

"德"指品格、德性等,也与"得"相通,后者在本体论的层面意谓由一般的存在根据获得具体的规定。儒家认为,道德是知与行的对立统一,其包含知与行两个方面。孔子强调"择善而从""躬自厚而薄责于人",对自己要严格要求,身体力行,不说空话。"君子耻其言而过其行",强调"行"要有一定的标准,这便是"礼"。"君子以义为质,礼以行之,孙以行之,信以成之。君子哉!""君子欲讷于言而敏于行",道德学问并非外在的知识,需在实践过程中与自身做人处世结合起来,并体会做人的道理,强调言行一致,言而必有行,慎言敏行。在西方,道德源自于拉丁语"Moralis",具有品性和风习的意思。在当代,道德既可以是原则、规范,也可以是德行、德性。在一定意义上,道德可以理解为"基于道德原则的操作系统"。道德作为一种意识形态、一种社会现象、一种价值体系,是借社会上公众发表的言论、公民确信的看法以及秉持的价值观与世界观形成有参照意义的行动法则,以此平衡自然、社会、个人、他人之间的相互关系。"实践精神"系统由三个基本层次构成,即道德意识、道德活动和道德关系。同时道德也有助于个人的自我完善,是一种目标,是个人自我全面发展的一种重要组成部分。道德关系是道德对社会和人的关怀的体现,是道德价值的实质内涵和标志性成果,道德意识、道德活动价值的实现需使其转化成相应的道德关系。

不同学科的学者甚至相同学科的不同学者,对道德研究的切入点是不同的。道德的一般规律主要通过哲学社会历史观进行研究,社会学研究道德作为一种社会现象的产生以及功能。伦理学研究整个社会道德风尚的同时还研究社会成员的道德品质,但侧重于研究社会道德现象,着重研究人"应该"如何行为才是道德的问题。与此同时,教育学在道德教育过程中所获得的教育与品德发展的关系的事实,又为心理学对品德及其发展的研究提供了教育实践的依据。心理学研究品德的特殊规律以及个体的道德品质的规律,研究品德作为个性中具有道德价值核心部分的规律,研究社会道德现象、个体道德品质发展二者之间的辩证关系,阐明某些具体的道德教育途径以及措施的心理前提。①

道德是一种有着独特意义的呈现方式,它表现了人类生活的需求,因此那种把道德当作一种社会压制个人的工具的说法是错误的。道德的本质在于它是人们分析自我、理解自我、坚信自我和成长自我的重要工具。② 而马克思主义伦理学主要从三个方面归结道德的本质:第一,道德规范性的特殊性,道德的规范性本质对道德行为实践、道德价值目标和道德理想产生一定的约束力并直接与它们联系在一起,道德的规范性与法律的规范性不同,崇高的道德人格的培育不能仅凭道德规范的约束。第二,道德的社会历史性,历史不断发展,社会不断前行,道德自然而然也不断变化和完善。在社会存在面前,道德具有与别的社会意识形态相同的特征,即受影响性、第二性以及外源性。第三,道德的主体特殊性,其具体表现为道德作为指引人们行动的规范指南,与存在于社会上其他的规范指南是求同存异的。要想人们真正从心底里了解和接受,最大限度的发挥道德的能动力量,融入到个人的个性品质,就要先被主体认同,进而成为自我的意志,自我的信念与自我觉察的意识。

(二) 学习的本质

在汉语构词中,"学习"由"学"和"习"组成。孔子曰:"学而时习之,不亦说乎?"(《论语·学而第一》),即学了之后及时、经常地进行温习,不是一件很愉快的事情吗?"学"主要是指对感性知识、书本知识的参透和觉悟,也有"思"的含义。"习"是对知识技能的加强和巩固,一般有温习、实习、练习三种含义,有时还包括"行"的含义在内。学习实质上是学、思、习、行的总称,是知识的获得、技能的形成以及培养聪明才智的过程。然而,在现代人看来,"学

---

① 林崇德:《品德发展心理学》,上海教育出版社 1989 年版,第 2—7 页。
② 鲁洁等:《德育新论》,江苏教育出版社 2000 年版,第 618—619 页。

习"实为一个较为难以界定的概念。正如戈登·鲍尔(Gordon Bower)和恩斯特·希尔加德(Ernest Hilgard)曾说,要给"学习"下一个涵盖所有形式的学习而不包括改变行为的其他因素的定义是不容易的。美国实用主义教育家威廉·克伯屈(William Kilpatrick)认为:"学习是一种倾向,使某一经验的任何部分或方面留在学习者的身体里,以备将来的经验"。① 毫无疑问,与学习最相近的概念是反应。学习反应是指代个体受环境和内部自身刺激所习得反应活动。爱德华·桑代克(Edward Thorndike)说:"学习无非是获得新的反应……反应获得被我们视为是学习"。多数心理学家用"变化"来给学习下定义。② 罗伯特·加涅(Robert Gagne)认为:"学习可以持久保持而不能仅仅被归因于生长过程,是人的特质或能力的一种变化。这是指学习方面上的变化,且表现方式是行为发生了变化,通常伴随着技能的提高,看法爱好或者价值观的长期改变"。③ 皮亚杰认为,学习是主客体之间相互作用和双向建构的过程,他指出"认识起因于主体和客体之间的相互作用而不是来自自我意识的主体,也不是来自于在主体烙上自己印记的、已经形成的客体"。④ 所谓双向建构,是指内化建构和外化建构的双向统一,学习的实质是心理建构,是主体与社会环境之间的相互作用,是外化建构与内化建构相互融合并不断发展的动态平衡过程。

不同学科研究者对学习本质认识的侧重点有所不同。在心理学领域,研究者认为学习是由经验引起、比较持久的行为变化及个体经验的获得、累积和心理结构的构建过程,是个体对环境进行适应的一种手段;在教育学领域,研究者认为学习是一种可以增长人们见识、熟练人们技能、促进人们品德发展的积极活动;在社会学领域,研究人员认为,学习是一个社会化的过程,在这个过

---

① 王承绪等:《西方现代教育论著选》,人民教育出版社 2001 年版,第 258 页。

② Stephen Sheldon Colvin, *The Learning Process*, New York: Macmillan, 1911, p. 1.

③ [美]加涅:《学习的条件和教学论》,皮连生译,华东师范大学出版社 1999 年版,第 2 页。

④ 皮亚杰:《发生认识论原理》,商务印书馆 1982 年版,第 20 页。

程中,个体能收获按照社会需求培养的学识、技巧、思想和举止;在文化学领域,研究者认为学习是在社会文化氛围中代代相传的。

综上,尽管对学习的本质有多种解说,但鲍尔和希尔加德对"学习"的界定得到大多数人的认可,即"学习是指个体在特定情境中反复经历所引起的行动本身或其潜能的改变。在行为发生的转变无法用个人天生的潜意识选择、成熟程度或一时的精神状态(如疲惫、宿醉、驾驶等)来说明"。从不同的角度来阐述,所谓学习,就是"依靠自身的努力、自觉地进行学习、习得的个人,培养自己个性、认知、情感、行为的反应活动"。

(三)道德学习的内涵与特征

1.道德学习的内涵

道德学习的现象和过程贯穿于人类进步发展的历史,道德学习伴随着人类社会道德教育的产生而产生,道德学习的内涵也随着人类历史的发展而不断发展、变化。不能简单地把"道德学习"等同于"学习道德"。道德学习绝不是"道德"与"学习"简单相加,也不是简单的"学习道德","学习道德"是以"学习"为核心词语,是对学习内容和学习行为本身的指向,并没有触及"道德学习"的情感和价值等的内涵。道德学习在21世纪初成为国内道德教育的研究热点,显示了我国德育研究的取向和本土化实力。

道德学习是个体在与社会环境作用的条件下,积极建构自身道德价值体系,在此过程中会重塑对事物的认知。有学者指出,道德学习是个体有意识的、能够形成个体道德人格的活动,亦即道德习得,换句话说,也就是主体在后天获得的知、情、意、行四大活动,从而促进其道德人格的形成。另有学者指出,道德学习是个体接受社会规范和内化社会价值的过程。个体把外在社会对主体的要求转换为内部行为的需要,以构建对主体内部社会行为的监管、调整和完善机制。

研究者对道德学习的见解不尽相同,关于道德学习的理解,形成以下三个方面的共识:第一,道德学习具有特殊性。以情感为核心、道德学习内化了社会价值和道德规范。第二,道德学习的着眼点和立足点是学习主体自身的特点,如接纳程度、认知的构建度等。第三,道德学习是通过主体的亲身经历与体会成为现实的。在借鉴不同学者对"道德学习"内涵界定的基础上,结合道德学习本身的特点,明确了道德学习不同于知识技能的学习,道德学习以情感体验和价值澄清为核心,对道德认知、道德情感、道德行为和道德意志进行调理和整顿,主体自身的价值观在此基础上得以明晰,进而达到与他人关系的和谐以及自我思想行为上的和谐。

2.道德学习的特征

第一,道德学习是价值澄清的过程。道德不像科学,它属于价值领域。因而,在掌握方法和技巧层面上,道德和科学是有很大区别的。

作为价值的道德和作为事实的道德是有差异的。价值强调的是主客体之间的需求关系,而事实强调的是实际的状态。对世界实际发生的事件,事实与道德关注点也是不同的。事实更关注发生了什么,而价值则关注应该怎样去做。事实与价值在判断层面上也有区别。事实对客体的判断更侧重于描述性,说明是什么,而价值还带有评价性,把是什么与怎么做统一起来。20 世纪60 年代,道德教育流派中的价值澄清学派在美国产生,价值澄清学派是应用极广的一种学校教育的改革尝试,却是美国当代教育复兴运动中最有争议的。[①] 价值澄清学派认为教育者应该赞赏学生明晰自己价值观的行为,了解并运用更高级的道德教育技术如道德推理,价值澄清不是仅仅依靠说服、榜样的方法。同时,过去传统教学方法已经过时,如严厉斥责、树立榜样等,无法从根本上帮助学生梳理清楚,并作出与价值观相关的问题明确的选择。每当眼前充斥着各式各样的选择时,人们很难确定自己的价值观。此时,借助外部的条件,形成高效的技巧,可以协助年轻人们找寻并认清自己作出选择时内心依

---

① 杨韶刚:《西方道德心理学的新发展》,上海教育出版社 2008 年版,第6 页。

循的价值观,这样有助于他们作出正向的选择并且在现实中进行实践。价值澄清学派对任何关于道德和品格的有目的教育都不提倡,而强调潜能、经验对价值观的决定作用,同时强调经验对价值观获得的作用,认为价值观会随着经验的发展成熟而成熟,人们是通过经验获得发展和进行学习的。

道德学习是价值澄清的过程,价值的源泉是个人经验,不同的个体有着不同的经验,因此也就有着不同的价值。除此之外,时间对于一个人的价值的认识和方式也有着巨大的影响。总之,只要人与世界是有联系的,其价值就是不断运动变化的。由于得到价值指引的行为,也就因为经验的发展而逐步成熟起来。传统道德教育未能真正突出青少年在道德学习中的主体地位,教师处于"管理员"的主导地位,并且采用单一、僵化的方法,只强调服从、管束。在价值澄清过程中,从选择、评价到行为应始终突出青少年是学习活动的主体,而在这一过程中教师的作用是创造民主、公正的气氛,并鼓励青少年作出积极的反应。价值澄清应通过给予学生实地考察实践的机会,去亲身经历班级集体生活和社会现实生活中所遇到的道德两难问题,引发他们的思考,衡量在当下环境中最适宜的策略,以此更好的认识和了解自我,为解决日后生活中的问题并作出价值判断铺平道路。因此,道德学习就是价值澄清的过程,是青少年利用一切有效的途径和方法澄清他们选择时依据的内心价值观。

价值观的澄清又分为:第一,目的观的澄清,纠正学校道德教育定位的功利化倾向。第二,过程观的澄清,纠正学校道德教育的知识化倾向。第三,方法论的澄清,纠正学校道德教育方法的片面化倾向。第四,道德学习是情感培育的过程。道德学习具有其特殊性,它的特殊性在于它是一种以情感为核心的认知、情感以及行为学习。情感是个体对客观事物的内心体验以及相应的内心反应。道德学习主要体现在学习道德规范,而道德规范内化为人的德性需要通过情感的认同和接纳才会实现。如果对规范的认识是缺乏情感体悟的,那就是僵硬的、没有活力的教条,这样不能对人们行动产生任何指向性的影响。倘若规范的行为失去了以情感为导向,那就是刻板的、莽撞的、失实的行为,也将会影响进而失去道德的本质。道德知识可以理解记忆,道德行为可以强迫训练,但道德情感只能是个体在内心自发生成的。因此,情感对道德学习的作用表现在其不仅是道德行为形成的"催化剂",更是道德形成的核心。

道德教育要从道德情感抓起,这是一个重要的问题。道德教育功用的有效性是通过思想认识与行动上的合一来表现的,具体表现在学生投入到社会实践中,也表现在学生个人思想觉悟以及道德情感的生成、精炼与提高,还表现在对道德存在价值的深刻理解。对于完成任务式的培养和教育道德情感的发展眼光是短浅的。情感修养的培育是在复杂的情感环境中形成的,在这里面,人们各种情感巧妙地交错在一起。有学者指出,情感环境的实质是个人内心与他人内心的互动性,不仅彼此感知和察觉,还会给予回馈。

关于道德规范学习的分类,有学者根据情感的不同生成水平和程序将其分为相互连续和递进的三个阶段,分别为依从、认同和信奉。依从包括从众和服从,是学习主体被动接受道德规范的过程,是道德规范接受的初级水平,是被动遵从道德规范的一种现象。依从性道德学习是道德学习内化的开始,为道德认同奠定了基础,但是其具有一定的盲目性和被动性。在认识上对规范的趋同即为认同,认同性道德学习是一种积极接受社会规范要求的状态,是建立主动服从态度,属于对道德的理性学习。认同是指学习主体在认知或情感上与对象有着同样的追求方向,并积极跟随的现象。认同是自觉遵从态度的开端,是道德规范内化的关键,在情感上具有自觉性、主动性。信奉是指个体在信念驱使下对道德规范的自觉遵从状态,主体在该阶段对道德规范的认识和体验达到一种信念的高度,信奉是一种高遵从态度,是道德规范的高级接受阶段。信奉行为具有高度自觉性、主动性与坚定性。当道德学习达到信念的程度时,说明主体秉持的道德信念足够强大到驱使个体作出的合乎社会规范的标准化行为。信奉阶段是主体意识自觉苏醒形成的标志,此时社会上的道德规范已经被个体内化吸收,融为一体。这就是实现道德规范内化的整个过程。

道德规范是一种非科学的知识或内隐知识,需要意会和体悟。道德学习注重情感的参与,缺乏情感参与的道德学习注定是收效甚微的,缺乏情感体悟的道德知识学习是没有灵魂的。道德规范是人们情感之间的彼此了解、交往、对生活的认知、思量和对生命存在意义的领会和感知,其超越了生活经验。情感是道德学习的目的,其在道德学习过程中既是中介、更是动力,因此,道德学习包含了人对情感领悟的学习。

第二,道德学习是人与人相互协作的过程。道德学习强调的是进行人与人之间道德关系的维护和修缮,因此可以说是人际间的道德学习。从道德学习的实质以及方式上来看,学习者在日常生活中学习的是道德规范体系。道德规范是在人们的往来中孕育出来的,道德规范学习是对人与人道德关系的把握而非是人对物的认知,受到道德规范的社会交往性决定。因此,青少年进行道德学习时,应该去理解、感悟蕴含在道德规范中的人与人之间的道德关系,而不是仅局限于对道德规范的记忆、掌握。学生在生活中感知道德现象时,应该感知人与人的道德关系而不应是单纯地感知所谓的"善"与"恶"。从道德学习要达成的目标、形成良好的道德品质来看,道德品质是由个人的道德认识、道德情感以及道德行为构成的,是个体对道德关系的好恶与接受,因此,从道德学习的目标方面来看,道德学习是一种关于做人的学习,是一种对人与人之间道德关系的学习。

第三,道德学习是人际交往中的生活学习。道德关系的学习存在于人们的生活中,这是以生活中人们之间的交往为坚实基础的,因为生活处处有人们交往的痕迹。学生对道德规范知识的获得,如在课堂或通过书本学习,只有在社会生活实践中才能得到考验、印证、增强和完备,也只有在人们的相互交往中被明确掌握与领悟。在人际交往中,人不仅能认识到潜在的自我,还能认识到自我与他人产生的社会关系,而这些复杂关系联结了个体和他人的道德,并通过了解、经历、体会,使得道德关系先在个体内化然后逐步外化,最终实现人际和谐。

第四,道德学习是知行和谐的过程。主体与外部世界的相互联系与相互作用主要是通过理性的认知和主动的实践活动实现的,知与行是道德学习的基本环节,不可或缺。知识是德性的基本条件,对是非善恶的区分与评价是立足于认识的。知善行善,知恶避恶,道德行为是建立在对与错、善与恶的理解和鉴定之上。道德学习的首要任务是道德认知,即获得知识,掌握道德经验。从根本上说,道德学习是行为和实践的问题,仅仅有道德知识是不够的,还必须从致知转向力行,它不仅仅是一个理论问题,更是一个行为的实践问题。荀子把实践作为学习的目的。荀子曾说:"不闻不若闻之,闻之不若见之,见之不若知之,知之不若行之。学至于行之而止矣"。① 朱熹认为"致知,力行,用功不可偏,偏过一边,则一边受病",并明确指出致知和力行是治学仅有的两种途径。② 王阳明认为"行"既是学习的终点,也是起点。在他看来,"夫学、问、思、辨、行,皆所以为学。未有学而不行者也。尽天下之学,无有不行而可以言学者。则学之始,固已即是行矣"。③ 颜元则更强调习行,颜元认为,"心中醒(觉),口中说,纸上作,不从身上习过,皆无用也"。④ 古人认为学习是学和习的相继、知和行的相融,不仅包括致知,还包括力行。"纸上得来终觉浅,绝知此事要躬行",学习不仅包括从未知到已知,还包括从已知到行已。从未知到已知只是学习过程的前半段,将后半段从已知到行已的实现,才算完成了学习。然而,道德学习与一般的知识学习不同,它是知识学习和行为学习的统合。道德学习需要不断地在认识、实践中周而复始、不断往返。毛泽东同志曾经说要理论联系实际,没有调查就没有发言权,并指出实践是知识的指向,一切真理都要在实践中检验。同时,认识来源于实践,要让青少年积极参与到道

---

① 王先谦:《荀子集解》,沈啸寰、王星贤点校,中华书局 1988 年版,第 142 页。
② 朱熹:《朱子语类》,黎靖德编,王星贤点校,中华书局 1986 年版,第 148 页。
③ 王守仁等编校:《王阳明全集》,上海古籍出版社 1992 年版,第 45 页。
④ 颜元等点校:《颜元集》,中华书局 1987 年版,第 56 页。

德实践中去,从单向规章制度的制定与执行转变为注重道德实践的"参与式"体验,从而使青少年获得道德实践的经验,以形成自己的道德信念。在现代社会中,道德学习者应更注重理论联系实践,把道德知识应用到日常生活,形成道德行为。因此,道德学习的目的不仅仅是为了获得道德知识,更主要的是为了道德实践,使学习者在学习过程中达到知行合一,把道德知识转化为道德实践,实现知行和谐。

第五,德育学习是师生共同成长的体悟。德育学习不仅注重师生之间的交往,更注重师生并肩成长的经验。这种变化主要通过从单纯的关注教师转变为强调教师学生共同体验、共同成长来表现。与道德学习相比,传统的道德教育观容易陷入传统的道德知识和道德规范的背诵与认可、道德行为的规范与规范的约束与控制、家庭与学校、社会的结合及其对学生单向程度的影响等方面。德育要以学生为核心,以学生藏于深处和浮于表面的道德存在为根基,关注学生各式各样的需要和成长的经历,而不仅仅只注重教育者、利益相关者作为真正的生活中的人的存在和价值,应明确并充分重视学生道德学习的特点和需要,否则就无法形成完整的德育过程。体验式教育特别注重师生之间的体验、情感交流和共同成长。

(四) 青少年道德学习的内涵意蕴和水平阶段

1.青少年道德学习内涵

知行合一是中国古代哲学中关于道德修养和道德实践方面的一个命题。古人云:"德行,内外之称,在心为德,施之为行"。亚里士多德(Aristotle)曾指出"道德方面的美德乃是习惯的结果。"知行统合是道德学习的第一要义,道德品质的形成需要一定的道德行为的积累,在道德构建的过程中,绝不能"始于言而止于行"。知行合一强调人们道德修养实际中的知行脱节的问题。

20世纪60年代,俄罗斯伦理学家德罗布尼斯基(Drobnitsky)曾指出,道德并不是有别于其他社会现象的特殊现象。它不应脱离人类活动,也不应限制道德的空间。道德渗透到社会生活的各个领域的方方面面,有着极其复杂的结构,不能简单地把道德归结为一种现象。从这个意义上说,道德活动包含于人类各种活动体系之中,并不存在独立的道德活动。①

青少年道德学习是一种特殊形式的学习活动,是发生在道德领域内、道德教育系统之中的学习活动。青少年道德学习是青少年在教育者所提供的价值环境、教育影响下进行自主建构品德的活动。简言之,青少年道德学习是一种综合性学习,包括知情意行等多方面的学习,该学习是以体验为核心,是青少年在价值引导下进行自主建构品德的活动。青少年道德学习关注青少年道德生命自由成长,关注青少年道德学习的道德教育。

在重视青少年道德认知的同时要加强青少年的道德实践。道德实践要求青少年积极参与道德生活,自觉协调自我个性存在与社会存在的关系。简而言之,青少年应始终把自己当成主人,主导道德生活,而不是把自己当作旁观者,在社会道德生活中享受道德超越带来精神层面的快感,并作为主体踊跃担负起道德责任。只有当个人亲身投入道德实践中,成为道德生活中的一员,才能从心底明白道德生活的真谛,参与道德建设的主动性与维护道德原则规范的责任感才能油然而生,进而才能完善自我精神修养。

所谓青少年道德学习,就是指在生活和学习中,青少年能对内心存在的道德需求有清晰的定位,能主动感知、领悟、抉择并消化吸收进而形成道德规范和准则,辅以长期实践,构建独立主体道德人格的过程。基于交际类型的青少年道德学习的社会学分析认为,青少年四种理想的交往类型分别是情感型交往、规矩型交往、怜悯型交往和兴趣型交往。

2.青少年道德学习的发展阶段水平

青少年道德学习是青少年自主进行建构品德的过程,这一过程的完成,必须实现由"知道"转向"体道";由"理解"转向"认同";由"占有"转向"获得";

---

① 朱小蔓:《道德学习与脑培养》,《沈阳师范大学学报(社会科学版)》2005 年第 2 期。

由"再现"转向"实践"。在此过程中,经历着"内化"和"外化"两个"飞跃"。其中,第一个飞跃是指青少年将社会意识、规范不断内化为个人的道德信念;第二个飞跃是指青少年将道德信念外化为道德行为。帮助、引导青少年成功地实现这两个"飞跃"是实现青少年道德生活的知行合一的基础。

第一,青少年道德学习的第一次飞跃:"知道"—"体悟"—"认同"的转变。

道德学习主体青少年对于从教师、书本中习得的所谓的道德知识,认识到一些社会规范的必要性或者存在的意义。在大部分时候仅仅是"知道"。在传统的学校道德教育中,只关注这种"知道"道德知识的行为,要求学生记忆道德概念、道德规范,片面地认为记住这些道德知识,就是具有良好道德素养的公民。

当然,道德行为的前提之一是"知道"道德知识。只有明白了什么样的道德行为是允许的,才有可能使个体的行为符合标准。但是,仅仅"知道"道德知识并不一定会产生理想的道德行为,并且有可能产生知行脱节的现象。我国长期以来的学校教育中,没能很好地区分知识学习与道德学习。知识学习主要解决"理解与否"的问题,借助概念、图式,通过同化,顺应过程,实现从不知到知的过程。而道德学习强调的是主体的价值体验以及行为实践,主要解决的问题是"行动与否"。

那么知识如何转变成个体的信念和价值观,进而转换为行为? 这其中应该经过怎样的过程? 青少年学生在学校学习道德知识,在生活中通过亲身体验,加深学习主体对于道德知识的认识,促使他们达到对道德的理解向认同的转换。

所谓"认同",是指青少年对道德规范、准则以及行为范例等所代表的道德意义的承认、认可和赞同。青少年对于道德知识深刻理解之后,接受知识,将其纳入道德价值观念之中,这是某种道德规范逐渐成为个体价值的过程。这就反映了青少年道德学习的动态发展过程。而道德学习的真正目的也在于此,让青少年内化道德知识,再外化进而形成道德行为。

第二,青少年道德学习的第二次飞跃:道德信念外化为道德行为——由再现转向实践。

传统道德学习的目的是道德知识的再现。教育者对于学习者的道德进行评价的标准也是再现的结果。道德学习有别于知识的学习,它是以体验为核心,道德的表现形式包括知、情、意、行。道德知识固然可以反映一个人的道德品质,但它必须是建立在道德体验之上,才会变得有意义,要让道德学习走向道德实践。

在青少年道德实践中,要将重点放在克服心理冲突和困惑、帮助青少年利用学习到的处于大脑内部的道德知识来解决冲突,进行判断,选择合适的道德行为,最终养成一定的道德行为习惯。作为道德学习主体的青少年,在发挥其主观能动性的同时,整个社会、学校和家庭都应该紧密配合,共同努力,利用各种各样的资源,抓住一切时机,给青少年提供实践的途径。

二、青少年道德学习的本质与属性

(一) 道德学习注重体验和感悟

在传统的学习上,知识学习更多的是接受式的学习,其主要是把目前已有的结论和自身认知结构中的相关知识进行整合同一,借此来达到理想的学习效果。然而道德学习更加侧重于体验,其目的是产生情感,而不是生成认知。道德学习是一个借助亲身体验的经历来不断加深把情感当作核心的道德认同的过程。

体验和感悟是学生道德学习的主要依据。只有亲身体验与经历才能把道德学习的内容融入到青少年的生活情境中去,进一步与青少年生活中产生的经验和主观感受联结起来。应尊重青少年的成长规律,为青少年提供参与社会实践的机会,使知情意行的培养一个都不能少。无根性是当前德育的一大缺陷,德育手段单一,难以适应新媒体时代青少年的身心发展需求,对各种道德与价值的冲突不能直面,并用僵硬的灌输代替引导。因此,道德教育要回归生活,扎根生活与现实。每当人们的内心体察到某种价值,就会产生认可、敬重、信任的正面情感,或者产生回避、讨厌、羞愧内疚的负面情感,进而有道德学习的需要。要想学生真正从道德学习里面获得实际的收益,锻造自身的心性品质,必须重视体验性活动。在青少年道德学习的深化过程中,情感认同是依靠体验来不断加强深化的。

(二) 道德学习强调实践探究

探究性道德学习是一种新的道德学习模式。张典兵认为探究性道德学习模式是指在教师的引导下,学生们独立探索道德知识和问题,并进行相关的话题研讨、案例分析、价值澄清和社会调查,以便他们能够积极投身到富有创造力的学习活动中,促进道德发展。道德学习模式的基本过程包括以下四个步骤,即通过创设情境,提出学习中存在的问题;收集相关信息,进行调查研究;表达交流道德学习的内容,对学习结果进行反思评价;将道德学习课外延伸,进行实践探究。①

(三) 道德学习是一种反思性学习

反思是个人作为主体对自我的思考,对自身进行道德审思与道德定位,集中表现了人的主体力量,也是人的道德生活方式与生存方式的表现形式之一。道德所涉及的关系包括人与自然、社会、他人以及与自身等种种关系。在这几种关系中,道德的最高形态是人与自身的关系,也是道德的核心问题。人不仅需要进行道德反思,还需要能从道德实践中抽离,进入一种深层的思维状态,才能够真正的体验自我,达到一种高层次的道德境界。

---

① 张典兵:《近十年我国道德学习研究的反思》,《道德与文明》2011 年第 1 期。

（四）道德学习是一种终身学习

在探讨"正义感"的形成的时候,约翰·罗尔斯(John Rawls)认为情感的形成主要有两种,分别是"培养学说"和"道德学习论"。道德教育正在从道德"培养论"向道德"学习论"转变。① 道德学习作为一种终身学习,主要包括两层含义:一是对青少年道德的培育要转向强调引导型、自主式的道德学习;二是强调道德学习要贯彻终身。道德教育的目的就是为了更好地帮助学习者树立终身进行道德学习的态度、思想、愿望、方法,以培养终身学习的良好习惯,进而促进终身全面发展。

对个体而言,21世纪的社会是提倡终身学习的社会,经济、科技等的急剧变化是促进个体终身学习需求的主要原因。"活到老,学到老"这一目标已不再是对少部分有高尚人生追求的公民的要求,而演变成为社会对每个成员的基本要求。终身进行道德学习是一个漫长的过程,它贯穿于个体人生历程中,主要包括自我德育以及自我修养。个体在人生任何阶段都需要进行道德学习。道德发展与成长建构过程是没有终点的,且需要道德经验不断提供积累和改造经验,因此道德学习是终身型的学习。②

成人德育面临着缺失的困境。在世俗观念看来,道德教育指的是教师对学生,长辈对晚辈进行的道德教育。然而,终身道德学习抛开了对象和年龄的界限,是面向所有人的,成年人和未成年人都要进行。换句话说,在道德教育中,学生、教师、家长和社会上所有的人都是平等的学习者。终身道德学习强调道德的生命性,是一个持续永恒发展的过程,且横亘人生的每一个阶段。它不仅把人生看作是一个拓展知识的学习过程,还是一个在教育中接受考验成长的历程,而且推崇人人接受学习和教育的机会是公平对等的。把教育和学习贯穿到每个人一生的生活和工作中去,让人们"学到老,活到老"的观点与

---

① 班华:《略论终身道德学习》,《当代教育科学》2004年第4期。
② 冯国锋:《论道德教育的根基:道德学习》,《教学与管理》2012年第9期。

人们传统的"一次学习,终身受用"的陈旧观念相悖。我国古代伟大的思想家和教育家孔子是这样阐述自己一生的学习的:"吾十有五而志于学,三十而立,四十而不惑,五十而知天命,六十而耳顺,七十而从心所欲,不逾矩",儒家所提倡的正是终身型的教育。又如"大学之道,在明德,在亲民,在止于至善",就是认为学习能够提高道德素质,使自己变成一个尽善尽美的人。

三、道德学习的目标演进与价值取向

(一) 道德学习的目标演进

纵观中国德育史发现,德育的目标常常是社会本位论一统天下。封建时期的德育被统治者用来当作维护社会稳定和驾驭民众的工具,其道德教育是为了束缚臣民的人性,禁锢他们的思想,最后沦落为政治统治的附庸工具。在新中国成立的初期,虽然德育的目的、方法、内容等各个方面都有了焕然一新的改变,但道德教育仍然是以政治教育为核心,并没有改变社会本体论一统天下的局面,忽略了学习主体的主观能动性。

改革开放以来,我国发生了翻天覆地的变化,具体体现在政治、经济、文化等各个方面,经过一系列的社会变革,我国的道德价值观开始多样化发展,道德教育也在随之发生着变化。其中道德学习研究者的思想已不再局限于道德教育的本身,而放眼于其外在,积极了解和体悟现实存在的道德价值,积极构建自己新的道德价值体系。但由于我国仍处于发展的转型期,各种思潮涌现,各种价值观相互碰撞,学习者很难区分应该学习什么样的价值观,什么是对的,什么又是错的,该接受什么又该拒绝什么。这就要求道德学习者要有一定的道德判断和道德选择的能力,在这种新的社会环境中,道德学习被推到了学校德育前列,重新回归到本该正确的位置。

道德学习不仅是我国的学校德育和社会发展的需要,也更突显了世界各国发展的共同需要。当今世界已经进入了知识经济的时代,科技化、信息化、

全球化的步伐把每个国家和民族带入一个迅速发展的时代,每个人都需要加倍努力学习,连续不断地终身学习,才能追赶上时代的步伐,才能不被新时代社会所抛弃,才能进步和创新。罗伯特·哈钦斯(Robert Hutchins)在 1965 年提出了要构建"学习型社会";在 20 世纪 70 代,联合国教科文组织正式提出"向学习化社会迈进"的目标;20 世纪八九十年代,美国、日本等发达国家提出了由学历型社会向学习化社会转变的政策;与此同时,在 2001 年 5 月,在亚太经合组织人力资源能力建设高峰会上,中国政府表示将致力于建设学习型社会。学习型社会的最终目标,是着眼于"贤、乐、善"为基本内容的人生真正价值实现。

随着时代的发展,道德教育和道德学习的目标是随之变化的。道德学习是新时代发展的基本要求,是建设学习型社会的根本需求,更是完善学校道德教育的必然要求。道德学习的目标已经从"教"转移到"学"上,重视道德学习者的主体性和能动性,使学习者掌握道德判断和道德抉择的能力,学会终身道德学习的能力。具体在实践目标的导向是:建立"引导自主道德学习"的道德教育形式,构建知、情、行三者相结合的道德学习内容体系,营造道德学习的社会文化氛围。

德育情境既是当代德育体系的外部条件,也是当代德育建设的价值目标。与以往传统的德育体系相比,21 世纪的德育情境是一种从根本上革新的德育典范。不仅外部社会环境在不断发生变化,接受教育的人自我意识也在不断提高,因此,当代的道德教育不能仅仅依靠强制服从来进行压迫式学习,而是通过相互平等沟通交流来理解彼此的道德共识。因此,当代德育情境的创设要依靠"德育共同体"目标的建构与落实。只有在德育共同体的大环境下,才能顺利开展当代道德教育的建设,才能实现社会的道德共识和人际理解。德育共同体,即是在自由、平等、和谐、包容和通达的学习教育氛围中,教育者和受教育者进行与彼此的沟通来独立构建和获取道德知识,并最终获得意义共享、相互理解、身份构建以及认同的精神共同体。

（二）道德学习的价值取向

随着社会、经济、科技的急速发展，现代社会极大改变了传统社会文化体系里的一元化，社会价值观正在迅速发生改变，借助各种大众媒体如电视、报刊书籍以及各民族间的广泛交流带给了青少年丰富的知识信息，同时青少年也面临着比任何时期都更多的选择，也导致正在发育成熟的青少年越来越困难形成清晰明确的道德价值观。说教、榜样、说服和限制性鼓励等传统道德教育模式已经无法解决新时代出现的问题，需要建立一种新的道德学习模式来指导青少年如何形成清晰正确的价值观，从而进一步澄清他们自身的价值观，即价值澄清。拉斯指出"从没有人教我们如何把某种价值体系变成为我们内心的信念。尽管价值是相对的，且无法传授给别人，但是通过我们自身理智的理解就会有能力学会并运用评价过程和价值澄清方法来获得适合我们自身的价值"。①

路易斯·拉斯(Louise Raths)指出，由于个体把价值观看成是源于个人的经验，所以每个人的价值观都是独一无二的，而价值观又会随着其经验的积累以及变化而发展变化，如一个人的社会关系不是静止的，那他的价值观就不可能是不变的。②研究者普遍认为，价值澄清并不仅仅是澄清认同和传授所谓正确的价值观，而是在于帮助学生清晰其自身的价值观，也就是关注学生获得价值观的过程。如此，学生就会获得更好地并适合他所在的环境的价值观，同时通过调整自身去适应外界的环境。价值澄清研究者也推定，教师不可以直接把价值观教给学生，而是通过学习评价分析以及批判性思考等方法，以帮助学生创建适合其本人的价值观体系。价值澄清主要有四个关键的要素构成，

---

① 谢东方：《从"价值澄清"运动看加强青少年道德教育的可能性》，《当代青年研究》2003年第1期。

② Raths, L. Harmin, M. & Simon, S. B., *Values and Teaching：Working with Values in the Classroom*, Columbus, Ohio：Charles E. Merrill, 1978, p. 26.

第一,需要价值澄清的青少年要以有关的生活问题为关注重点,要求青少年注意自己的生活形态,例如情感、行为等;第二,接纳现实,目的是为了帮助学生真正接纳自己,忠于自己;第三,启发其进一步的思考,鼓励学生深入反思自己已有的价值体系;第四,培养青少年个人的能力,学生通过练习来进行价值澄清活动,可以发展其理解自己的行为、目的及其行为目标的能力,就能更好地知道生活、工作和学习。

青少年是人生中成长发育的关键时期,其社会的阅历和思想等方面有一定的发展又不完全成熟,往往对问题的看法和想法都会比较简单或不成熟。尤其在道德教育的问题中,既存在积极向上的一面,也会有被动的、存在逆反心理的表现。所以,关于青少年的道德学习,不能只通过青少年个人的价值观的评判去做选择,而是必须有一个强有力的正确价值观保证体系,去规范青少年个人的思想和行为。这就要求教师在青少年道德学习过程中,采用各种道德教育,在尊重青少年道德学习主体地位的同时,发挥主观能动性,帮助青少年建立适合青少年本人同时适应社会发展、构建和谐社会的价值观体系,使青少年学会价值澄清学习,并且能熟练地运用这种道德学习模式。

道德学习体现了学校道德教育的本位价值,着重于培养青少年的道德实践能力和创造性特性。尽管道德作为具有普遍性的规范和指令而存在,但只有它为个体所接受、内化并转化为具体生活情境下的个体的道德行为,道德才能成为具体的、生动的、具有真实意义的东西。当前学校教育已重视要充分尊重学生的主体性,把道德学习作为是一种自觉自愿的学习活动,强调要在不同层面上充分满足学生的兴趣需要,使青少年的道德学习表现出真正意义上的自我满足。当代社会的文化和价值观念表现出多元化发展,生活方式变得多样化。因此,要求青少年个体必须在道德实践中进行充分的理性思考,对多元的价值观念进行合理的道德判断和选择,并要求青少年能够自主地选择自己的生活目标、信念和适合自己的生活方式。青少年道德学习是一种以培养青少年自主道德实践能力为核心的学习模式。青少年可自主选择的价值体系和信念,并使他们明确这些价值体系和信念体系在他们生存的社会中的实际意义和作用,培养他们对多样化价值体系保持尊重、开放、宽容的心态,并培养他们的自主判断和选择的能力。同时,也进一步促进了青少年创新思想和创新能力的提高,为青少年的创造性人格特征的发展打好了坚实的基础。

通过对道德学习问题的进一步研究,实现了学校道德教育回归到生活实际中。大多数学者普遍认为,学校道德教育实效性差的主要原因在于学校道德教育没有真正回归到实际生活——学生真实的道德生活。科学理论中的道德教育虽然能教给学生相关的道德知识,但是只有生活世界里的道德教育才能算是真正的道德教育,才可以体现出道德教育的本质作用。而现实生活中的道德问题总是需要借助于一些载体,因此,学校道德教育总是需要借助于一定的知识学习、体脑劳动、人际交往以及日常生活而实施的。生活德育的特点主要在于其整体性、社会性以及实践性。只有将道德教育根植于生活实际,德育才能突显深厚的基础和强大的生命力。同时学校道德教育落实于学生的生活世界,才能产生深厚的道德情感和道德信念,才可以通过道德实践,进一步内化为学生的自身道德行为习惯。正因为让道德学习回归到真实的生活世界,真正重视到学生内心世界中的价值冲突和学生所在社会生活中的价值冲突,才能让学生深刻体验到生活和生命存在的乐趣和价值,这样才使道德教育真正成为一种有效的、学生热衷的道德学习模式。它通过构建一种以自我教育为核心的道德教育方法的体系,重视对学生的独立人格、独立思维能力和批判性意识的培养,来促进青少年学生道德自律、道德理解能力和道德批判意识的发展,表现出对道德主体的高度关注,从根本上说是对人发展过程中的能动性以及创造性的重视,正是因为学校道德教育回归到学生的现实生活世界,因此其理所当然地成为学生道德学习的一种价值取向。

第三节　青少年网络道德学习

中共中央办公厅、国务院办公厅印发《关于加强网络文明建设的意见》要加强网络空间道德建设,推动形成崇德向善、见贤思齐的网络文明环境,培育符合社会主义核心价值观的网络伦理和行为规则。习近平总书记在全国高校思想工作会议上指出,要运用新媒体新技术使工作"活"起来,推动思想政治工作传统优势同信息技术高度融合,增强时代感和吸引力。互联网已成为重要的时代特征,作为互联网辐射下的重要群体,青少年思想行为与互联网有着强关联性。道德学习作为人类社会经验系统的获得,是一种以社会规范为对象的价值习得过程,它以情感体验和价值澄清为核心,最终形成正确的道德价值观,实现道德主体人际和谐与知行和谐的特殊认知发展过程。加强青少年网络道德学习成为新时代青少年思想政治教育的重要课题。

一、网络道德及其特征

(一) 网络道德的内涵

网络道德是一种行为规范,即在善恶的标准下,来评价和判断人们的网上行为是否合乎社会言论、信仰以及习俗,以此来调节和平衡人与人、人与社会间的关系。随着互联网的兴起与发展,信息网络愈趋发达,网络道德也就顺应时运产生,并且被烙上了时代的印记。在当前的社会背景之下,人们根据被网络道德赋予的标准来判断善恶是非,同时在人际之间的交往遵循着以网络道德为原则的行为规范。

网络道德更多蕴含的是一种实践精神。其不仅是由人们对待网络的看法评价、网上行为准则、采纳实施等组成的价值体系,同时也是调节网络社会中纷繁复杂的关系和次序的有效原则。为了缔造出更加完善的社会关系,网络道德恪守善的标准,提出了整顿人们网络行为的社会需求,以及在精神上发展出积极向上的自身内部要求。

(二) 网络道德的特征

1.自主性

网络道德自主性是指网络道德在网络社会中呈现出一种更少依赖性、更多自主性的特点与趋势,这是一种自发自觉的行为结果。网络通过个体自主互联形成,互联的环境要求道德行为具有较高的自律性,因此个体必须保证在网络社会里,"自己对自己负责""自己为自己做主""自己管理自己",参与网络道德制定、明确网络道德标准、遵守网络道德规范。

网络初步建成时期,访问和使用网络资源的方式比较单一,网络信息贫乏且杂乱无章。网络进入稳定时期,其使用逐步商业化,网络道德的监督机制呈现出少干预、少过问和少监控的问题,这促使个体对网络社会秩序的维护意识得到提高,网络道德规范油然而生。网络社会的道德规范不是根据权威的意愿建立起来的,个体只有根据自己的利益需要,制定相关网络道德规范,才能引发遵守网络道德规范的自觉行为。在这样的社会里面,公民的主体意识逐渐觉醒,对于自我享有的权利和必须履行的义务逐渐明确,形成了道德规范的自觉性。若视传统的社会道德为一种依赖型的道德,则人们在网络社会中创建的是一种自我主导的新型道德。

相较于现实社会中的传统道德,道德在"网络社会"中呈现出更多独立性、自主性等特征。基于资源共享、合作共赢的利益和需求,人们自发自愿地联结起来,互联网由此而来。在这个交互的网络世界中,人们的角色不是一成不变的,此时可以是组织者,彼时可以是实施者。也正是因为网络有自主性这一鲜明的特点,人们对"想干什么、怎样去干"必须清楚、明了,要对自己的行为负责,管理自己的言行举止,做好网络的主人。

网络道德环境是一个"非熟人社会"。网络道德监督机制要求人们的网络道德行为应具有更高的自律性。起初，人们在缺乏强制性和他人约束等因素的自主社会中不能很好地依据自己的内心来行事。在这样的社会里面，公民的主体意识逐渐觉醒，对于自我享有的权利和必须履行的义务逐渐明确。这是能够磨炼人们的思想品行，也能确立主体的道德地位，更是一个人们能够做其所想的、毫无顾虑的活动与约束的社会。若视传统的社会道德为一种依赖型的道德，则人们在"网络社会"中创建的是一种自我主导的新型道德。

2. 开放性

与现实社会中存在的道德比较发现，在网络社会中盛行的道德会与其他道德的意识、观念以及行为碰撞出别样的火花，呈现出新的特征和发展方向。长久以来，人们因为时间和空间的限制一直无法顺畅地进行交流。网络专家威廉·奥尔曼(William Allman)曾指出，信息革命带来的最基本的变化是，它有能力使人们联系紧密，甚至以十年前还不可想象的方式，使"这里"和"那里"的界限消除。在早些年间，由于铁路道路和高速公路的修建完成，横跨在人们面前的地理距离的难题便不再存在，异地的交往和流动成为了现实可能。而如今，在信息技术的引领下，更新了现代化信息的传播方式，例如，信息高速公路的建成，可以不考虑实际存在的地理距离，飞速传递信息。蔚蓝的地球村正在形成一个个"小村落"，里面有即将建成的网络社区，在这里，即使生活的地方相隔万里的人们也能够实现同时办公、娱乐，就好像"在一起"一样。就算你身处荒原偏僻的地方，也可以便利地随时随地与世界各地的人沟通交流，变得亲密无间。因此，人们的交往不再受时间和空间的制约，有差别的道德意识、观念以及行为也能擦出火花，异彩纷呈。

与此同时，人们的交际来往也受到不同的价值观、宗教信仰、生活方式与传统风尚的影响和约束。人们不仅无法理解彼此，而且也缺少互相交往的手段与途径。正是因为互联网的全球化，不同国家和性格特异的人们都能够被联合起来，各式各样的价值观、宗教信仰、生活方式与传统风尚被一览无余，展露出形形色色的行为以及风土人情也都必须经受人们严峻的目光洗礼，人们也因此有了强有力的交往途径和手段。从一方面来说,通过在互联网上的学习、沟通与交流等多样化的方式,促使不同价值观、宗教信仰、生活方式与传统风尚的人们相互理解,从而达到更高尚、更加宽宏大量、更加通情达理的境界;从另一方面来说,也使得不同的文化冲突与矛盾日趋尖锐。落后过时、枯燥乏味、违背人的本性以及与社会伦理相悖的道德意识、规范与行为,同先进时兴、合乎伦理、推动时代发展的道德意识、规范与行为是共生共存的,在它们两者间摩擦出的火花、产生的冲突以及水乳交融也就逐渐浮出水面和变成现实了。网络道德在网络全球化的推动下逐渐开放起来。

3. 多元性

网络社会道德与传统社会提倡的道德不同,有其独特性,如多元化、多层次。虽然在现实社会中,生产关系具有多样的层次,道德因之有多种的表现形式,但只有一种道德能够居于这个特定社会的中心主导地位,其他道德则要听从和服从处于主导位置的道德。由此可见,现实社会中流行和提倡单一纯粹的道德。网络社会涉及范围小至社会成员自身利益,大至维持整个网络社会的次序,都是由一个共同主导为核心的网络社会道德规范,譬如不发送有害低俗的消息、不把电子邮件商业化、不违法进入加密系统等;同时,多元丰富的道德规范也是存在的,这是针对性格各异、道德风俗不同的地区、民族和国家网络成员的。人们在不断了解交往中,由此而产生碰撞和冲突给多元道德规范带来了许多益处:一是促进彼此的相互理解与共情,进而达到水乳交融的境界;二是就算无法互相接纳,内部产生的矛盾依旧突出。然而幸好,其中没有涉及实际存在的利益关系,因此也是有可能互相包容、并驾齐驱的。

基于自身的理论指导和现实存在的依据,与现实社会不同,网络社会更加强调的是人们的自主自愿性。鉴于网络社会是由拥有共同目标的网民们自发联结起来形成的,他们之间的需要和兴趣有着相似性,因此他们的网络行为有着一致性,除了必须恪守的道德外,他们不强求现实社会中死板、无差别的道德。也可以说,人们依旧可以跟随自己内心所推崇的道德来作出在网络上的行为,只是必须在奉行网络社会提倡的、占优先地位的道德规范的先决条件下。以网络道德作为突破口,才能更好地整顿网络环境,净化网络语言。网络道德像一面镜子,可以照出人性道德的百态。网络精神文明建设,政府部门不仅要出台与网络相关的法律、道德准则,而且要加强对全体公民的道德素养和道德教育的培养,以此来推动网络道德的建设。

总而言之,人们的个性和需要在网络社会中能够得到充分的展露和满足。主动自觉构建的网络社会,依照特有的生产方式、生活方式和管理模式,终究会形成各具特色、百花齐放的多元道德社会,生活在里面的人们的信仰、习惯和个性各不相同,但是都能互帮互助、互敬互爱、共同进步。不可否认,技术的进步会给道德进步提供强有力的支持,然而,道德进步最终能否实现,能否建成一个更高水平的道德社会,是离不开网民们自我约束及自我控制的。

二、青少年网络道德学习相关主题

(一) 网络道德情感

道德是社会为维护人们共同生活的利益而规定的最基本的行为规范和生活准则。网络是人与人之间交往的一种新的中介平台,其本质是现实的,因而它必然会像现实社会一样,产生和形成对人们交往的共同约束,也就是网络社会的行为规范——网络道德。依据道德心理学理论,章淑贞指出,在网络上形成的道德情感包括崇拜爱慕之情和憎恨讨厌之情。其中崇拜爱慕之情是对人们在认同和有自觉实施的基础上,恪守网络提倡的道德规范原则,而憎恨讨厌之情主要针对违反网络奉行的言行举止。

梳理相关文献发现,国内有关道德情感的研究成果主要有以下四个方面:第一,对道德情感的实质、特征、组成部分和功用等进行探究;第二,对道德情感的种类进行探究;第三,对道德情感的测量进行探索;第四,将道德情感与相关变量相结合进行研究。这些研究为未来道德情感研究提供了新范式和新视角。

国内网络道德情感的研究主要集中于思想政治教育和道德价值观等理论性探究,强调网络道德情感的重要性,探讨网络环境对大学生道德价值观的影响,认为网络道德教育应加强青少年道德判断能力、道德意志及道德责任感等。首先,青少年的道德价值观应该注重培养和发展网络道德情感,完善大学生的网络道德人格的发展;其次,青少年在网络环境中形成的道德价值观主要是由于道德情感催化的作用;最后,青少年作为道德主体,其道德认知、道德行为的主动性和自觉性主要通过道德情感体现出来。因此,当前对于青少年网络道德的培养应该受到重视,加深青少年的网络道德价值体验。有学者认为,网络道德情感在形成道德品质的过程中起到关键作用,对青少年的道德行为起着引导作用。积极网络道德情感是青少年产生网络道德亲社会行为的主要动因。网络道德认知、网络道德情感和网络道德意向三者之间存在着显著的正相关关系,网络道德情感越积极,个体所表现出来的网络偏差行为就越少。网络道德包括网络道德认知、网络道德情感和网络道德意向三个部分。其中,网络道德认知是人们对客观存在的网络道德关系和处理这种关系的原则和规范的认识,网络道德情感是人们对网络道德关系和网络道德行为的好恶的态度体验,网络道德意向是指人们在认同网络道德规范的基础上表现出来的意愿作出道德行为的心理倾向。

国外学者对网络道德问题的研究焦点主要集中在青少年的具体网络行为,并将新的道德问题与其一起合并为"7P",其中包括了隐私、盗版、色情、价格、政策制定、心理学及网络保护。在乔治·希金斯(George Higgins)的研究中,发现了低水平的自我控制能力、个体结交有偏差行为的同伴群体同时对于个体对网上盗版电影意向有显著的影响。[①] 一项研究表明性别差异和网络熟练度会对网络不道德行为有一定的影响。具体地说,就是使用网络功能较多

---

① Higgins, G.E., "Parental Criminality and Low Self-control: An Examination of Delinquency", *Criminal Justice Studies*, Vol. 22, No. 2, (June 2009), pp. 141-152.

的学生或者男生对于获取盗版软件的行为比使用网络功能较少的学生或者女生的频率高。其中劳伦斯·欣曼(Lawrence Hinman)强调,随着网络的普及,加重了学生们在网络上拼凑以及抄袭论文的概率,最后会导致对师生之间的信任关系产生一定的影响。[①] 学者也对网络道德问题的影响因素进行了研究。例如,卡尔·荣格(Carl Jung)研究了日本大学生在网络道德判断与道德行为的发生机制,发现在网络情境下,道德正义论、道德相对论、道德契约论、道德利己论和道德功利论等一些的道德观念会影响日本大学生的网络道德判断以及道德行为意向。[②] 也有学者指出,大学生个体网络的广泛使用对他们的"正当使用网络"观念产生一定的改变,例如,有一些大学生认为,在网络中复制一些信息并不算抄袭,同时下载商业软件或音乐也并不算侵犯版权等观点。[③] 由上可以得出,国外对于青少年网络道德问题相对来说已经有比较具体的研究,并通过侧重调查研究和实证分析,初步形成了相关的理论模型。

因不同的文化背景及在价值追求方面的差异,国内外有关道德情感的研究侧重点有所不同。国内有关学者着重对道德情感本身上以及与其他领域相结合进行研究。相反,国外则是强调民权和自由平等,抵制强权、压迫以及对公民个体感情的涉及和过问。除此之外,在情感研究方面,国外对于团体有积极作用很慎重,仅仅聚焦于注重个人情感的研究如互爱互敬、人权自由等。

(二) 网络利他行为

网络利他行为是利他行为的下位概念,而亲社会行为又是利他行为的上位概念。"利他"在第六版现代汉语词典中的解释是,原为佛教用语,给予他

---

① Hinman L.M.,"The Impact of the Internet on Our Moral Lives in Academia",*Ethics & Information Technology*,Vol. 4,No. 1,(January 2002),pp. 31−35.

② Jung I.,"Ethical Judgments and Behaviors:Applying a Multidimensional Ethics Scale to Measuring ICT Ethics of College Students",*Computers & Education*,Vol. 53,No. 3,(November 2009),pp. 940−949.

③ 周宗奎等:《网络心理学》,华东师范大学出版社 2020 年版,第 28 页。

人方便和利益不求回报。现在指是为了使别人获得方便与利益,尊重他人利益的行为,出于自觉自愿的一种利他精神的有益于社会的行为。人们通过采取某种行动,一方面满足了自己的需要,一方面又帮助了别人;在某些极端情况下,人们可能会不惜放弃自己的需要来满足别人的愿望。加上"网络"一词,意味着改变了行为发生的环境,由个体在现实生活中表现出的行为转移到网络社会之中。网络利他行为与亲社会行为之间存在一定的联系,但又不同于亲社会行为。利他行为的前提是个体自愿产生,并不求得到回报的行为。有学者认为网络利他行为是指在网络环境中个体主动实施对他人有利,自身会有物质受损失,但没有自私动机的自觉自愿行为;有学者认为网络利他行为是指发生在网络环境中能使他人获益,但实施者本身不存在明显自私动机的自愿行为;也有研究者指出网络利他行为是指发生在网络环境中的符合社会期望、有益于他人、群体和社会的自觉、自愿行为,在本质上与现实中的利他行为没有什么差异;还有学者认为网络利他行为是个体主观上并不期望得到任何回报的自愿帮助他人的行为,这种帮助形式可以具体表现为在网络上给予他人支持、指导、分享和提醒等。以上学者的观点都说明了网络利他行为是个体主动产生的"自觉自愿的行为"。

由于网络环境的独特性,网络利他行为也具有其本身的特点。网络利他行为具有非物质性、广泛性、及时性三个特性。有研究者通过对虚拟社区的研究指出,网络利他行为具有非偶发性、延时性、"旁观者效应"减少和高效率等特点。有学者从网络利他行为的实施者角度出发,认为网络利他行为具有表现形式的单一性、利他者的主动性、网络利他行为的延时性以及助人者损失的确定性等特点。有研究者指出,当网络利他行为的实施者是青少年时,该行为更具有及时性、有效性、连续性、互动性、现实性等特点。

近年来,网络利他行为的相关研究较多,相关研究可划分为两大类:一类是网络利他行为与网络道德教育之间关系的研究,进而提出改进建议或教育启示等;另一类是考察网络利他行为与相关变量之间关系的研究,例如,自尊作为人格变量与网络利他行为之间具有相关关系,青少年的自尊直接影响其网络利他行为。自尊正向预测青少年的网络利他行为,网络利他行为与外倾性、开放性和责任性等人格特质正相关,与神经质呈负相关,而自尊在其中起着中介作用。有研究发现网络利他行为受到网络社会支持的影响,网络社会支持能够显著正向预测网络利他行为,自尊在其中起中介作用。网络利他行为与青少年的乐观倾向、焦虑、网络社会支持之间呈正相关,网络社会支持在乐观倾向对网络利他行为影响中起到部分中介作用。

除此之外,网络利他行为还受其他一些变量的影响。如主观幸福感、社交网络使用动机、道德认同、共情、道德判断等均正向预测网络利他行为;其中,在网络交往动机对网络利他行为的正向预测过程中,网络人际信任起中介作用;现实利他行为对网络利他行为的正向预测过程中,感戴起着部分中介作用。

(三) 网络攻击行为

互联网虽然给人类带来了便利,但也将线下的攻击行为延伸到了网络,[①]并引起个体的焦虑、抑郁、社交障碍等问题。由电子技术和网络媒体发展引起的网络攻击等网络问题行为已引起国家和社会高度重视,国家互联网信息办出台了《未成年人网络保护条例》。根据该条例,进一步明确了家庭、学校和社会应当如何对未成年人正确使用网络加以教育和引导。一方面,营造健康、文明、有序的网络环境,需要优秀传统文化的引导,加强传统文化对青少年的熏陶;另一方面,家庭、学校在预防和控制青少年网络攻击行为中需要发挥重要作用。

在互联网高速发展时期,网络环境中的个体可以通过网络交换信息,建立人际关系,产生网络亲社会行为。但有时也会出现网络攻击行为。网络攻击

---

① 金童林等:《暴力环境接触对大学生网络攻击行为的影响:反刍思维与网络道德的作用》,《心理学报》2018 年第 9 期。

行为是指个体或群体通过网络或者电子媒介对他人进行的有攻击性、贬损、有害以及不受欢迎的行为。产生网络攻击行为的因素主要有以下几个方面：一是网络自身特征容易引起网络攻击行为。网络匿名性状态下，个体容易体验负性情绪，产生网络攻击行为。二是网络攻击行为主要受网络主体心理发展的影响。其中，青少年的公正世界信念对个体的愤怒情绪具有调节作用，降低了负性情绪对个体的不利影响，使个体在挫折情境中表现出的敌意归因偏差和攻击性减少。另外，社会支持也是影响个体网络攻击的因素，社会支持越少，青少年越可能实施网络攻击行为。家庭对预防和调节个体网络欺负行为起着重要的作用，父母支持及父母对青少年网络使用的监督和限制对网络欺负都有显著的负向预测作用，父母拒绝和父母过度保护与青少年网络欺负显著正相关，父母情感温暖与青少年网络欺负呈显著负相关；父母行为控制与初中生道德推脱和网络欺负呈显著负相关，而父母心理控制与初中生道德推脱和网络欺负呈显著正相关。

（四）　网络欺负行为

最早专门研究欺负行为的挪威心理学家丹·奥维斯（Dan Olweus）提出，欺负是指个人或团体带有目的性的、反复地对无自我保护能力的个体造成伤害的一种攻击性行为，同时欺负者和受欺负者之间存在着力量不平衡。随着互联网的普及，人们在网络上活动的时间越来越多，网络行为问题也随之而来，如网络攻击、网络欺负、网络骚扰等。网络欺负也叫网络欺凌、网络欺侮，作为一种新的欺负形式，近年来引起了研究者们的关注。网络欺负是互联网时代的产物，由于网络欺负是一个较为新颖的研究领域，因此目前学术界对其的界定尚未统一。梳理已有研究发现，关于网络欺负主要有以下几种观点：

彼得·史密斯（Peter Smith）等将网络欺负定义为个体或群体使用电子信息交流方式，对没有自卫能力的个体进行反复实施的一种攻击性行为。克里斯蒂娜·巴特（Christine Bhat）认为网络欺负是个体或群体故意反复伤害他人的行为,且这种行为是以电子信息技术为媒介的。美国全国预防犯罪委员会对网络欺负的定义是,通过互联网、手机或其他设备发送文字或图像来有意伤害他人,使人难堪的行为。加拿大学者比尔·贝尔西(Bill Belsey)认为,网络欺负行为是个人或者群体利用信息传播技术,如电子邮件、手机、短信、个人网站或者网上投票网站等实施的旨在伤害他人的恶意行为。[①] 英国政府根据本国青少年实际情况将网络欺负定义为,由某群体或个人利用电子媒体的方式持续对无法保护自己的人故意实施的攻击性行为。日本文部科学省对网络欺负作出的官方定义是欺负者通过电脑或手机,在网站留言板上编写诽谤和中伤某个儿童的留言或利用邮件等方式对他人进行欺负的行为。

从上述不同的定义可看出不同定义所针对的研究对象不同,英国将研究对象界定为青少年,日本的研究对象是儿童,而美国、加拿大等国的一些学者对网络欺负的对象不作特殊要求。因此,可以得出,所有使用电子设备的个体或群体都有成为网络欺负者的可能。综上所述,网络欺负是个体或群体通过电脑、手机等电子通讯设备在网络上发送或上传文本或非文本的内容以伤害难以保护自己的个体的一种新型攻击性行为。

通过对文献的梳理,关于网络欺负的特点,有学者认为,网络欺负具有以下特点:网络通信技术是网络欺负主要的依赖对象;网络欺负具有一定的匿名性,是一种非面对面的并且发生在欺负者和被欺负者间的一种行为;欺负者在短期内看不到被欺负者的反应;旁观者的角色包含了社会中的各个群体,可能更为复杂;网络欺负与一般传统欺负不同,自己的地位是通过滥用权力而获得的;旁观者人数增长的可能很迅速,无法控制;难以迅速逃离网络欺负。另有学者认为网络欺负有三个方面的特点:一是网络欺负中主客体具有多样性和不确定性。主客体的年龄、相貌、性格等因素在网络情境中都是不确定的。二是网络欺负行为既具有一定的隐秘性又具有一定的公开性。网络欺负主要是

---

① 李静:《青少年网络欺凌问题与防范对策》,《中国青年研究》2009 年第 8 期。

一种间接的、匿名的欺负行为,而不是面对面的欺负,发生在网络虚拟空间中,在网络空间中欺负者的角色比较隐秘,其真实身份不易被发现。因此,他们更可能肆无忌惮地、公然地挑衅或伤害其他个体。三是具有超时空性和强扩散性。网络欺负中信息占有的不平衡以及欺负者的匿名性等,使得网络欺负中的欺负者和受欺负者处于不平等的地位。同时,网络欺负具有间接性和匿名性、地点、形式的多样性、传播的迅速性和超时空性、欺负者由于欺负结果的无反馈或反馈较慢所造成的欺负的公然性以及受害者受害的深广性等。

关于网络欺负行为种类的观点比较集中,一是按照网络欺负发生的载体来划分,二是按照网络欺负行为的表现形式来划分。按照网络欺负发生的载体划分,网络欺负具体类型有短信欺负、邮件欺负、聊天室欺负等。以往研究者按照实施网络欺负所需要的工具将网络欺负的形式分为电脑欺负和手机欺负。近年来智能手机功能的增强使得手机不仅能接收和发送信息,还能更大程度地满足用户的上网需求。这使得电脑欺负和手机欺负的界限变得模糊。有研究者按照更具体的发生载体对网络欺负进行分类,以不同的媒介为载体,网络欺负行为可以被划分为不同的类型。史密斯等描述了电话、文本短信、图片或视频、邮件、聊天室、即时通讯和网站等七种主要的网络欺负媒介。根据网络欺负行为发生时的表现形式划分。南希·威拉德(Nancy Willard)将网络欺负分为网络恐吓、网络骚扰、网络诋毁、网络伪装身份、披露隐私、在线孤立和网络论战七种形式。当对不同类别的网络欺负行为进行调查时,大部分研究者选择采取第一种分类方法,因为载体分类比较明确,同时被调查者也更容易理解。近年来的研究中,国内外学者则同时考虑了网络欺负行为的性质和发生的载体,将两种方法综合起来。随着电子媒介的多元化发展及社交网络的不断研发,青少年网络欺负行为将不断出现新的形式。

(五) 网络道德行为相关研究

网络欺负作为一个新兴研究领域,近年来的相关研究主要集中在网络欺负与自尊、网络欺负与抑郁、网络欺负与移情、网络欺负与道德推脱、网络欺负与父母教养方式等方面。

　　研究发现,传统的被欺负者为了寻求个体心理的平衡以及减少在现实中报复的危险性,可能会选择在网络上欺负他人,这一被欺负者和欺负者的角色在线下线上转换的视角就是当下研究关注的重点。[①] 还有研究表明,当受到网络欺负时,学生会表现出低自尊、焦虑、抑郁、药物滥用、社会退缩,甚至出现自我伤害和自杀等严重后果。[②]

　　研究发现,道德推脱可以显著正向预测个体的网络欺负行为,个体道德推脱水平越高,实施网络欺负的可能性也就越大。也有研究者认为,与传统的欺负相比较,道德推脱对网络欺负的影响偏低,其原因可能是网络欺负的匿名性及其与受欺负者之间的非面对面性,导致其对网络欺负行为产生一种认知偏差,认为这是一种娱乐行为,低估了自己行为对受欺负者造成不良后果的可能性,因而使得他们不使用道德推脱机制就会表现出非道德行为。大学生网络欺负呈现显著的性别差异,网络社会支持、自尊和网络欺负呈显著负相关,网络社会支持和自尊呈显著正相关,自尊在网络社会支持和网络欺负之间起中介作用。大学生较多网络社会支持的获得,他们的自我评价升高,自尊上升,这能减少他们实施网络欺负行为。网络欺负与网络受欺负之间可能既与个体的心理症状存在直接相关,又会通过网络社会支持存在一定的间接相关,心理弹性可能在网络受欺负对心理症状中起缓冲作用。[③] 在男女之间的性别差异上,男性大学生在网络欺负上的倾向性明显强于女性大学生在网络欺负上的倾向性。

―――――――――

　　① 王建发等:《线下受害者到线上欺负者的转化:道德推脱的中介作用及高自尊对此效应的加强》,《心理学探新》2018 年第 5 期。
　　② 胡阳等:《青少年网络受欺负与抑郁:压力感与网络社会支持的作用》,《心理发展与教育》2014 年第 2 期。
　　③ 刘慧瀛等:《大学生网络欺负与心理症状、网络社会支持和心理弹性的关系》,《中国心理卫生杂志》2017 年第 12 期。

三、网络道德学习研究方法

在道德学习等领域的相关研究方面主要有两种方法：一是问卷调查法，主要用于分析不同人群道德养成的现状，如以吉姆·莱斯特（Jim Rest）编制的DIT测验；二是实验法，主要用于分析道德形成的过程结构和影响因素，如科尔伯格的"道德两难故事法"以及艾森伯格的"亲社会道德理论"。研究的主要内容集中于道德学习的性质、道德学习与其他方面学习之间的关系、道德学习相关理论、道德教育课程设计以及青少年道德学习的特点、规律等，缺乏对道德学习存在的问题、教育策略等方面的深层次、质性研究。而且其研究对象几乎集中于儿童及大学生群体上，主要是横向研究，研究儿童道德形成的阶段、大学生道德的现状、形成原因等，对道德学习整体性、宏观性的研究有所不足。青少年网络道德学习研究范式可以从以下几个方面开展。

（一）定性与定量分析法

通过整理和分析文献资料，梳理网络文化的历史演进及现状问题，分析网络文化影响青少年道德学习的功能价值，归纳青少年道德学习的研究现状及提炼道德学习的内在结构，阐述网络文化与青少年道德学习的关系。同时，将非定量资料转化为定量数据，对青少年的道德学习作出定量分析和推论，科学地揭示网络文化对青少年道德学习的影响机制。

（二）问卷调查法

编制有关问卷，在调查、分析青少年道德学习特点及规律的基础上，揭示青少年道德认知发展的教育机制，影响青少年道德学习的监控机制，分析网络文化对青少年道德学习的影响，探讨网络文化影响青少年道德学习的发生机制。在整合基础上概括网络文化影响青少年道德学习的心理机制。

（三）情境实验法

基于实际网络生活,设置相应的道德事件虚拟情境,要求青少年独立完成相应任务。结合道德发展阶段理论,对青少年作出的道德判断或采取的道德行为进行分析、解读,得出青少年的网络道德水平现状,进而归纳出青少年的网络道德发展与现实道德发展存在的差异及原因,探讨网络道德学习的机制。

（四）案例分析法

围绕网络文化、青少年道德学习设定的主题开展文本和实证研究,了解青少年对社会中某些复杂事件的认识、态度与信念等,运用归纳与演绎、分析与综合以及抽象与概括等方法,剖析网络文化对青少年道德价值观影响,结合质性研究构建网络文化视域下青少年道德学习目标定位,构建青少年道德学习模式。

（五）描述性研究法

将已有网络文化影响青少年道德学习的现象、规律和理论通过自己的理解和验证,给予叙述并解释出来。通过对理论的一般叙述,能定向地提出问题、揭示弊端、描述现象、介绍经验,有利于普及工作、有利于揭示多种情况、有利于对实际问题的说明等。

（六）纵向追踪法

在较长时间内对同一批青少年进行有系统地定期网络道德学习研究,通过问卷测量、深度访谈等方法,了解不同时期青少年网络道德水平的发展状况,有助于形成对于网络道德水平发展过程较为完整、全面的认识,概括出随着年龄的增长,青少年网络道德水平的发展情况,从而有针对性地进行青少年网络道德教育。

（七）相关法

根据网络道德学习检索的文献结果,将以往研究中与之相关的变量整理、归类,总结出在青少年网络道德学习发生、发展过程中发挥作用的其他变量,有助于对影响青少年网络道德学习的因素进行探讨,进一步在青少年网络道德学习的过程中有选择性地控制消极因素的不利影响,发挥积极因素作用,促进网络道德学习的有效开展。

第二章　道德学习的理论基础

　　道德是通过社会舆论、传统习俗和人们的内心信念来维系，对人们的行为进行善恶评价的心理意识、原则规范和行为活动的总和。马克思主义科学地揭示了道德的起源，认为道德产生于人类的历史发展和人们的社会实践中。道德的产生需要多方面的条件，包括劳动、社会关系的形成和人类自我意识的形成和发展等。道德是属于上层建筑的范畴，是一种特殊的社会意识形态，是由社会经济基础决定的，是社会经济关系的反映，并为社会的经济基础服务。社会经济关系的性质决定着社会道德体系的性质。

　　道德对现实生活的调节方式主要表现以下特点：一是道德对社会行为的调节是非强制性的，二是道德规范具有相对稳定性，三是道德调整的社会关系范围具有广泛性。道德具有多方面的功能，如调节功能、认识功能、教育功能、评价功能、导向功能、激励功能、辩护功能、沟通功能等，其中占主导地位的是调节功能和认识功能。道德的社会作用主要表现在：道德能够影响经济基础的形成、巩固和发展。道德对其他社会意识形态的存在和发展有着重大影响，道德是影响社会生产力发展的一种重要精神力量，道德能够维护社会生活的稳定，保障人们正常的生活和交往。

　　道德品质是个体在生活、学习和劳动等实践中不断习得的一种相对稳定的心理特征，是个体与社会环境交互作用的结果。个体道德的学习和发展与其认知发展密切关联,二者具有一致性和同步性;同时,个体道德的学习与发展也是社会化的产物,道德学习是个体品德建构与社会价值内化过程的统一,它以社会规范为载体,最终形成个体独特的品德结构。阐释和分析道德学习的理论基础,有助于正确认识和理解道德心理内涵要义,有助于准确揭示品德心理的发生发展规律,为有效开展道德教育、促进个体良好品德发展提供理论依据。

第一节 道德学习的层级与要素

一、道德学习的层级

根据个体主体意识发展所呈现出来的层级性,青少年道德学习主要有以下三个层级。

(一) 第一层级:在生理、外在行为层面发现自我

该层级是道德学习的基础,要经历四个阶段,分别为"我物相分""我他相分""主体的我和客体的我相分""主体的我和客体的我相合"。罗伯特·赛尔曼(Robert Selman)对儿童发展中的社会承担或观点采择系统进行研究,并指出个体社会化成熟的标志是个体角色承担或观点采择的发展,其发展历经具体个人的观点、社会成员的观点以及超越社会的观点,并可分为主体性角色采择、自我反省角色采择、相互性角色采择、社会和习俗系统角色采择。① 在相互性角色采择阶段,儿童能区分我他,认识到我他之间的区别,考虑自己以及他人的观点,能以一个客观的身份对事物进行解释和反应。"主体的我和客体的我相分"即区分自身的外部特征与内在的心理特征。儿童在童年期对

① 郭本禹:《道德认知发展与道德教育》,福建教育出版社1999年版,第94—96页。

自我的描述带有鲜明的特征,其自我描述从外部较为详细的特征过渡到内心较为概括的特征。低年级的儿童在进行自我描述时,往往从姓名、年龄、性别、家庭住址、身体特征等方面进行描述,而高年级的儿童对自己进行描述时,开始试图根据品质、人际关系以及其他比较内在的特征进行描述。"主体的我和客体的我相合"即将自我的内部心理特征与具体的外部特征联系起来,形成完整稳定的人格特征。

(二) 第二层级:在心理意识层面发现自我

个体在心理上意识到自己是主体后,内心的本能和欲望将会被掩埋,而希冀和需求则会更多的显现,这即是一种自主意识。主体意识的觉醒是道德学习的重要准备。该层级又可以分为三个小层级,分别为任性的自主意识、崇拜的自主意识以及真正的自主意识。

任性的自主意识是指当幼儿意识到自己是与外界不同的个体时,由于受心理发展水平的限制,他们表达情绪、要求与脾气仍通过随心所欲的行为。任性的自主意识会影响他们的人际交往和成人以及同伴对他们的评价,并由此对他们的自我意识的发展产生影响。通常与之伴随的烦躁、愤怒的情绪会对健康产生较大的不利影响。

个体进入青春期后,思维独立性快速发展,自我意识又一次突飞猛进且逐渐社会化。他们开始思考他们是谁,他们将成为谁,因此,他们需要一个现实存在的人物来代表自我形象。随着父母权威形象的衰落,对偶像的崇拜正好满足了青少年的这个心理需求。精神分析学派埃里克·艾里克森(Erik Erikson)认为,青春期的危机是自我同一性的混乱。原有的自我同一性随着儿童进入青春期后而受到打击破坏,自我被分裂,处于水深火热的危机之中。为了获得新的同一性,孩子需要在现实生活中有指引性的重要他人来审视新的自我,并通过以偶像的心理自居来圆满自我。卡伦·霍妮(Karen Horney)指出青少年在成长的过程中进行偶像崇拜是弥补对自我不现实的幻想,进而追求理想自我的一种特别的方式,它有利于青少年映射自我和重塑自我。崇拜的自主意识能帮助青少年安然经历青春期,青少年的自我寻求、自我确认是一种难以解释的心理活动和心理行为。

真正的自主意识应具有不仅能感受到自己的身体特征和生理发展状况,自己的内在心理活动能被意识并体验到,而且对自己在集体乃至社会中的作用以及所处的地位有充分的认识等至少这三个方面的特征。拥有真正自主意识的青少年能够正确的、客观的、全面的认识自己、评价自己。在对自我和环境充分认识的基础上,进行道德学习。

(三) 第三层级:在社会关系层面发现自我

该层级包括责任意识以及权利意识的建立。进入这个层级才能真正实现道德学习。美国发展心理学家劳伦斯·科尔伯格(Lawrence Kerberg)依据个体的内在认知结构将道德发展分为三个水平六个阶段。(1)前习俗水平。第一阶段:处于这个阶段的孩童对大人与其制定的规则呈现出顺从的态度,以避免他们的斥责与惩罚。该阶段为服从和惩罚的道德定向阶段。第二阶段:处于这一阶段的个体认为每个个体都有其自己的意图以及需要,在进行道德判断时开始对行为和个人的关系进行比较。处于这个阶段的个体的道德判断具有较强的自我中心的特点,即认为符合自己需要的行为就是正确的。该阶段为相对论者的快乐主义定向阶段。(2)习俗水平。第三阶段:处于该阶段的儿童会考虑他人以及社会对一个"好孩子"的期望和要求,并努力做到这一点,认识到必须尊重他人的看法和想法。在这一阶段,儿童在关心自己的需求的同时,开始逐渐发展到进行较全面地关心别人的需求,以有利于为自己塑造一个社会赞同的形象。这一阶段为好孩子定向阶段。第四阶段:处于该阶段的个体开始从维护社会秩序的角度来思考、判断什么行为是正确的,并认识到所有的社会成员都应当遵守全社会共同约定的某些行为准则,即强调对法律和权威的服从。这一阶段为权威和社会秩序维护的定向阶段。(3)后习俗水平。第五阶段：处于该阶段的个体认识到法律不再是死板的、一成不变的条文，可以通过共同协商和民主的程序来改变。如果一个人感到法律有失公平，就有权利通过正当途径说服别人改变法律。这一阶段为社会契约定向阶段。第六阶段：普遍道德原则的定向阶段。处于这一阶段的个体，其认识超越了法律，认为除了法律以外，还有诸如生命的价值、全人类的正义、个人的尊严等更高的道德原则。依据科尔伯格提出的道德发展理论，在社会关系层面发现自己属于后习俗水平。在社会关系的发展过程中，青少年同时体验到权利和责任的双重要求，对道德的自我要求经历了从依从—服从—内化的过程，在与他人的关系和交互作用中，权衡自己与他人、与社会的权力与责任的矛盾冲突，不断发现自我、调整自我、提升自我，进而进行道德学习。

二、青少年道德学习的结构要素

青少年道德学习是由道德需要、价值分析、自我选择、道德实践、道德影响、传导者以及媒介等七个要素组成的。

（一）道德需要

需要是个体对某种客观存在的需求得不到满足，有机体内部由此产生的不平衡状态，从而为个体活动提供动力。个体在参与道德活动时显露出来的动机和态度则是道德需要。人人都具有道德潜能，道德潜能主要指的是还没进入到青少年自觉意识层面的道德需要。社会情感的遗传、在早期社会情境中获得与强化而形成的正面向上的社会性情绪经验是道德潜能的主要来源。青少年的道德需要在关系层面上主要涉及与自然界、与社会、与同伴、与老师以及与自我之间的关系，而在内容层面上则是与学习相关，学习的内容涵盖多方面，从自然到自我等都有涉及。因此，青少年的道德需要是多样的、不确定的。然而，与成年人相比，青少年因为年龄较小、阅历较浅，对接触的内容有着相对狭隘的理解。加之青少年的心理发育不够成熟，也只能对浮于表面的道德学习内容进行研究。因此,青少年道德学习内容上的特点是范围比较广、内容比较表面。

(二) 价值分析

价值取向是统摄全局的一个关键要素,在实现德育的价值目标上起着引领作用。从道德层次论的角度来看,德育的逻辑在价值取向的指引下向"乌托邦"式的精英德育迈进,导致了德育边界的支离破碎。当代德育价值取向应该要回归到德育本身。对人性的设想、德育素质、道德价值体系的组成等方面进行考虑都有利于德育价值取向的回归。[①] 个体为了对道德实践进行自我反思和价值判断,会作出价值分析。当个体处于一个陌生的新环境的时候,一定会对环境进行审视、思考,并预测事态会有什么样的结果,将会如何发展,还会对自己产生多大的影响等。然后就可以知道自己接下来该做什么以及弄清楚对自己的意义在哪里。这样的价值分析是受个人过去内心对于道德的感悟和他人价值引导的。价值判断是根据自我价值来作出的,也就是说满足自尊需要的,较容易进行判断。人们作为道德执行的主体,可以在一定程度上洗涤心灵,提升精神境界,极大地满足自我价值实现层面的内部需求。青少年的价值分析,不仅满足了物质需要,还有精神需要,当然,还要满足自尊感和"引起重要他人高兴"。目前,青少年正逐步掌握并运用"客体的尺度和主体的内在尺度"来进行价值分析,这更好地显现出道德发展的核心需要是探索自我价值。

(三) 自我选择

个人在道德行为选择中通过衡量思考后作出的决策被称为自我选择。自愿是道德学习的核心成分,即必须作出自我选择。生活中的道德与价值是多

---

① 胡盛华、曾楠:《错位与回归:德育价值取向的当代阐释》,《江西社会科学》2009 年第 12 期。

样的、复杂的,身处同一个情境,不同的人会作出不同的选择,因此也会产生不同的结果。个体必须自觉结合道德体验以及当时的情境等内外条件,再三衡量其中的利与弊,才决定最后的行动策略。鉴于自我意识存在着个体差异,青少年的自我意识水平也是有差异的,因此对自我价值的维护和发展是在不同水平下进行的,所以他们的选择往往和他们的价值观保持一致性。不同的个体自我意识发展水平有不同的理由,因此会通过各种形式的自我选择来维护自我尊严。但由于青少年心理发育的不成熟,在作出自我选择时往往会出现这样那样的错误。此时成年人及时的关注和积极引导尤为重要。由此可知,对自我价值有着自己独特的见解,作出维护自尊的行为,以及应得到成年人的及时关注和积极指导,是青少年道德行为自我选择的特点。

(四) 道德实践

道德实践表现为青少年在道德活动中的行为活动。青少年作出自我选择并不等同于进行了道德实践,从选择到实践往往还有很长的路要走,要想实现道德学习,必须完成最终的道德实践。真正的道德实践依靠的是青少年自我的认知、情感,更需要他们依靠坚强的意志,遇到困难迎面而上,自觉选择合适的行为来完成任务。然而,在道德实践中,青少年很容易被情感和欲望支配,对于实践前的价值分析明显匮乏。因此,青少年道德实践的特点是在"做中学,做中悟"。

(五) 道德影响

青少年是通过接收暗示来进行道德学习的。在生活环境中感知到的这类型暗示即被称为道德影响。生活的主要构成要素是道德,道德影响在青少年道德学习中是普遍存在的,生活中的个体与他人的道德影响是相互的,即个体会对他人的道德产生影响,同时也会受他人道德的影响。道德影响可能是有意识的,也可能是无意识的。人不是一个与外界隔绝的封闭个体,而是会与外界社会进行积极交流的客观存在。但是这并不要求个体必须得接受一切的社会影响和暗示，也不表明对生活在同一个社会环境下的人所产生的影响是相同的。道德影响对个体的暗示作用是不同的：我们接受了某些影响，拒绝其他影响；别人则可能会接受我们拒绝的影响，而抛弃我们接受了的影响。人人都会在社会生活中受到自己"生平情境"的影响而形成一个德性结构。德性结构就好似功能齐全的"过滤网"：保留与自己内部结构认同一致或相似的倾向和影响，过滤掉截然不同的影响。社会心理学有一个"自我参照效应"的实验研究，其结果表明：在接收道德影响时，德性结构的选择和倾向切实存在滤网作用，即在同时发挥作用的所有信息中，与自己已经形成的知识结构和兴趣相接近的内容会被个体无意识地优先熟记。[1]　道德影响的接受效应表明，无意间优先接受与自己已经形成的道德志趣、倾向相一致的影响和暗示。[2]　道德影响与环境息息相关，环境是道德影响的基础，道德影响对环境产生影响。

（六）传导者

在青少年的道德学习中，教师是重要的传导者，起唤醒、反馈和价值引导的作用。教师具有专业知识与教学能力，是青少年心中权威的象征，在学习和生活中对人格不稳定的青少年产生重大影响。教师通过言传身教的点滴影响唤醒青少年的道德需要，对他们的道德实践进行反馈，逐步引导他们的价值分析。同时家长、同学和伙伴也是道德学习的重要传导者。

（七）媒介

道德学习中的媒介是主体的"知情意"，即青少年的思维、情感和自我意

---

[1]　Robert S.Feldman,*Social Psychology*,Prentice Hall,Upper Saddle River,New Jersey,1998,p. 119.

[2]　高德胜：《道德学习在生活中是如何发生的》，《南京师大学报（社会科学版）》2004 年第2 期。

识。青少年通过从客观和主观的环境中得到的体验,在思维、情感和自我意识的交互作用下,经过动机、判断、决策和行动四个部分,来进行道德学习和道德感知。

第二节　道德学习的认知理论

认知是个体通过感觉、知觉、记忆、想象、思维等来认识客观世界的信息加工活动。认知是心理现象的主要方面,与情绪情感、意志和行为密切关联。认知发展是个体发展的重要内容,道德认知的发展是道德学习的重要体现。个体道德知识和观念的获得与发展是一个主动建构的过程,受到儿童与环境之间互动的影响。

一、道德认知发展理论

皮亚杰是瑞士著名的儿童心理学家和认知心理学家,是发生认识论的提出者和建构主义理论的先驱者,也是近现代道德研究领域的杰出代表。他以儿童对行为责任的道德判断为基础和出发点,对儿童道德认知的发展进行了系统的讨论,并创造性地采用对偶故事法作为研究方法,发现儿童的认知发展是道德发展的必要条件,道德发展是认知发展的重要组成部分。

(一) 认知发展阶段理论

根据认知发展(即认知结构)的质的不同,皮亚杰将个体的认知发展分成四个不可颠倒、不可跨越的阶段,分别为感知运动阶段、前运算阶段、具体运算阶段和形式运算阶段,且前一个阶段的发展为后一个阶段奠定了基础。其中,感知运动阶段(从出生到 2 岁)儿童的认知发展是通过儿童和环境之间相互作用实现的,他们主要通过身体的运动和动作来感知外部世界并以此获取信息。感知运动阶段是后续所有发展阶段的基础。前运算阶段(3—6/7 岁)也被称作"自我中心时期",这一阶段儿童的认知开始有了显著发展,主要表现为符号功能和象征性功能的出现。具体运算阶段(7—11/12 岁)是认知发展的重要转折点之一。皮亚杰认为这一阶段儿童的思维方式与成人更加相似,达到了更高级的认知结构水平。相比较前运算阶段以自我为中心的直观思维,这一阶段的儿童开始能够进行具体运算,即在不依靠实际动作的情况下也能够根据逻辑规则在头脑内部对事物进行思考。除此之外,这一阶段儿童的认知还表现出其他重要特点,如能够把握事物的变化过程,理解事物变化是可以逆转的(即出现思维的可逆性),能够摆脱对事物单个特征的集中注意,转而关注事物的多个甚至是整体特征等。形式运算阶段(12—15 岁)的儿童的认知水平得到了空前提高,具有了形式运算的能力,能够进行抽象的逻辑推理运算,他们对于事物的认识能够摆脱具体事物或事物表象的束缚。在皮亚杰看来,形式运算阶段是个体发展的最后一个阶段。换句话说,青少年的认知发展水平与成人基本一致。

(二) 儿童道德发展理论

儿童的道德意识是随着认知的发展而发展,依据儿童的道德认知发展对应地分为三个阶段:前道德阶段(无律阶段)、他律道德阶段和自律道德阶段。其中,儿童在前道德阶段时不具有道德意识,不能理解成人或环境的要求以及游戏的规则,仅根据自己的意愿进行游戏活动。处于他律道德阶段的个体更多关注行为的客观结果,而忽视主观性动机,其衡量结果的标准主要参照权威(一般情况下是父母和老师)的态度,并根据成人的命令或外部的道德法则进行道德判断。相较于他律道德阶段,处于自律道德阶段的儿童逐渐形成了自己的规则意识和道德判断标准,他们不再盲目遵从成人的权威,在行为的对错与否等道德判断上具有了主体意识,关注焦点开始转向行为实施者的意图,即同时考虑行为的结果和动机因素。此外,他们已经知晓道德规则并非固定不变,而是一种共同约定的产物,可根据特定的需要和情境发生改变,并认为公平是判断行为好坏的标准,而非权威。

儿童在道德判断过程中表现出一种"道德实在论"的倾向,即他们通常是根据一个人的行为结果而非行为意图来判断好坏。道德发展最终朝向一种公正观念的方向,即所谓的公正阶段。这一阶段的个体表现出关心与同情的道德关系,即基于关心和同情进行道德判断。公正感的发展需要儿童之间的团结和尊重,且是在活动中自发地形成。通过询问儿童对于惩罚公正性和有效性的态度来考察其公正观念的形成和发展过程发现,儿童存在两种类型的评价反应:一种认为严厉的惩罚能够带来公正有效的结果;另一种认为抵罪并不是道德的必需品质,只有部分能够达到特定目的的惩罚才是必要的。据此,可以认为儿童存在两种类型的惩罚,即抵罪惩罚和回报惩罚。前者通常带有强制性,由权威人物实施惩罚,且所违反的规则与惩罚之间在内容上没有关联;后者意味着随着年龄的增长,儿童逐渐意识到其所受的惩罚与犯错的内容之间密切关联。根据惩罚的严厉程度可将回报惩罚分为五类:社会团体的排斥、行为的直接或物质后果惩罚、剥夺违反规则者滥用的物品、以其人之道还治其人之身和纯粹的"偿还"惩罚。

关于儿童公正感的发展,广义上可以被划分为三个阶段:第一阶段(7—8岁),公正服从成人权威,还未从规则中分离,这一阶段的特点是儿童缺乏公正平等的概念或仅出现了公正感的萌芽。第二阶段(8—10岁),平等主义感逐渐发展,公正观念开始增强,把平等放在第一重要位置。第三阶段(11—12岁),开始考虑公道阶段,原先纯粹的平等主义开始转向公道,既关注微小的细节,也注重全面性,开始从多方面加以考虑;且这一阶段的儿童对平等的态度和诉求发生转变,即从寻求笼统的平等转向有差别的平等。可见,儿童道德发展与成熟的标志是能够遵从准则以及具备社会公正感,即一个道德意识发展健全的人能够根据社会准则与规范公平、公正地对待他人,在对个体的道德判断上既考虑行为结果,也考虑行为动机。

游戏是儿童的主要活动,是儿童认识世界的途径,也是儿童发展道德的重要途径。一方面,儿童理解游戏规则有助于其道德观念的发展;另一方面,儿童的游戏规则意识是其道德发展的重要体现。大量的案例分析研究发现,儿童游戏规则意识的形成分为四个阶段,分别是运动阶段(0—2岁)、自我中心阶段(3—7岁)、合作阶段(7—8岁)和编造规则阶段(9—11岁和12岁)。以弹球游戏为例,把一些弹子给2岁以下的婴儿玩,运动阶段的婴儿在玩弹球时意识不到任何规则,且他们独自游戏,缺乏与他人的互动。自我中心阶段的儿童开始意识到游戏中的规则,他们认为这些规则必须无条件服从,但在游戏中也会表现出明显的自我中心特征,即每个人对规则的理解不同,都按照自己的规则进行游戏。在合作阶段,儿童开始具有社会意义上的合作,竞争的乐趣在于赢得对手。在制定规则的阶段,儿童已经意识到遵守规则是每个人的义务,并且有遵守规则的自觉。游戏规则一旦达成,无论何时何地都不能随意更改。从游戏规则的发展来看,儿童道德判断的演变有两个不同的过程:一是受成年人或年龄较大的孩子约束,但是这种约束无法消除,反而会加强孩子以自我为中心的思想和行为;二是儿童与他人存在协作关系,这种协作可以消除其自我中心思想,并能够帮助儿童准确理解、应用规则。

二、道德认知理论

科尔伯格在皮亚杰的研究方法和道德发展理论基础上作出推进性研究。他基于道德两难故事法(如海因兹偷药的故事)深入探讨了儿童道德认知的发展,提出了一个道德发展理论模型。科尔伯格的理论是西方道德心理学和道德教育的重要基础,是当代西方德育流派中最具盛名的德育理论之一,其本人被誉为"现代道德认知发展理论之父"。

(一)　道德判断

道德判断既是道德发展的关键和主体,也是道德发展的标志。道德发展在本质上是一个建构过程,其实质是道德判断以不变的序列在与环境结构相互作用过程中的平衡化建构过程,这里的"平衡"即公正。道德判断不是特定行为反应,而是以内在思维结构为本质的,寻求内部认知与外部社会经验平衡发展的结果。道德判断包括两个界定标准,即内容与结构,其中,内容是个体在道德两难故事中所使用的问题、要素和规范,结构是对道德思维内容的加工方式和过程。

对于一个道德两难问题,个体通过判断结构进行道德推理,随后决定道德判断的内容及结果。处于不同道德判断阶段的个体会针对同一个问题选择不同的判断结构与内容,从而出现不同解决问题的判断结果。由此可见,道德发展不是道德要素的简单相加,还包括个体思维方式的改变,即不同结构决定的阶段性发展。同一阶段道德判断结构的个体是否会运用相同的方式和推理过程从事道德行动,这取决于个体思维方式的发展。因此,道德教育的重点不是向德育对象传授难以理解或接受的具体道德信条和规则,而是加强德育对象道德思维能力的培养,促进其在心理上内化社会基本道德价值,使其在道德活动中形成自己独特的价值判断体系,并在以后的学习与行动中不断完善和建构。

道德判断是道德行为中首要且与其他因素关联最多的因素,道德情感和道德意志是否具有意义,其基础就是道德判断的存在。道德判断是道德行为之前的内心活动,尽管最终行为结果不一定完全符合道德判断的内容与结构,但评价某一种行为道德与否,依然取决于道德推理的动机和结构。故而,很多描述美德的名词并没有一个清晰的界定,如大公无私、不屈不挠、助人为乐等,因为人们对于这些概念有不同的判断标准,并且它们并不能反映人们内在的心理结构。道德判断根源上属于个体是以何种手段进行思维的,道德行为既涵盖了人们对所涉及事件的判断理解,又包括该事件与自己本身的责任相关程度,其本身并不直接导致道德发展。在学校情境中,课堂教育并不能直接干预道德教育行为,但它是理性道德判断和成熟道德行为的前提条件,且学生在课堂中表现出的道德判断和行为变化,并不意味着他们在后续学习生活中的道德行为也会发生变化。

　　道德判断分为两个方面:一是判断什么是正确的选择,它取决于个体的道德准则与原则,具有道义决策功能;二是判断行为必要性的选择,它取决于个体与道德事件之间的责任关联,是考虑前一方面是否有必要的判断。道德判断在道德行为中承担着两项功能:道德决策和善始善终功能。在道德判断和道德行为之间存在道义判断和责任判断两种中介变量,并据此建立模型来反映道德判断与道德行为之间的关系。该模型主张个体通过道义选择以及义务判断等,并在此基础上加以自我控制,进而产生不同情境中的道德行为。如果个体作出的判断和行动不同,这种不一致性会引发认知冲突,从而促进了道德发展。因此,判断某种行为是否道德需考虑以下两个方面:一是该行为本身是否道德;二是该行为背后真正的判断标准。道德教育的主要任务和关键是把培养道德判断与行为结合起来,保持二者的一致性,要求学生尽量将最高道德水平体现到行为上。此外,随着道德推理阶段的提升,个体的责任意识有所增强,更为容易将道德判断体现在道德行为上。道德判断和道德行为之间的一致性随着道德阶段的提升而呈现同步、共向、单线性的增强。因此,促使学生将道德认知转化为道德行为,需要教师不断培养学生的道德判断能力,促进学生道德阶段的转化与发展。

(二) 道德认知发展阶段

　　科尔伯格提出了"海因兹难题",由道德两难问题出发,通过了解读者的解释来判断其所处道德发展的水平与阶段。

　　通过对不同道德主体进行道德判断的结果的分析发现,个体的道德发展阶段包括三水平六阶段。三水平分别指前习俗水平、习俗水平和后习俗水平。习俗是指个体遵守和坚持社会或权威的规则、习惯和期望,其原因在于个体认为社会规则是必须要遵守的。当儿童发展到前习俗水平时,他们可以对既定的道德准则和规范作出辨识,但此时道德判断的依据是儿童自身的利害关系以及行为的具体后果,如行为能否带来愉悦的感受等,而不是真正理解和坚持习俗或社会规则。习俗水平的儿童不再关注行为直接或表面上的后果,他们能理解社会行为规范,不仅遵从家庭和社会的要求与期望,还会积极地予以支持和维护。后习俗水平的个体理解并从根本上接受了社会规则,能够对道德规范和准则作出自己的理性解释,并据此作出道德判断,而不管社会或权威人士的态度以及自己与社会的关系等,且行为依据是普遍的道德原则和良心。当社会规则与自身的道德原则相悖时,个体更倾向于以道德原则进行判断。

　　三个水平分别具有两个子阶段,且后一个阶段是在前面阶段的基础上整合发展的。前习俗水平的第一阶段是惩罚与服从定向阶段。这一阶段的儿童对于好与坏、对与错没有形成概念,只关注行为的物质后果,还不能对行为后果所涉及的价值和意义予以考虑。他们进行道德判断的标准和依据是服从权威、避免处罚,自身得到好处的即是好行为,自身遭到惩罚的便是坏行为。第二阶段是工具性相对主义定向阶段,也称朴素的利己主义定向阶段。这一阶段的儿童会根据自己的需要满足与否来进行道德判断,满足需要的是好行为,不能满足需要的是坏行为。他们偶尔会考虑到别人的需求,并认为人与人之间是公正、平等的,利益是相互的。习俗水平的第一阶段是人际协调的定向阶段,又称"好孩子"的定向阶段。这一阶段的儿童希望人际关系和谐,关注的是他人的表扬与赞赏,或者能否让他人心情愉悦,得到赞赏的是好行为,令他人不悦的是坏行为。习俗水平的第二阶段是维护权威或秩序的定向阶段。这一阶段的儿童以权威为向导,关注的是社会安宁与权威的意见,儿童通过遵守权威和法则能够使社会得到安宁。后习俗水平包括社会契约的定向阶段和普遍道德原则的定向阶段。处于社会契约的定向阶段的个体认为,好的行为是得到社会认可且经过严格检验的,道德规范或者法律、秩序不再是不可改变的,而是一种社会契约,可以根据特定的需要加以改变。他们不会违反道德准则和法律,但也不会根据单一规则作出评价。处于普遍道德原则的定向阶段的个体主张普遍公正原则,强调权利的公平和对等,尊重人的尊严等。他们以公平、正义、自由和良知等具有普遍意义的道德原则进行判断,不受法律和规则的束缚。

个体的决策策略是由每个道德阶段规定的,每个道德阶段都存在不同的道德倾向,这些倾向取决于社会情境中普遍存在的四个要素,分别是:(1)一种规定社会秩序或道德秩序总准则与任务的取向,决策中的基本着眼点在于各准则的组成要素;(2)功利结果,即个体本身以及与个体相关的其他人所产生的积极或消极结果的情境行为取向;(3)公平或公正,即人们追求在社会关系之间形成自由、平等、公正的联系的取向;(4)理想自我,即个体构建一个理想的自我,具有优良品质和美好道德。个体可以选择并运用其中一种或多种要素,不同取向的选择所形成的差别就构成了个体不同的道德阶段。

公正判断的发展分为六个不同的阶段。其中,阶段一是他律阶段,该阶段的道德行为是外显的,具有不可改变的固有性质,且道德是不证自明的。平等指代被严格均等化的分配观点,推理具有自我中心的特征,且没有公正与是非的规定。阶段二是个体主义的工具性道德。公正的自我中心性质扩大,具有个人主义特征,个体追求自身的利益和权力,将自己承担的消极后果最小化,并最大限度地满足自己的需要和愿望。这一阶段平等和互惠已经建立,并且可以根据特殊情绪和特定情境的要求,运用公道观念来考虑个体的需要与意图。阶段三是人际规范的道德。这一阶段的个体遵循着人与人之间相互信任的人际关系,人们期待按照这些规范生活,互惠交换要参照更高的或共同的规范评价,公正是以对平等操作、互惠操作和公道操作协调运用为基础。阶段四是社会系统的道德。这一阶段的个体采用社会群体之间普遍形成的看法,使个体自身的利益与社会的普遍道德原则保持一致,个人行为和社会标准之间实现平衡。阶段五是人权与社会福利的道德。处于这一阶段的理性的道德行为者意识到普遍性的价值观和权利,并选择这些价值观来建构道德社会。公正是围绕尊重人类的基本权利,以及权利和价值的合理层级而建构的。阶段六是普遍性的、可逆性的以及规定的普遍伦理原则的道德。这一阶段的个体把所有人都视作是自由、平等、自主的人,规则和道德规范是建立在平等和公道基础之上。

(三) 道德发展阶段的特征

亚洲、欧洲等多个国家和地区实证调查研究发现,地域文化和社会背景环境虽各不相同,但不同国家和地域人们的道德发展阶段都有不变序列性、层级整合性和结构整体性等特征,文化背景并没有对这些特性造成影响。在没有严重的身心障碍或者心理创伤下,个体的道德发展皆遵循从他律到自律,从低级阶段转向高级阶段,层层递进,既不会倒退也不会跳过某个阶段直接进入下一阶段,这就是道德发展的不变序列性。道德的发展同时遵循连续性与阶段性。"阶段"是一个具有结构性的整体,各种道德要素有规律地被整合在一起,表达着不同阶段的思维模式。每个阶段的内部要素具有一致性,使得个体的各种道德观念保持一致,具有内在且紧密的联系。道德发展的层级整合性意味着个体的道德发展不能看作是思维方式的简单堆积,而是由低水平向高水平不断更新变化的。同时,道德发展的各阶段之间存在结构化差异,各阶段具有其独特的阶段特征。道德判断类型和道德推理类型的差别根源在于个体在不同的道德发展阶段中所发挥的作用,且不同类型之间的转变是一个质变过程,而不是量的堆积形成的变化。

(四) 道德发展的影响因素及途径

道德由低向高发展具有阶段性的特点,且各阶段之间相互连接、层级分明,是个体在社会现实环境中不断积累社会经验的结果。道德发展依赖于社会相互作用、道德决策、道德对话以及道德相互作用等社会性刺激。这些刺激被分为两个方面:一是指纯粹认知性的刺激,是道德发展的必要基础,并不一定会导致道德发展;二是指社会性刺激,给个体提供角色承担的机会,使个体在社会活动中发展道德阶段。

　　道德判断和道德推理是道德发展的重要体现。道德判断主要是理性运算的功能,道德推理的必要条件是逻辑推理能力,当逻辑推理能力达到一定程度时,道德发展才有可能。可见,具有较高道德发展阶段的个体必须拥有高度发展的逻辑认知能力。需注意的是,逻辑认知和思维水平的发展与道德发展具有不一致性。科尔伯格指出,角色承担所带来的外界环境刺激的重要性大于认知性的刺激。角色承担是指个体在内部寻求各种刺激之间相互平衡和公正的过程。具体来说,不同的角色承担使个体认识到各种不同角色的思维,使个体认识到自我与他人是怎样联系的,理解不同角色以及这些角色所处的社会相互作用和交往情境。这种角色承担通过换位思考来洞察他人的思维与情绪,进而发生共情。与逻辑认知一样,仅仅通过角色承担也并不一定能引发道德阶段的提升,但角色承担是个体将逻辑认知和道德认知相结合的锁扣,体现的是个体对于社会的了解和认识,家庭、学校、社会群体等各种社会环境都给个体提供不同的角色承担的机会。这些社会环境给予个体社会认知的不同方面,如家庭和父母提供态度与倾向认知,学校提供参与认知,社会提供不同社会地位认知,它们共同影响着个体道德的发展。

　　道德判断的建构是道德发展的途径,道德原则是个体将社会经验纳入认知系统中进行内化建构得来的。内在形成的道德原则与深思熟虑的道德判断和社会经验相碰撞,从而形成新的道德原则,这个过程就是道德发展的建构。认知道德结构冲突决定着道德发展的进程,个体内部存在的道德冲突驱使着个体不断寻求解决冲突的方式,从而促进道德判断的发展。[①] 道德判断变化的速度与刺激呈现的多少有关,刺激呈现越多,道德判断变化就更有可能发生。认知冲突的引发包括两个方面:一是个体内在道德原则与社会环境刺激相冲突;二是个体发现自己与他人的道德推理存在差异,并试图改变。这两种

---

　　① 吴霞、王云强等:《道德动机动态系统理论:一种道德发展的新科尔伯格取向》,《心理科学》2018 年第 1 期。

冲突促使较低道德阶段按照顺序朝着较高道德阶段转变,推动着道德发展。当外在刺激足够充分时,认知冲突越发明显,就更有可能发生道德阶段的转变。因此,可以说,没有内在道德认知与外在道德环境的冲突,就没有个体道德的发展。

(五)道德判断和道德推理的教育

认知冲突道德发展原则对道德教育和教学具有重要的指导意义。在道德教育情境下,教师不能向儿童等道德主体教授道德推理,在个体道德阶段的发展变化过程中,儿童产生了内在的道德冲突,认识到自身思维方式的局限和矛盾,并力求寻找解决这一冲突的方法,从而产生了新的道德思维方式。因此,在开展德育活动时,教师应充分激发学生的道德认知冲突,使他们不断接受刺激,引发思考;在进行社会实践时,应让学生体验到真正的认知冲突,提高道德阶段转变的可能性。

基于此,德育教师要善于分析发现学生存在的真正冲突,并给学生提供解决冲突的推理知识,帮助学生找出原有道德推理的矛盾与不合理之处,协助学生运用更高级的推理认知解决矛盾。为此,教师必须首先关注到学生的推理手段与策略,而非道德内容和结果。其次,为了促使学生发展至更高水平的道德阶段,教师要引导学生多运用更高级的道德推理过程与结构。在这一过程中,教师需以学生现有的思维发展水平为依据,在略高于现有水平的道德阶段上对其进行引导,此时的交流、互动才能够引发较大的认知冲突,对道德阶段的发展才更为有效。

"道德两难问题讨论法"以凸显认知刺激和认知矛盾引发学生对"如何才是正确的"这一问题的思考,并从不同角度看待情景,引发矛盾点。教师的作用就是鼓励学生相互交流探讨,在不同的道德认知碰撞中,思考原有的道德内容与推理,从而发展到更高一级的道德阶段。这种方法引导学生自己主动思考道德推理中的冲突点,与当下具有时代特征的价值观相结合,有利于学生积极参与道德决策。

然而,道德两难问题讨论法存在某些内在的缺点,如仅仅强调个体推理的过程,而忽略了外部环境。公正团体法弥补了道德两难问题讨论法的不足,不仅具有道德公正氛围,更重视道德问题的实际性,是"一种非相对主义的民主,是最高的非压抑的公正原则的社会具体化"。该方法的实施需要所有成员参与公正团体大会,团体内部展开公平讨论,并设立不同角色的人进行民主管理,管理身份包括教育者、学生和家长;同时,设立各角色的小组会议。公正团体的关键在于公正原则,并体现在公正团体的道德氛围中,为学生提供适应环境的机会,使其重构自己的道德意识,从而发展道德阶段。

学校必须注重培养良好的道德氛围。好的道德氛围促进学生良好的道德发展,对学生形成良好的道德认知和判断能力都大有裨益,且在良好的道德氛围下,学生会站在更高的角度去思考自身对社会和国家方面的道德发展的作用。积极道德氛围的学校让学生更容易产生亲社会行为以及奉献社会的自我激励,道德判断的水平也会明显提升。因此,在开展道德教育的过程中,学校和德育教师应重视环境因素,使学生处于利于道德认知内化的道德氛围中,通过课堂内外的活动促使学生认同学校的物质和精神文化,防止学生形成抗拒和排斥心理,以温和的方式促使学生的道德发展。然而,尽管道德发展由低到高经过不同阶段,不同个体的道德发展也有高有低,但在进行道德教育过程中,我们不能根据道德发展水平将学生进行划分,低道德发展的学生和高道德发展的学生不应该被差别对待。道德教育的本质在于激励个体发展至更高的道德水平,这才是德育的应有之义。

三、亲社会行为的认知发展理论

亲社会行为的认知发展理论认为,对儿童发展十分重要的社会技能是随着儿童智力的发展而产生的,并且对儿童站在他人角度思考他人利益的动机以及对亲社会行为问题的推理等都具有一定的影响。亲社会行为是指符合社会期望并为行为的受体带来利益的行为,比如合作、安慰、同情等。个体亲社会行为的产生大概经历如下过程:首先,在特定情境下发现他人的情况和状态需要给予支持;其次,明确他人是否真正需要帮助,并决定提供帮助;最后,将自己的助人想法付诸实际行动。在亲社会行为的发展上,两难故事法对于道德判断和冲突的差异研究并不适合,因为这些故事迫使儿童在法律、规则和权威的制约下进行故事推理,只注重了个体道德判断中的一个方面——禁令取向的推理。

以亲社会道德两难情境研究亲社会行为的道德发展,从推理出发,以亲社会道德判断的年龄趋势为依据,发现儿童亲社会道德推理发展具有五个阶段。阶段一的推理主要是遵循内心,关注自我利益的推理。这一阶段的儿童会根据个人的愿望与需要、获得与利益来选择是否帮助别人。比如,如果我不开心,那么我就不会帮助别人;如果帮助别人能让我获益,我就会提供帮助。阶段二是需要取向的推理。这一阶段的儿童尚未形成角色采择、同情共情言语和行为,当自己的需要与他人的需要产生冲突时,儿童关注的是他人在物质、身体和心理上的需要。比如,如果他现在十分饥饿,我就会给他食物。阶段三是赞许和人际取向的推理。这一阶段的儿童关注的是好人或坏人、好事或坏事的固定形象,以此决定是否作出助人行为。当他人产生了鼓励认可行为时,儿童才会决定作出助人行为。比如,我帮助别人,大家会表扬我。阶段四包括两个子阶段:分别是自我投射性的移情推理和过渡阶段。处于自我投射性的移情推理阶段的儿童产生了角色采择、同情共情言语和行为等移情反应,开始关注他人的权益以及行为结果带来的积极、消极情感;处于过渡阶段的儿童对社会状态十分关注,开始遵守自己内化了的行为体系的价值观和规范义务,并在此基础上选择是否实施助人行为,但在语言表达方面比较欠缺,即不能清晰地表达自己的思想。比如,帮助一个落魄可怜的人,我会感到心安和愉悦。阶段五是深度内化推理。这一阶段的儿童根据内化了的价值观和规范、个人和社会的义务、对个人和社会不良现象加以改变的愿望等决定是否帮助别人。

比如,我选择帮助别人,可以让这个社会变得更加友爱和谐。此外,艾森伯格还认为,这些阶段的顺序不是固定不变的,且它们不具有普遍性。

四、冷认知理论和社会信息加工模型

冷认知理论(Cold Cognitive Theory)和社会信息加工模型(Social Information Processing Model)是从社会认知角度研究欺负者和欺负行为的两种理论,通过对欺负者及其行为的研究,探究道德判断和道德认知发展的相关影响机制。该理论认为,个体在面对外界情境进行某一行为时的心理加工过程是用顺序的方式来进行的,分为六个阶段:线索译码过程,即对输入的信息进行筛选,选取重要的特定信息进入短时记忆;线索解释和表征,即再现编码信息并对其进行解释,再经过心理表征储存到长时记忆里;澄清目标,即个体明确预期可能达到的相互作用的目标;建构新反应,即个体寻找可选择使用的反应或建立新的反应;评估与决定行为反应,即评估寻找到合适的反应并选出一个最佳契合的反应;启动行为,即执行已经选择好的反应。个体若在任何一个阶段中出现非典型加工或是错误的偏向都可能导致欺负行为的发生。具体来说,欺负行为的发生通常是由于第三过程的偏向和加工的不典型,比如在攻击和欺负行为发生之后,欺负行为的旁观者会明确自己的行为所驱动的目标,是使欺负或攻击行为一直进行还是试图阻止该行为的发生,又或是不参与,视若无睹。然后,根据目标选择总结和建构自己作出何种反应,如加入到欺负者行列实施欺负行为以及给予欺负者赞许、认可和支持,使欺负一直持续;或者告诉老师、父母,甚至保护受欺负者以阻止欺负行为继续发生;抑或是沉默地旁观,事不关己地走开,使自己与欺负行为脱离干系。最后,实际实施自己选择的行为方式,即参与欺负、制止欺负或熟视无睹等。

随着对欺负者及其行为的深入研究,社会信息加工模型所主张的个体认知发展和思维发育不成熟导致欺负行为发生的观点无法解释关系攻击(Relational Aggression,即一种有意通过破坏或控制对方的人际关系来达到伤害对方的目的的行为)等类似的欺负行为。为了解释复杂的欺负行为现象,有学者提出了一种新的解释理论——冷认知理论。研究者发现,从欺负行为产生的背景原因来看,欺负行为发生的时候,往往同伴在场,且同伴对欺负行为的发生具有一定影响,如同伴对欺负者行为的默许和认同会增强欺负行为。欺负者如果不具备对同伴心理状态内部的分析和对同伴思想和观念的操纵能力,就不能得到大多数同伴的支持。从欺负者的欺负形式来看,实施关系欺负行为的欺负者依靠的是社会群体和同伴之间的关系,他们如果缺少对于同伴心理状态的觉察和操纵,不具备较强的认识、分析、体会和操纵他人心理状态的能力,就无法运用人际交往中的关系或关系网络来实施欺负行为。此外,如果欺负者不具备一定的社会认知能力,那么即使最简单、普通的身体攻击或财物侵占等欺负行为都无法进行。因此,欺负行为是否会发生,首先,欺负者需确定选择的欺负对象是否能够实施欺负行为;其次,为了避免自己的行为被发现,欺负者需要运用自己的思维和认知去选择合适的时间、地点以及所采取的方式等。

欺负者在实施欺负的过程中对整个欺负行为的环境以及对自己和对方的心理状态有着一定的认识和把握,即知道选择何种方式去实施欺负、伤害他人以及事后保全自己。某些欺负者具有较强的心理能力,能够对个体心理状态和行为事件后果有着良好的认识和把握,这给他们实施欺负行为提供了有利的条件和能力保证。但一个人是否会实施欺负行为还受到移情、共情能力等其他因素的影响。事实上,某些儿童在认知和思维的发展上是完善且成熟的,但是缺少体会他人情绪的能力,所以时常会产生攻击行为,且他们还可能对攻击或欺负行为持有积极的信念和态度。欺负者的认知和思维水平与常人无异但是缺乏移情能力的现象被称为"冷认知"。冷认知理论从以上两个新的角度(即移情和"心理理论")为道德学习的认知理论研究提供了新的视角,促使研究者对欺负行为产生的背景和影响因素重新作出解释和探究。

五、认知失调理论

认知失调理论是指个体所表现出的行为与其内在的认知系统不一致的情况，通常内在认知系统是积极正面的，但是所作出的行为却不尽如人意，即通常所说的言行不一致。这种态度和行为的不一致会产生冲突和不愉快的感受。该理论的核心观点是个体认知活动发展的动力源自认知观点之间的冲突与不和谐，这种冲突与不和谐会迫使个体改变已有认知、形成新的认知、改变认知的相对重要性或改变行为等，使不同认知之间的冲突降低，恢复平衡以减少个体的不舒适感。个体内部认知失调越多，个体消除这种不舒适的失调感的压力也越大。

与以往传统的研究角度不同的是，认知失调理论从新的角度去寻找各类群体道德认知失调的原因和解决方法，重视个体自身的调节，强调个体本身在协调失调认知时的作用，并认为人具有主观能动性，可以解决自身认知失调的问题。认知失调理论以认知作为分析的结构和单位，使个体的自我意识变得更加生动、直观、形象、易懂。值得注意的是，该理论把个体的认知失调看作是不同认知因子之间碰撞擦出的火花，是一种正常的认知发展所形成的结构与结果，且认知因子的增减、排列组合和建构是可行的，这些形成过程首要且必需的要素是主体对自我的觉察、感知和认识。对大学生群体的研究发现，个体拥有的一定道德认知水平与其自身的道德行为并不匹配，以认知为分析的基本结构和单位有助于形象直观地分析大学生个体认知结构。认知失调理论不仅对解释、解决个体在认知方面的问题起到一定影响，还对道德认知和学习方面的研究具有重要启发作用。

第三节　道德学习的社会理论

道德是社会现象，是社会生活的总体要求，是社会行为规范和准则。早期心理学家在探讨道德问题时倾向于道德推理,但事实上,道德推理并不是决定道德行为的唯一因素,诸如内化的道德标准、社会等因素对道德行为都具有重要影响。道德学习是社会规范所承载的价值学习,是道德结构形成的社会化过程。可以说,道德学习是个体道德建设与社会价值内化的统一。社会学习理论认为人是由行为和外部环境相互影响和决定的。在此基础上,研究者高度关注道德学习的社会影响因素。道德学习的社会理论不仅侧重于特定的道德行为,还重视榜样示范作用下的道德行为。

一、社会学习理论

(一) 社会学习理论概述

社会学习理论认为,行为的获得不仅受到先天的遗传和生理因素的制约,同时也受后天的环境和社会因素的影响,并指出行为尤其是复杂行为主要是通过后天学习而来。他还指出为行为习得具有两种方式,即直接学习和间接学习,前者是通过反应的结果所进行的学习,后者是通过观察与模仿榜样的行为所进行的学习。

社会学习理论是在对行为主义、人本主义和认知主义整合的基础上形成的一种新的学习理论。同时,他还将该理论运用于道德教育研究,从心理学和社会学视角对儿童品德的形成作出探讨。该理论关注环境因素和个体内部因素对儿童品德形成与发展的影响,成为现代西方道德教育主要理论之一。

(二) 道德学习与发展的内部机制

第一,道德认知通过观察学习获得。人的行为是通过后天学习习得的。儿童获得道德认知、形成和发展道德行为以及其他认知和行为技能,都要经历一个社会学习的过程。构成道德认知和行为的模式或路径有三种,分别是社区(包括家庭和学校的成员)、家庭(长辈和兄弟姐妹等)和网络媒介(书、电影、电视、网络媒体等)。

第二,道德行为由动机强化引起。正确的认识不一定会导致正确的行为,因此道德认知获得和道德行为表现之间存在差异,这就是道德教育中出现的"知行脱节"现象。观察和训练儿童的道德行为应有足够的动机,这意味着强化动机水平是触发道德行为的一个重要因素。

第三,道德推理通过自我调节得以发展。儿童道德推理的发展要经历一系列连续的、固定的顺序,儿童道德发展的阶段很容易通过成人的示范作用而改变,没有固定的阶段。最初,儿童根据成年人制定的道德判断和提供的外部奖励和惩罚来决定自己的行动方针。渐渐地,他们能够利用自我肯定或否认来强化或支持自己的行为。最后,儿童形成了一个总体的自我评价标准,并以此来规范未来的行为。通过掌握和内化成年人的道德标准,儿童发展出自己的道德判断力,形成自我道德评价标准,并按照这些内在规范指导、调节自己的道德行为。

第四,道德品质的内化经历从外部控制到内部自律的过程。社会学习理论认为,儿童的道德是榜样内化的结果,通过观察道德原型的道德行为,儿童获得道德认知和道德判断,同时掌握道德行为的方法和技能,在不同动机的驱使和自我调节的内部强化作用下,会转化为具体的道德行为。识别、掌握和借鉴不同道德标准的行为模式,实现自主道德标准的构建,培养个人道德判断能力,实现道德思维的发展。在这个过程中,儿童道德活动的权力逐渐由外在的行为控制转变为内在的自我控制。

二、自我效能感理论

(一) 自我效能感的功能

自我效能感是一个能力判断的概念,它对人类的行为和思维等产生了深远的影响。首先,自我效能感会影响人们的行为。自我效能感强的人通常会选择他们认为超出自己能力范围的任务,并认为自己能够完成任务。相反,自我效能感较低的人往往会选择难度较低的任务,面对挑战时缺乏信心。其次,自我效能感影响个体的努力程度及持续时间的长短。自我效能感较强的个体更易付出较多且较持久的努力。如果个体怀疑自己的能力,就会松懈甚至完全放弃。最后,自我效能感会对个体的归因和思维方式产生影响。通常,那些认为自己处理问题效率低下的人倾向于关注个人的缺点,且容易意识并放大潜在的困难,认为它们比实际情况更难克服。相反,自我效能感高的人往往专注于环境要求和解决问题。此外,自我效能感还与自尊、自信等密切关联、相互作用。自我效能感高的人,自尊和自信的水平也相对较高。在寻找问题的解决方案时,高自尊的个体往往会将自己的失败与不够努力联系起来,而自卑的人往往会将自己的失败与能力不足联系起来,久之便导致自我效能感低下。

(二) 自我效能感对青少年道德学习的影响

自我效能感理论主张,具有特定知识和技能的人并不一定会在实践中应用这些知识和技能,是否实践会受到自我效能感的调控。因此,个体在具有了一定的道德判断能力之后,并不一定能作出相应的道德行为。道德判断和道德行为之间关系的方向及强度大小受到自我效能感的影响。道德行为水平的高低在一定程度上取决于自我效能感水平的高低。自我效能感水平高的人,会表现出更多的道德行为,自我效能感水平低的人表现出的道德行为水平相对较低。研究发现,自我效能感会对道德创造力有显著的正向预测作用,自我效能感高的大学生表现出高水平的道德创造力。因此,发展和培养道德学习的自我效能感对个体的道德发展具有重要意义。另外,有研究显示,自我效能感与学生的自我控制行为存在着显著的正向关系,即自我效能感高的学生,越能有效控制自己的行为。

在道德学习过程中,自我效能感的作用主要体现在以下几个方面:第一,自我效能感影响个体对于道德培养目标的定义。自我效能感水平低的学生对自己的学习能力缺乏信心,更有可能想象活动失败的场景并从中体验到失败和挫折的消极感受,这种感受会导致认知过程(如道德学习中的思维)的僵化,进而影响道德学习的自主性以及对道德学习的认识、策略和情绪控制。第二,自我效能感对道德学习的动机信念会产生影响。自我效能感高的个体会对道德学习的活动和结果赋予一定的价值,对自己能够完成道德学习任务具有信心,会积极进行道德学习任务,并在任务完成后体验到很高的成就感和价值感;相反,自我效能感低的个体经常为自己设限,自主学习道德任务的情况鲜有发生。第三,自我效能感会影响元认知策略,即通过道德学习的过程完成道德知识本身的认识,以及在学习过程学会调节情绪的策略。

第四节　道德学习理论新进展

近年来,心理学家们围绕道德研究领域的理论和实践问题进行了深入探讨,并在道德学习、道德发展和人格健康发展等领域提出了新理论,取得了新成果。特别是在传统道德学习认知理论、社会学习理论基础上,结合时代特征和教育命题,对道德学习、道德发展的本质以及道德教育、有效道德学习的过程和规律等研究形成了具有原创性的理论成果,包括道德推脱理论、道德类型理论、道德发展的世界观理论和道德基础理论等新理论新模式。

一、道德推脱理论

儿童在发展道德自我的过程中,通常会逐渐形成一套判断是非的准则和规范,然后用这些准则和规范来预测、监督、判断自己的行为,从而选择适当的行为。这种行为模式包含了行为调节的两种机制:一是通过预期的社会责备来调节行为;二是通过预期的自我责备来调节行为。事实上,当一个人作出有害的行为时,通常是不希望被别人注意到。换句话说,大多数有害行为是在不易被他人发现的情况下发生的。在这种情况下,自我谴责在行为调节方面的作用显得尤为重要。然而,为什么有的人作出不道德行为,却不会感到自责呢?班杜拉从社会认知的角度提出道德推脱这一概念,用来解释道德标准下的不道德行为。道德推脱是指个体产生某些特定的认知倾向,如重新定义自己的行为、降低自己对行为后果的责任、降低对受害者痛苦的认同等,以避免或减少在不道德行为之后产生内疚和痛苦的反应。

(一) 道德推脱的心理机制

道德推脱理论指出,道德发展过程中有八种不同的机制,包括委婉标签、道德辩护、有利比较、扭曲结果、责任转移、非人性化、责任分散和责备归因。班杜拉通过实验研究将之分成三类机制。

第一类推脱机制是对行为本身的认知进行解释,包括道德辩护、委婉标签和有利比较,这些方式使得不道德行为看起来更合理。道德辩护指为了符合社会道德而对坏的行为重新解释说明,使大众接受这些行为。通常,人们倾向于按照社会或道德规范做事,为了维护声誉而作出的有害行为被认为是正当的。委婉标签会鼓励这种有害行为的发展。有利比较是指某一行为通过与不同的对象进行比较而表现出不同的特质。例如,与更有害的行为比较,原来行为的有害性就会降低。

第二类推脱机制是用借口来掩盖并否认自己行为所造成伤害的责任,包括忽视、扭曲结果、责任转移和责任扩散。责任转移是指个体认为自己的不道德行为并非自愿作出,而是受到了社会压力或权威的推动,以此推卸自身的责任,并不顾或否定要求他们负责的权威。当个人通过责任扩散转移自己行为的责任时,可能会导致道德机制自我调节功能的丧失。比如,由于多人共同承担不道德行为的责任,但又非人人都有责任,使得无人真正有责任感。当人们因为个人或社会奖励而对某些人采取有害的行为时,他们可能会试图将这些行为的后果危害降到最低,以避免遭到处罚。除选择性忽视和扭曲结果以外,人们还会销毁行为造成有害结果的证据,从而免除责任。

第三类推脱机制是通过减少对受害者的身份认同感来降低道德自责,包括非人性化和责备归因。非人性化是指人们没有人性或表现残忍,一旦一个人失去人性,就不再是有希望和爱的人。责备归因是指将错误归咎于其他人以免自己遭受责罚。在责备归因中,人们倾向于认为自己做得很好,一些不道德行为或坏事纯粹是出于愤怒。此时,有害的行为变成无可争辩的防御行为,是由外部的诱因激发的,受害者反而受到指责。因此,认为自己的有害行为是由外部环境而不是个人决定强加的,也可以免除责任。通常,为了给不良行为寻求借口,人们往往把自己的责任降到最低,转而强调别人的遭遇。当责任在于他人或外部环境时,不仅能够为自己的有害行为辩护,更让人们觉得行为是合理的,甚至是有义务的。

(二) 道德推脱的影响因素

大量研究显示,道德推脱的影响因素众多,主要有人口学因素、心理因素和环境因素。首先,就人口学变量而言,性别、年龄和受教育水平等都对道德推脱有显著影响。一般来说,中学生群体中男生的道德推脱水平普遍高于女生,且随年龄的增加,个体的道德推脱水平会随之下降。其次,在心理因素方面,个体的道德认同和自我效能感对其道德推脱水平具有显著的负向作用,即道德认同和自我效能感越低的个体,道德推脱水平越高。道德认同是指个体对于自己成为一个有道德的人的心理认同感;自我效能感是个体对自己能够完成任务的主观判断。研究发现,自我效能感低的学生倾向于将低成绩与教师的不负责任联系起来,并经常利用道德推脱来贬低社会规范、教育目标的重要性和学校系统的公平。[①] 最后,外在环境的诸多因素影响着道德推脱,如父母的教养方式、是否加入团体等。研究发现,父母采取温暖、积极的育儿方式

---

① Farnese M.L. , Tramontano C. , Fida R. , et al. , "Cheating Behaviors in Academic Context: Does Academic Moral Disengagement Matter?", *Procedia-Social and Behavioral Sciences*, Vol. 79, No. 5 (September 2011) , pp. 1288-1309, 356-365.

有助于降低儿童的道德推脱水平;参与团体活动个体的道德回避程度更高,原因在于他们认为自己的行为是由团体成员的压力造成的,从而减少了自责等不良情绪。

(三) 道德推脱对道德行为的影响

研究证明,道德推脱对道德行为尤其是对儿童的攻击行为和欺凌行为具有重要影响。比如,国外有学者通过追踪研究发现,道德推脱与言语、身体攻击行为、暴力行为之间具有显著的正相关,早期的道德推脱能够显著预测以后的攻击行为,且道德推脱显著正向预测个体不道德决策。这意味着一个人的道德推脱水平越高,他越可能作出攻击行为和不道德行为。这一结果也得到国内相关研究的证实,道德推脱显著正向预测中学生的关系攻击行为。可见,道德推脱与道德行为之间的关系具有普遍性和跨文化的一致性。事实上,道德推脱不仅可以影响个体的攻击行为,还影响到个体对攻击他人的态度。例如,研究发现道德推脱在责任心、道德认同与大学生学术欺骗行为之间起着中介作用。[①] 换句话说,当一个人责任感较强时,他的道德认同感更高,更容易按照自己的道德标准行事,所以他不太可能通过道德推脱进行学术欺骗。

需要注意的是,相较于道德标准,从道德标准中推脱的能力可能更能预测不道德行为。研究者探讨了网络欺负的道德决定因素,发现道德标准与网络欺负行为存在显著关联;且随着道德推脱水平的提高,道德标准和网络欺负行为的相关性开始变得不那么显著。[②] 因此,道德推脱更适用于解释网络欺负行为中的旁观者现象。在网络环境中,由于人们不需要面对面的交流,他们无法从自主的人际互动中获得情感和信息线索,一个人的道德意识下降,其道德

---

① 杨继平等:《道德推脱与大学生学术欺骗行为的关系研究》,《心理发展与教育》2010 年第 4 期。

② Bussey K., Fitzpatrick S., Raman A., "The Role of Moral Disengagement and Self-efficacy in Cyber Bullying", *Journal of School Violence*, Vol. 14, No. 1 (September 2014), pp. 30–46.

自我调节机制就难以激活,此时,道德推脱更容易发挥作用。①

二、道德发展的世界观理论

道德发展理论具有跨文化的普遍性,对此,有学者提出反驳,如理查德·施维德(Richiard Shweder)指出,若想真正理解道德发展,就必须理解作为其基础的文化世界观(Cultural Worldview)。道德发展的世界观理论认为,道德的终极基础是个人的世界观,世界观提供了道德推理的基础,而道德推理的结果是道德评价,即对一个行为对或错的判断。反过来,一个人的道德行为会强化其世界观。

人们对道德问题的反应有三类:一是"自主性伦理",即把人视为主要的道德权威,有权做自己想做的事情,只要他们的行为不会对他人造成伤害。二是"团体性伦理",即把人视为社会团体的成员,对社会团体有承诺和义务。个体在家庭、社区及其他团体中承担的角色和责任,奠定其道德判断的基础。三是"神性伦理",即把人视为神的实体存在,服从于神的权威的指引,这种伦理包括了基于传统宗教权威和宗教文本的道德观。

三、道德基础理论

道德系统既包括判断道德水平的道德形式,还包括界定道德范畴的道德内容。然而,基于理性主义的传统道德心理学研究重视道德形式,忽视道德内容。② 近年来,道德心理学研究出现一种新的取向,即"新综合取向",更加注重对道德内容的研究。该研究取向认为,道德是在心理机能调配下,由多元道德价值观念、多种道德行为实践和多样社会习俗共同构成的心理系统。该理论包括四个基本理论假设和五种基本道德内容。其中,四种理论假说分别为:

①　杨继平等:《道德推脱对初中生网络过激行为的影响》,《山西大学学报(哲学社会科学版)》2014年第4期。

②　雷雳:《发展心理学》,中国人民大学出版社2021年版,第257—258页。

第一,道德源自进化,是先天性的反应机制。先天道德性早于个体经验而存在,是个体道德系统发展的起点。第二,道德具有文化可塑性。在不同文化背景下,个体的先天道德性会形成特定的道德规则与行为模型,表现为道德的文化特异性。第三,道德判断先直觉后推理。个体的道德判断是快速、自动化的直觉反应,道德推理是对道德判断的解释与辩护。第四,道德内容是多元的。人类的道德内容在进化过程中因生存适应的多样化而呈现多元特征。

基于道德的先天性、文化可塑性、直觉反应性、多元性和跨文化普遍性的理论假设,人类的道德内容可分成六种基本类型,分别是关爱/伤害:与关心、照顾和保护他人免受伤害相关的道德内容;公平/欺骗:在与无亲缘关系的人进行价值交换和社会互动时,为确保双赢而形成的道德内容;忠诚/背叛:在与外群体竞争中,个体指向内群体的道德内容,即是否为了使所在群体在竞争中获得更多的资源和利益;权威/颠覆:在层级化群体互动中,人们指向上下级的道德内容,尊敬与服从即是美德,而破坏秩序则是颠覆,会引起人们的蔑视;圣洁/堕落:与保持圣洁、避免玷污相关的道德内容。人类为了避免接触致命的病菌和寄生虫,在进化中形成了快速检测危险源,并通过厌恶情绪自动远离危险源的行为免疫系统;自由/压迫:个体面对统治和限制其自由的人时所表现出的与反抗、怨恨有关的道德内容。

四、品德心理结构理论

长期以来,国内学术界对品德心理结构的概念研究具有不同的观点,传统观点认为,品德心理结构是以静态的个体心理过程为标志的,因而表现为知情意行等不同的结构成分。有学者认为,品德心理结构是个体在外界影响下产生道德行为的中介过程所涉及的心理成分以及其相互关联和制约的模式或动力机制。有学者认为,品德心理结构是各种品德心理成分按一定的联系和关系组成的结构。

（一）品德心理的静态结构

"二因素说"认为，品德由道德需要和道德能力构成。道德需要涉及动机、态度、理想、信念等，它决定了品德发展的方向、性质和发展水平，是品德的核心成分；道德能力包括道德知识能力、道德判断能力以及道德行为技能等。

"四因素说"认为，个体的品德由知、情、行、意四个基本要素构成。思想品德形成过程是以知为基础，以情意为中介，以行为为外部表现的。品德发展就是要培养个体的知、情、意、行的内在程序，促进个体品德心理螺旋式循环发展的过程。该学说揭示了知、情、意、行之的相互关系及其统一性，知情意行前进的内在自然程序、思想品德形成与发展的必然趋势。这四个因素相互渗透、互相促进、共同提高。

"五因素说"在"四因素说"基础上增加了道德信念这一因素，认为品德心理结构是道德认识、道德情感、道德信念、道德意志和道德行为的统一体。"五因素说"强调道德信念在个体品德结构中的核心地位。

"六因素说"认为品德结构是由道德认识、道德情感、道德动机、道德意志、道德行为和道德评价构成，强调道德评价在品德形成过程中的作用。这种观点在"四因素说"基础上考虑了动力和调节两方面的因素，增加了道德动机和道德评价两种要素。

（二）品德心理结构的发展价值

道德价值结构说是探讨以道德价值为中心建构品德结构的一种学说。该理论认为，品德结构应涵盖价值概念，品德结构实质上是一个统一的、完整的道德价值结构。道德价值结构是个体进行道德判断、道德推理和作出道德行为决策的基础，它包含了知、情、意、行等几个方面的意义。道德价值可以分为形式和内容两个维度，学校道德教育应该着重促使儿童青少年发展一个既具有丰富而正确的道德内容，又具有较高道德推理形式水平的道德价值结构，并使之得到有效的应用。其具体措施就是对受教育者进行道德价值观教育以及道德价值结构的形式训练。

态度模式说强调态度是个体既成的心理准备状态或心理倾向性,是包含认知因素、情感因素和行为倾向的有机系统。态度模式说认为态度是一种既成的心理准备状态或心理倾向性,是一个浑然一体的心理结构。以动态的、生成的观点来看待品德的形成过程,品德经历了"接受""反应""评价""组织"等一系列阶段,这与态度生成和发展的过程也是一致的。把品德心理结构视为一种态度,有利于揭示品德心理结构的本质。

道德心理运行结构说指出,在现实道德情境中,品德心理活动以德性意识为主导、德性规范为标准、德性行为为关键、德性价值为中心、德性自我评价为调节机制的结构特征。有学者通过对个体品德行为如何产生来研究品德心理结构。通过体验分析法、品德情境测评法等方法分析了大学生日记及青少年优秀事迹,通过了解他们对亲身体验过的品德心理活动的自我复述,建构了品德心理活动运行结构的基本形态。在现实情境下探讨德性心理运行机制,以此来研究品德心理结构,不仅使研究的实践性增强,同时有利于揭示品德心理的运行结构。

第三章 青少年网络道德学习心理机制

关于网络道德学习的发生机制,学者们从不同的角度进行了思考,并提出了理论解释。这些新型理论观点或基于传统理论,或基于调查研究的总结、归纳。本章从网络道德发展的生理和心理机制来呈现这些理论观点,以揭示网络道德学习的逻辑理据和心理机制。

第一节 青少年网络道德学习逻辑理据

道德学习的机制是个体把外在的道德要求主动转化为内在需要的过程,包括道德组成因素产生的影响,发挥功能的机制,以及结构、功能之间的相互关系。根据道德学习作用机制的不同,可以将其划分为外部与内部机制:外部机制指道德学习依靠环境条件,包括社会、家庭、学校等明显环境,同时也包括文化、心理等不明显环境;内部机制指道德认知、道德情感和道德意志在彼此相互联系中促进学生道德发展的关联模式。

一、道德发展的理论基础

道德是以善恶评价的方式调整人与人、人与社会之间相互关系的标准、原则和规范的总和,也指那些与此相对应的行为与活动,是一种社会意识形式。道德作为社会文化的重要内容,是个体如何对待他人的重要准则,在各种社会事件背后,道德都起着关键性甚至决定性的作用。道德发展的基本理论是研究道德的基础,具有重要科学价值和现实意义,也是心理学关注的重点。不同流派从不同的视角解释道德发生,探寻道德发展。

(一) 认知心理学观点

道德的核心是关于社会关系的知识与判断,个体道德的成熟表现为尊重规则以及具备社会公正感。儿童的道德认知发展一般要经历一个从低级到高级的连续发展过程,分别为前道德阶段、他律道德阶段和自律道德阶段。前道德阶段儿童的思维是自我中心的,其行为直接受行为结果所支配,关于道德的概念还很模糊。他律道德阶段儿童认为遵守规范就是符合道德的,只重视行为后果,而不考虑行为意向。自律道德阶段的儿童开始认识到道德规范的相对性,以行为的结果和行为的动机共同判断同一行为的对错。道德发展的过程具有一定的规律性:第一,儿童从单纯的规则到了解真正意义上的规则,认为规则是在活动中应共同遵守的行为准则;第二,儿童在对行为者的行为进行评价时,判断指标是行为的主观责任,而不是客观责任;第三,儿童的公正观念从服从的公正转变为公平的公道;第四,对于惩罚的选择,从抵罪性惩罚变为报应性惩罚。道德的认知心理观点认为,儿童的道德发展离不开个体与道德环境的交互作用,理智发展是道德发展的前提,同伴合作是道德发展的动力。

儿童的道德发展经历三水平、六阶段,其中每种水平又包括两个阶段。水平一:前习俗水平,包含服从、惩罚取向阶段以及相对功利取向阶段,主要以服从、避免惩罚以及自身需要为基础,依据行为的实际后果来判断是否道德;水平二:习俗水平,该水平包含受别人称赞的好孩子取向阶段以及维护权威和社会秩序的取向阶段,主要以维护社会关系和社会权威为基础,依据行为是否遵循规则来判断是否道德;水平三:后习俗水平,该水平包含契约、个人权利取向阶段以及普遍性伦理取向阶段,主要以遵守契约、彼此尊重和区分公正与个人权利为基础,依据行为是否为社会所赞同来判断是否道德。

艾森伯格认为儿童的亲社会道德发展可以分为五个阶段,即:(1)自我关注的享乐主义推理;(2)需要取向的推理;(3)赞许和人际赞许的定型取向推理;(4)自我投射的移情推理;(5)深度内化推理。该理论认为,一个人作出道德判断的实质就是在满足自己的愿望、需要与满足他人的愿望、需要之间作出选择。艾森伯格对亲社会道德判断的五个阶段做了比较谨慎的说明,她没有把它们看作是具有普遍性的,也没有把它们之间的顺序看作是固定不变的。她仅认为自己勾画出了"美国中产阶级儿童发展的(一种)描述性的、与年龄有关的顺序"。

(二) 精神分析理论

精神分析理论重点关注的是道德情感的发生机制,尤其是内疚感。该理论认为,道德是后天培养出来的,精神分析学派人格结构理论强调,超我代表良心以及被个人内化了的道德标准,能够监督和控制人们的行为。超我的发展开始于儿童四五岁时,此时儿童为了不受到其父母的惩罚或不失去父母的爱,压抑本我,按照父母的道德标准和价值观来规范自己的行为,逐渐形成超我。当儿童为了满足本能违反道德准则,产生不道德的行为时,良心会使人产生内疚感,惩罚自己。马丁·霍夫曼(Matin Hoffman)的移情理论认为移情在道德发展中也起到十分重要的作用。该理论认为,移情可以分为四种水平,即普遍移情、自我中心的移情、对另外个体的移情和超越情景的移情,认为移情可以加剧个体的公正道德取向与关爱道德取向。当个体在面临与道德原则冲突的情境时,移情可以唤起道德原则,促使个体采取道德行为。

（三）行为主义理论

行为主义理论的道德发展观点以操作性条件反射理论为基础,认为行为本身无好坏之分,道德行为只是符合大多数人的期望,有助于适应社会关系。儿童的道德行为是依靠强化来形成的,是否强化儿童的行为是由与社会文化规范联系的价值判断来决定的。儿童道德行为的习得是为了避免惩罚,为避免惩罚引起的恐惧与焦虑,儿童会抑制不良行为,采取道德行为。道德行为是观察学习和替代强化的结果。总体而言,道德行为产生的心理机制可分为道德心理的激活、持续和平衡三个过程。

（四）进化心理学观点

道德作为调节人与人之间关系的行为规范,被认为是人所特有的精神现象。但在达尔文(Charles Darwin)看来,动物也有一定程度的道德感。进化心理学认为,道德的核心在于发展、维持以及协调合作关系中的人际关系。人类为了种族的生存繁衍会选择牺牲自己的利益,采取能够融入群体、利于群体的道德行为。

进化论的奠基人、英国著名的生物学家查尔斯·达尔文出版了《物种起源》,提出了生物进化论学说,以此摧毁了各种唯心的神造论和物种不变论,最早进行了关于道德起源问题的生物学研究。①

达尔文还指出,人类的道德活动机制与动物的本能活动机制具有一定的相似性,也存在进化的连续性,人类道德活动的萌芽起源于动物协作的本能活动,这是人类道德起源的生物学前提,也就是将人类的道德看作是其动物本能的延续。这一观点在其他学者的研究中也得到了验证,如俄国地理学家彼得·克鲁泡特金(Pyotr Kropotkin)就将互助合作看作是人与动物的天性,"我

---

① ［英］达尔文:《人类的由来(上)》,胡寿文、潘光旦译,商务印书馆 1983 年版,第 190 页。

们可以做一个间接的实验:如果你问自然'谁最适合生存,是那些不停与别的动物争斗的种群还是大家互相帮助的种群',答案不言而喻是那些有互助习惯的种群"。

道德的对象是人,对于每个人来说,道德的发展都不是一蹴而就、转瞬形成的,而要经历一个漫长的历史演变。道德并不是凭空出现的,而是在人类社会的产生和演变过程中逐步出现的,从道德发展基本理论的角度来探讨道德的发生机制是十分有必要的,将有利于道德的后续研究。

二、网络道德学习的心理机制

青少年道德学习发生在道德教育系统之中,是发生在道德领域内的一种特殊形式的学习活动。网络道德学习是在网络世界中发生的道德学习过程,可以以道德学习的心理机制和网络道德行为的学习机制为基础来探讨青少年道德学习的过程及网络道德素养提升的策略。

道德学习过程是个体通过一系列行为过程来整合道德的各个要素,从而形成稳定的道德心理行为模式,即通过道德学习促进道德认知向道德思维的飞跃,增进知行统一的德性生成,构筑道德行为的动力基础,形成良好的道德行为习惯。童年期的道德学习以他律为主要特征,并为自律创造必要的条件,青年期逐步体现出自主性的特点。关于道德学习为什么发生,以及在何种情况下会发生等问题,心理学家提出了不同的理论解释。道德学习理论的发展和人类的认识一样,有着一种由简单到复杂,由局部到整体,由片面到全面,由相对到绝对的必然的发展过程。不同流派的道德学习理论为理解道德学习的心理机制提供了不同的视角。

(一) 道德本能理论

在生活中,道德学习是以道德本能为基础,通过接受暗示、非反思性选择与自主性选择这三者之间的相互作用来实现的。道德学习的前提是自身存在的道德本能,在这三者中都发挥着极大的作用。当然,接受暗示、非反思性选择和自主选择也不是单个孤立地起作用,而是三者交互在一起,共同实现道德的学习。

人类的道德行为的发展分为四个阶段:一是本能行为阶段,会受到本能过程中痛苦和快乐影响;二是本能冲动行为受到奖惩制约阶段,这个阶段是由社会环境系统对自身的行为作出奖或罚;三是行为受社会赞许或指责的预期所控制阶段;四是行为被"理想行为"调控阶段,自身用自认为正确的方式,对外界作出反应,并不会对周围社会环境的赞许或指责过分计较。

（二）道德自我发展理论

道德自我发展理论认为,自我本身是从社会过程或分享过程中诞生的,自我实现和自我提高的动机基本上不是自私的,而是需要分享的。能力和自我实现这一基本动机是通过社会或共同结构的自我而组织起来的。自我的基本单元是自我与他人的双向关系,这种关系是自我扮演他人角色形成的一种结果性倾向,也就是儿童具有"模仿"另一个人的态度,或具有对另一个人的"外投"的态度。从模仿过程发展到社会性依赖也是模仿发展为认同的一部分,这一结合体形成儿童对其父母态度的核心。认同依赖于儿童逐步建立起来的分享自我感,这种规范的分享自我感称为"理想自我",等同于道德良心。从自我理想的形成来说,它调节着道德行为,也决定着社会关系的形式。

处于"前逻辑"意识水平的儿童通过记忆等基本心理过程达到"准逻辑"水平,又通过想象在头脑中形成与自我有关的抽象概念,进而达到"逻辑"阶段,继续发展达到"超逻辑"水平,最终进入"超常逻辑"阶段。

（三）建构主义理论

建构主义理论从独特视角对道德学习的实质、过程和目的三个方面进行阐释,强调道德学习的实质是道德主体在原有经验基础上新旧经验的相互碰撞、冲突,继而对旧经验进行改造和获得新的经验。道德学习的过程是道德主体在真实的社会情境中、在人际交往的真实氛围中和在个体亲历的道德情境中进行道德学习,只有在一定的道德情境和人际互动中才有可能实现道德的真正发展。道德学习的目的是促进道德主体对所学的道德规范主动进行意义建构。

从道德建构的视角来看,道德建构是在道德情境、个体先前经验和学习者共同体的经验基础上形成的,因而也是社会建构的产物。道德建构是个体经验与社会道德情境相互作用的产物。一般地说,道德建构直接引起道德信念系统的变化。道德转化为内心信念以后,个人就能够从一定道德义务和责任出发,有效实行道德的自我控制。当前社会需要一种超越文化的道德观,那就是同情心,即理解人与人的区别,承认不同社会有不同的价值观。个体的道德生成是个体的内部心理结构与外部社会文化环境相互作用,并对后者加以选择和适应的过程。

第二节　青少年网络亲社会行为心理机制

在日常生活中,从公交车让座、无偿献血,到搀扶摔倒老人、不顾自身安全救溺水儿童等类似的正面道德行为处处可见。网络社会是现实社会的迁移,两者有相同之处。网络社会中,也会有很多善意的行为,如提供技术服务,在微博上发布一些日常求助信息等。在网络环境下出现这种正面的、利他的行为,对优化网络环境、强化网络道德、增强网络人际信任有着积极的影响。

一、网络亲社会行为的概述

(一) 网络亲社会行为的内涵

网络亲社会行为通常指的就是在互联网中发生的亲社会行为。亲社会行为主要以助人、分享、谦让、合作、自我牺牲等方式出现。艾森伯格等学者认为这种行为经常表现为行为者要付出某些代价、自我牺牲或冒险,帮助他人得益,且行为者不期望得到回报。跟传统的亲社会行为概念相比较,网络亲社会行为关心的重点是在网络环境中的利他行为。

网络利他行为是指个体在网络中表现出的对他人有利的行为,而且这种行为是自觉自愿的、不期望有任何回报的。从利他行为及其发生的本质来说,在网络环境中发生的利他行为与现实中的利他行为区别并不明显。针对网络利他行为,郑显亮认为网络利他行为是在网络环境中,表现出来有益他人和社会的行为以及不期待得到回报的自觉行为。本书认为网络利他行为就是指在网络环境中自觉自愿、形式多样和没有对回报有所期待的助人行为。

(二) 网络亲社会行为的表现形式

网络亲社会行为和现实生活中的亲社会行为相似,学者从不同方面对其进行分析。有学者指出了青少年在网络亲社会行为的几种表现形式:一是提供技术服务,如看一些学习视频和学习相关的软件;二是提供信息咨询,这算是最普遍的方式;三是提供在线资源,如免费在网络中上传一些学习资源;四是提供精神支持,如倾听他人分享不愉快的经历、安慰他人;五是提供社会救助,如发动募捐等。有研究指出,大学生的网络利他行为主要表现为以下几个方面:一是免费提供助人信息,如在网上分享自己的考试经验;二是免费提供助人资源,如上传免费学习视频;三是发动社会救助,如为灾区捐款;四是提供安慰,如安慰经历失败的人;五是提供虚拟资源,如玩游戏时送好友皮肤。

(三) 网络亲社会行为的特点

郑显亮和顾海根通过对免费下载资源的网站进行个案访谈和文献研究提出,虽然网络社会是现实社会的延伸,但两者还是有很大的不同,不可以混为一谈,所以需要把网络正面的道德学习行为,如网络利他行为,与现实中的相对应行为分离开来。

网络中的正面道德行为也会呈现一些不同于现实世界的行为特点,主要看以下几点:一是非物质性,助人者和求助者之间传递信息,不是现实意义中的物质帮助;二是广泛性,在网络环境中发生利他行为不受时间、地点的影响,有研究表明,网络社会中利他行为的出现频率,会显著高于现实中的利他行为;三是及时性,现实生活中,利他行为因受时空等因素的影响表现出滞后性的特点,而在网络环境中,利他行为可以超越时空等因素的制约而表现出及时性的特点;四是公开性,在网络环境中的利他行为过程公开、透明、具体。例如,在微博上,其他人可以通过搜索,找到和查看求助与回复来确定该求助信息是否已经得到最好的回答,有同样问题的人也可以从中得到答案,无须再次求助。青少年的网络利他行为具有如下特点:一是青少年网络利他行为具有及时性和有效性;二是网民中的青少年群体异质性较高;三是相对比其他年龄阶段,网络中青少年这个群体更具有知识优势;四是青少年在网络中的利他行为具有连续性;五是青少年的网络利他行为有现实根基。

二、网络利他行为的影响因素

(一) 助人者因素

1. 性别与年龄

在网络利他行为的性别与年龄差异研究方面,存在不同的研究结论。有研究发现,在网络环境中,相对于女性而言,男性更可能自发地、主动地为他人提供帮助;有研究表明,在网络亲社会行为上,女生的得分显著高于男生的得分。青少年自身具有的特点也会影响其网络利他行为,青少年对新鲜、流行的事物总是充满了好奇心,因此他们会在较短的时间内迅速融入网络生活,在此过程中会有展示自我的欲望,也容易形成帮助他人的行为品质。

2. 人格特质

人格作为一种综合性的心理品质,它对个体的行为有直接的影响,与利他行为有一定关系,即存在一种利他人格。大学生具有移情的人格特质可以正向预测网络利他行为。外倾性、责任性、开放性、自尊与网络利他行为存在显著的正相关。在乐观人格特质上得分高的个体比得分低的个体在网络环境中更可能帮助他人,高得分乐观者在面对助人行为时会较少受到责任扩散心理的影响,有着较高的自我效能感,对自我价值肯定,更容易产生利他行为。感恩作为一种道德情绪,可能是潜在的互惠利他主义的一种动机机制,拥有感恩心理的个体,无论是在现实还是网络环境中,都更容易作出利他行为。善良是人格结构中的一种人格特质。善良人格能正向预测网络利他行为,并可正向预测青少年在现实生活中的利他行为。个体在现实生活中的利他水平越高,其在网络环境中的利他行为也越多。

3.利他技能

研究发现,在利他行为中,助人者自身的能力是一个非常重要的影响因素。在网络环境中,相对于受助者而言,助人者可能有丰富的网络经验和专门擅长的领域,所以具备帮助别人的前提条件。这种情境下帮助他人的行为又在一定程度上促进自我价值和自我肯定的提升,个体内部会获得正强化,同时,受助者也会形成外部的正强化,这样会从两个方面促进其助人行为的产生。此外,网络利他行为中,助人者自身的社会联系和人际酬赏、群体认同、成就感、自我价值及互惠互利等内在动机也会影响个体的利他行为。

(二) 求助者因素

在网络世界中,求助者因素也不容忽视,求助者自身的因素直接关系到他们是否能够获得帮助。一般来说,求助者因素包含五个方面:一是性别因素,相比于男性,女性会更容易获得帮助;二是相似性因素,在网络环境中,有相似经历或有相同特点的人,更容易获得帮助。有学者认为,因为网络环境的匿名性和虚拟性等特点,人们虽然对求助者的特征感到十分模糊或不太了解,但求助者分享的相似性可及时通过网络呈现出来,这些都会成为网络利他行为中求助者的主要影响因素;三是求助任务因素,充满新颖性的事情可以吸引更多的人,所以获得帮助的可能更大;四是语言因素,求助者的语气和态度是重要的影响因素,语气越诚恳就越可能提高求助信息的真实性,这样会消除人的疑惑,增加人的信任;五是符号因素,求助者可以用一些表情符号来求助,用网络符号来表明求助的紧急性,会获得更大的帮助。

(三) 网络环境因素

1.网络特征

网络使单一的、分散的计算机有机地将连成一个系统,具备了互动性、超时空性、非同步性等特点。互动性与及时性会降低成本,提高利他行为的实施效率;非同步性让助人者有更多选择,使个体拥有更大的自主性,在网络中作出助人行为;超时空性降低旁观者效应的影响,减少从众心理,增加助人行为出现的次数。网络资源和网络工具的组合构成了网络环境。网络世界是现实世界的延伸,网络环境本身所具有的特点有助于个体网络利他行为的发生。

2.媒介的类型

网络环境通过软、硬件和网络文化共同构建,各种媒介沟通渠道可以帮助他人进行互动反馈。网络媒介表现在人际传播、组织传播、大众传播三个方面,具体形式包括:非面对面传播时所用的电话、QQ、微信等;内部广播、闭路电视等;广播、电视、新闻通讯、音像制品、展览制品等。单项线性和双向互动模式是网络媒介两大主要传播特征。电子媒介构成的双向信息系统在网络媒介中起到一定的作用,为用户提供了更多的便利,增加了助人的可能性。媒介类型的多样性可以使潜在助人者更加了解求助者,增加助人行为。

3.网络文化氛围

文化可能会涉及组织的结构,根植于组织成员的价值和信念之中。在网络虚拟社区,分享性的文化氛围可以促进知识分享行为。还有学者发现了博客社区的参与度,可以作为网络认同的社会方面代表,对网络知识贡献可以起到正向预测的作用,拥有网络仁慈特征的个体,会在网络中贡献更多知识。①

第三节　青少年网络偏差行为及其作用机制

网络催生出一个崭新的社会模式,构建出一个更加自由、多元的网络社会,很多现实中的道德准则在互联网上的约束能力与存在感大大降低,青少年在网络环境中也极易受到不良信息的诱惑而产生网络偏差行为。随着互联网的普及,人们接触到的网络不良信息日渐增多,网络偏差行为也随之发生。

一、网络偏差行为表征方式

网络偏差行为是发生在网络环境中的、以网络为载体的行为,网络的虚拟性、匿名性等特点使网络偏差行为表现出超时空性、力量的不平衡性等特征。

(一) 超时空性

网络偏差行为是一种隐匿在网络之中的不道德行为,是一种间接的、匿名的且具有一定隐藏性的不道德行为。在现实环境的不道德行为中,受害者通常会在校内或者在与行动者同一时空中受到不道德行为的影响,一旦二者分开就能暂时避免不道德行为的发生。但网络具有超时空性及开放性,因此在网络中,行动者可以通过网络随时随地地对受害者进行网络攻击或网络骚扰等,不管在哪里,受害者都能够收到行动者通过手机或电脑所传递的不道德信息。

---

① Hee-Woong Kim, Jun Raymond Zheng & Sumeet Gupta, "Examining Knowledge Contribution from the Perspective of an Online Identity in Blogging Communities", *Computers in Human Behavior*, Vol. 27, No. 5 (September 2011), pp. 1760–1770.

（二）力量的不平衡性

在网络欺凌事件中,受害者与行动者的力量不平衡主要表现在对网络的使用能力以及网络匿名性两个方面。海蒂·范德博斯(Heidi Vandebosch)等研究发现,网络攻击与个体的网络技术知识水平密切相关。在现实不道德行为中,行动者往往需具备一定的如体型健壮等先天的生理优势,才能够对无法保护自己的个体实施攻击一类的不道德行为,而网络不道德行为则更加的隐蔽且无须先天条件。网络具有匿名性,网络技术水平高的行动者采用匿名登录等方式,以多重身份对他人实施攻击行为。海蒂·范德博斯等研究发现,除了技术能力外,网络的匿名性也能使被行动者与受害者之间的力量产生不平衡。大量的研究表明,受害者往往因不知道行动者的身份,无法对不道德行为进行有效的回应与反抗。

青少年的网络偏差行为表现形式有两种,一种在使用网络时表现,如网上过激行为、浏览色情信息、欺骗、黑客行为、促进不良话题、窃取他人身份、发送垃圾邮件、刷屏和恶意灌水。其中网上过激行为、浏览色情信息和欺骗三类网络偏差行为最多。另一种表现在现实生活中,如青少年逃学、不服老师管教甚至学生打老师的情况,还有喝酒、滥用药物、过早的性行为、加入帮会等。可以看出,网上表现出来的偏差行为跟现实生活中的偏差行为的特点类型不一样。

大量的潜在观众会加剧受害者的心理压力。由于互联网的普及性,在网络负性事件中的潜在观众数量要比现实中多出数倍。在网络攻击事件中,当被攻击者的信息暴露在网络环境中时,由于大量网友的关注,被攻击者将会感受到更强烈的羞愧以及压力等负性情绪。

（三）反复持续的伤害

不同于现实的不道德行为,网络不道德行为的反复持续性的伤害主要表现在行动者将大量恶意的信息通过电子设备传送给受害者。在此类事件中，受害者受到的伤害不仅仅来自于行动者，也来自于大量的旁观者。并且，网络不道德事件中，旁观者的角色也更加复杂。支持行动者的旁观者以及不作为的旁观者可能会将骚扰、攻击等信息多次转发，并且让这些信息长期存于网络中，使得受害者长期遭受伤害。

（四）网络监管力度较弱

在现实不道德事件中，行动者往往会以肉体攻击的形式攻击受害者，父母或老师能够通过对受害者的外部观察发现其遭受不道德行为的事实。而网络不道德行为更多的是对受害者的心理伤害，这是不易被发现的。托尔加·阿里卡克（Tolga Aricak）等研究也发现，相比于传统攻击，网络攻击更缺乏直观性，父母对青少年网络攻击也缺乏防范意识。

二、网络偏差行为的影响因素

（一）个体因素

1.性别因素

性别是十分重要的影响网络攻击等网络不道德行为的人口学变量。丹耶·贝兰（Tanya Beran）等提到，因为网络攻击和传统的关系攻击、言语攻击存在共同性，对比男生来说，女生发生网络攻击等网络不道德行为的机会更多。帕钦的研究指出，男女差异可能与样本中网络攻击等网络不道德行为发生的方式有关，比如有研究表明女生被电子邮件攻击的频率高于男生，而男生被短信攻击的频次明显多于女生。尚塔尔·福彻（Chantal Faucher）等发现，在网络使用中，男女出现不道德行为的时间不同，女孩在中学或更早时期会在网络上攻击他人，男孩则是在中学阶段之后攻击他人。但也有研究发现，网络攻击在男女之间并不存在显著差异，原因是网络攻击对攻击者的体型要求不高,网络攻击具有匿名性,所以性别的影响较小。

2.年龄因素

学者探讨了网络偏差行为的年龄差异,但得出不一致的结论。有研究认为,随着年龄的增长,青少年使用互联网的频率变高,与陌生人交往逐渐频繁,网络攻击等网络偏差行为的发生概率也随之提高。也有研究认为随着年龄的增长,个体会采用更多的情绪调节策略,而且会从早期的情绪减弱调节变成情绪增强调节,自身情绪调节能力获得较好的提升。他们会采用更多的方法来释放压力与面对消极情绪,使得网络攻击等网络偏差行为减少。

3.人格因素

人格特质是影响网络攻击等网络偏差行为的重要因素。国内外研究发现,青少年的攻击行为与人格各维度之间存在相关关系,攻击者在精神质维度上的得分显著高于其他儿童;受攻击者的精神质得分也较高,内外向性的得分则较低,这说明受攻击者多数内向且敏感。冲动性的人格特征对网络诽谤行为有一定影响,冲动人格特征的青少年具有更多的网络诽谤行为。具有高外向性、冲动性、低责任心与低宜人性人格特征的个体会更易于表现出网络偏差行为。尽责性可预测网络攻击,并且网络攻击行为与宜人性、尽责性和神经质显著相关,掩饰倾向与自我隐藏性和掩饰性成正相关,因此掩饰性高的个体会较少参与网络不道德行为。直接网络攻击等网络不道德行为与神经质存在显著正相关,与宜人性和责任感则呈现显著负相关,间接的网络攻击等网络不道德行为与外倾性、宜人性、责任感与开放性呈显著负相关。

自恋人格与网络偏差行为也存在关联,自恋者经常不尊重他人,其行为或语言可能让他人产生负面情绪,进而表现出攻击行为。罗伊·鲍迈斯特(Roy Baumeister)等依据自我威胁主义理论,发现网络攻击等网络不道德行为是一种具有高度防御且有利于自我的手段,对那些企图破坏或诋毁自我观点的人能够起到反对作用,自恋人格特质人群最有可能采取攻击性行为,其中一种形式就是网络攻击。黑暗人格与网络攻击等网络偏差行为也存在相关关系。黑暗人格中的精神病态,是网络攻击等网络不道德行为强有力的预测因素。自尊亦是人格研究的一个重要方面,也是影响网络攻击的重要因素,青少年的内隐自尊、内隐攻击性与网络失范行为之间关系密切。

4. 动机因素

网络使用动机是影响网络过激行为的最直接因素。互联网使用动机是互联网行为中非常重要的一个预测变量,使用目的会影响行为。网络中攻击者的攻击行为动机主要有以下方面:一是安全的需要,青少年在现实中的安全需要被剥夺,处于攻击的准备状态,而网络这个特殊的环境以及事件的刺激为青少年的网络攻击行为提供了线索,导致了网络攻击行为的出现;二是归属和爱的需要,有的青少年的攻击是为了获得在网络中群体的归属感,或为了挽回在现实中被剥夺的归属和爱,从而发出网络攻击行为;三是个体的攻击本能引发的动机,网络环境使得青少年的攻击行为在一定程度上得到释放。关于传统攻击和网络攻击等网络偏差行为之间关系的研究指出,青少年进行网络攻击是对自己现实中被攻击而进行的报复,另一些青少年进行网络攻击的动机是寻求存在感、发泄愤怒、取乐或以此获取力量感。

5. 情绪因素

情绪调节与网络攻击等网络偏差行为存在显著的负相关,较好的情绪调节能力可以帮助青少年缓冲消极生活事件带来的消极情绪,提升感知理解能力和生活满意度,同时降低自身网络攻击等网络偏差行为发生的概率。认知共情在预测网络攻击等网络偏差行为中起重要作用,在低情感共情的群体中,低认知共情的个体比高认知共情的个体显示出更多的网络攻击等网络偏差行为;在高情感共情的女生群体中,认知共情的水平高低对网络攻击等网络偏差行为的影响没有显著差异。

特质愤怒也是影响网络攻击等网络偏差行为的重要情绪因素之一。按照社会信息加工理论的观点,攻击行为的产生与个体的特质愤怒有关,情境中的线索很容易被高特质愤怒的个体编码为具有敌意侵犯的信息,从而对环境线索作出错误的并且具有敌意的认知加工,而这种错误的加工解释偏差,反过来又会再一次增强个体的愤怒体验,导致恶性循环,最终产生攻击行为。特质愤怒对青少年网络攻击等网络偏差行为有着显著的正向影响。在网络人际交往中,青少年因无法正确判断对方说话的语气、态度反应及情绪状态,会产生不确定感和失控感,进而产生交流焦虑。当交流焦虑无法有效缓解,个体的"愤怒网络"阈限降低,愤怒水平升高,就会以极快的速度关注与愤怒相关的信息,经过认知加工解释,产生错误的注意偏向,进而导致网络攻击等网络偏差行为。

个体的社交焦虑和网络攻击等网络偏差行为有关。托德·卡什丹(Todd Kashdan)等研究发现21%的社交焦虑个体的攻击性水平升高,[1]这是由于社交焦虑的个体产生愤怒情绪后,会进一步演变为对他人的怨恨和敌意,之后以愤怒的行为表现出来,即攻击他人。

此外,自我控制是导致传统攻击和网络攻击等网络偏差行为的潜在因素。凯文·鲁尼昂(Kevin Runions)将自我控制纳入影响传统攻击和网络攻击等网络偏差行为的模型之中。[2] 托马斯·霍尔特(Thomas Holt)等指出,自我控制水平与网络异常行为(如网络攻击等网络不道德行为、黑客行为、盗版和浏览色情网站)都存在相关。[3] 幸福感对网上过激行为有显著的负向预测作用。这说明消极的心理状态能在一定程度上引起网上过激行为,积极的心理健康状态能防止网上过激行为。

---

① Kashdan Todd B., Morina Nexhmedin, Priebe Stefan, "Post-traumatic Stress Disorder, Social Anxiety Disorder, and Depression in Survivors of the Kosovo War: Experiential Avoidance as a Contributor to Distress and Quality of Life", *Journal of Anxiety Disorders*, Vol. 23, No. 2(March 2009), p. 195.

② Kevin C. Runions, "Toward a Conceptual Model of Motive and Self-Control in Cyber-Aggression: Rage, Revenge, Reward, and Recreation", *Journal of Youth and Adolescence*, Vol. 42, No. 5(March 2013), pp. 751-771.

③ Thomas J. Holt, Adam M., Bossler & David C. May, "Low Self-Control, Deviant Peer Associations, and Juvenile Cyberdeviance", *American Journal of Criminal Justice*, Vol. 37, No. 3 (September 2012), pp. 390-395.

（二）环境因素

1. 父母教养方式

父母教养方式是影响青少年网络偏差行为的一个重要外部因素。父母采用相当严格的措施限制与干预儿童的上网行为,可在一定程度上减少青少年接触色情信息或进入暴力网络环境。权威型的父母教养方式与青少年在网络上暴露个人信息这一网络危险行为存在相关关系。父母的严密监控,会让青少年在进行网络时谨慎地考虑自己是否要暴露信息,在多大程度上暴露自己的个人信息,如姓名、邮箱地址等,同时,也会更少地访问不良网站、约见网友。研究表明,无论何种父母教养方式都与初中生的网络攻击等网络不道德行为以及受到攻击有显著相关性。情感温暖型和给予孩子理解的教养方式与初中生的网络不道德行为呈显著负相关。这是因为情感温暖型教养方式可以使孩子感受到父母对他的支持、关心和爱护。孩子对父母有充分的信任,更愿意与父母交流自己的网络使用行为。不仅如此,斯泰利奥斯·乔治乌(Stelios Georgiou)还认为孩子会习得父母的人际交往模式。[①] 情感温暖型父母对于孩子充满了情感温暖和关怀,在自己与他人的人际交往过程中,孩子会对那些在保护自己的能力方面有欠缺的人更友好,更富有同情心,从而降低他们实施网络攻击的可能性。父母过分干涉以及偏爱型教养方式与初中生网络攻击等网络不道德行为呈显著正相关。安·布坎南(Ann Buchanan)等认为这是因为过度干涉型的父母通常对孩子过度溺爱,且十分纵容,使得孩子形成自我中心的人格特点。[②] 在网络使用中,青少年会依据自己的心情对他人施加攻击行为,甚至无法意识到自己行为给他人带来的伤害。当网络攻击等网络不道德

---

① Georgiou,S.N.,"Parental Style and Child Bullying and Victimization Experiences at School", *Social Psychology of Education*,Vol. 11,No. 3(August 2008),pp. 213-227.

② Flouri,E.,Buchanan,A.,"The Role of Mother Involvement and Father Involvement in Adolescent Bullying Behavior",*Journal of Interpersonal Violence*,Vol. 18,No. 6(January 2003),pp. 634-644.

行为发生后,此类父母也会对子女过度宽容,并不愿意让自己的子女承担责任,从而易促使青少年之后继续参与网络攻击等网络不道德行为。父母惩罚严厉型教养方式与初中生被攻击呈显著正相关。这是由于父母对于错误的惩罚方式过于严厉,让学生害怕在家里或校内出错,即使出错也不敢承认,以此避免惩罚。因此,学生需要网络途径来释放压抑情绪。这部分青少年为了释放自己的情绪容易变成网络攻击等网络不道德行为的施暴者。父母拒绝否认型教养方式也与初中生网络攻击等网络不道德行为呈显著正相关。这样的父母给予孩子的关注很少,且很少有效监督和管理孩子的行为。[①] 在孩子上网时,也不会给予孩子正确的上网引导或指导,导致孩子更容易被卷入网络攻击等网络不道德行为中。

2. 同伴关系

同伴关系是青少年与同龄的或心理发展水平相似的个体在交往过程中建立起来的、能够满足社交需求、得到社会支持以及拥有安全感的人际关系。[②] 儿童青少年的孤独感以及同伴排斥能够正向预测攻击行为。[③] 由于青少年会采用线上行为来应对现实生活中遇到的问题和挑战,[④]因此同伴关系不良的青少年遭遇同伴拒绝和疏离之后,可能会试图通过采取攻击行为进行调整,并把攻击性延伸到网络环境中,形成网络攻击等网络不道德行为。也有研究表明,同伴关系欢迎性、排斥性、孤独性与网络攻击等网络不道德行为显著相关。[⑤] 费斯·巴伊拉克塔尔(Faith Bayraktar)等研究发现,捷克中学生越是遭

---

① Georgiou,S.N.,"Parental Style and Child Bullying and Victimization Experiences at School", *Social Psychology of Education*,Vol. 11,No. 3(August 2008),pp. 213–227.

② 邹泓:《同伴关系的发展功能及影响因素》,《心理发展与教育》1998年第2期。

③ Wright M.F.,Li Y.,"The Association between Cyber Victimization and Subsequent Cyber Aggression:The Moderating Effect of Peer Rejection",*Journal of Youth Adolescence*,Vol. 42,No. 5(January 2013),pp. 662–674.

④ 雷雳:《互联网心理学:新心理与行为研究的兴起》,北京师范大学出版社2016年版,第56—57页。

⑤ 王博晨等:《中学生黑暗人格同伴关系和网络欺凌的关系》,《中国学校卫生》2020年第2期。

遇同伴拒绝,越会出现网络攻击等不道德行为。[①] 其他研究表明,同伴依恋与网络攻击存在显著相关,并能显著预测网络攻击等网络不道德行为,研究发现,攻击者的朋友很多,但与之建立密切关系的人很少。青春期早期的个体亲密友谊的缺失与攻击性行为显著相关。同伴依恋比其他同伴关系变量更有深度,这些都强调了青少年与同伴深层次的情感联结,能直接影响青少年的认知、情绪和行为方式。

3. 社会支持

人们在情感与信息的交流、物质的交换过程中,被理解、尊重而获得认同感和归属感。传统攻击的研究发现,从防止攻击行为的因素来说,社会支持是重要的环境保护因素。尼基·阿尔(Niki Harre)研究发现,社会支持是青少年网络不道德行为的预测因素之一。[②] 卡尔韦特等的研究表明,青少年网络不道德行为和缺乏社会支持呈显著相关。[③] 雅各布·尼尔斯(Jacobs Niels)等的调查结果显示社会支持对网络攻击等网络不道德行为存在显著抑制作用。[④]研究发现,大学生网络社会支持可以独立地显著负向预测网络攻击等网络不道德行为。这是因为社会支持可以在人们遇到危机和困难时,及时地给予帮助,还能够使人们的心理健康水平得到提升。与此同时,社会支持能够让个人清晰地认识到群体其他成员对他的支持,从而有效地阻止网络攻击等网络不

---

① Bayraktar Fatih, Machackova Hana, Dedkova Lenka, Cerna Alena, Ševčíková Anna, "Cyberbullying: The Discriminant Factors among Cyberbullies, Cybervictims, and Cyberbully-Victims in a Czech Adolescent Sample", *Journal of Interpersonal Violence*, Vol. 30, No. 18 (November 2015), pp. 3192–3216.

② John Fenaughty, Niki Harre, "Factors Associated with Distressing Electronic Harassment and Cyberbullying", *Computers in Human Behavior*, Vol. 29, No. 3 (May 2013), pp. 803–811.

③ Esther Calvete, Izaskun Orue, Ana Estévez, Lourdes Villardón, Patricia Padilla, "Cyberbullying in Adolescents: Modalities and Aggressors' Profile", *Computers in Human Behavior*, Vol. 26, No. 5 (September 2010), pp. 1128–1135.

④ Jacobs Niels C. L., Dehue Francine, Völlink Trijntje, Lechner Lilian, "Determinants of Adolescents' Ineffective and Improved Coping with Cyberbullying: A Delphi Study", *Journal of Adolescence*, Vol. 37, No. 4 (June 2014), pp. 373–385.

道德行为。

随着科技水平的发展,网络暴力游戏逐渐渗入到人们的生活中。研究表明,网络暴力游戏对青少年的身心有一定的影响。克雷格·安德森(Craig Anderson)及其同事的研究发现,网络暴力游戏会使青少年对攻击相关的行为、认知、情感、暴力冲动的生理唤醒增加,亲社会行为减少。[①] 李婧洁研究发现,网络暴力游戏会增加个体的攻击行为,[②]同时也会在瞬间使得个体的内隐攻击性上升。[③] 随后,崔丽娟等的研究同样表明,网络游戏非成瘾者的内隐攻击性显著低于网络成瘾者。[④] 原因如下:首先,当个体在网络游戏过程中,遇到特定事件(如挑衅),极易激活个体的攻击脚本,从而使得敌意归因偏差产生;其次,个体敌意认知和愤怒情绪会被网络暴力游戏中包含的暴力性刺激诱发出来;再次,网络暴力游戏中包含的暴力性刺激把挑衅行为引发出来,进而变成愤怒,并伴随一定的生理唤醒,形成网络攻击等网络不道德行为。

---

① Anderson, C. A., & Bushman, B. J., "Effects of Violent Video Games on Aggressive Behavior, Aggressive Cognition, Aggressive Affect Physiological Arousal and Prosocial Behavior: A Meta-analytic Review of the Scientific Literature", *Psychological Science*, Vol. 12, No. 5(October 2001), pp. 353−359.

② 李婧洁等:《暴力电脑游戏对个体攻击性的影响》,《心理发展与教育》2008 年第 2 期。

③ 陈美芬、陈舜蓬:《攻击性网络游戏对个体内隐攻击性的影响》,《心理科学》2005 年第 2 期。

④ 崔丽娟等:《网络游戏成瘾者的内隐攻击性研究》,《心理科学》2006 年第 3 期。

第四章　青少年网络道德
认知与发展

习近平总书记在纪念"五四"运动 100 周年大会上对广大青年寄语,青年要把正确的道德认知、自觉的道德养成、积极的道德实践紧密结合起来,不断修身立德,打牢道德根基,在人生道路上走得更正、走得更远。要培育和践行社会主义核心价值观,就应当推进社会公德、职业道德、家庭美德,同时也要建设好个人品德。网络是青少年活动的重要载体,网络道德学习对青少年认知发展影响深远。发挥校园网络德育功能,营造家庭和谐德育氛围,构建完善网络德育体系,加强健康网络文化建设等,可提升青少年网络道德素养,增强道德认知能力和网络道德水平。

第一节　青少年网络道德认知及其影响因素

皮亚杰认为儿童对于道德的判断,是儿童的心理认知问题,也是道德教育问题。随着个体认知能力的发展,儿童逐渐脱离自我中心思维,在评价道德情境时会考虑更多的信息,能够理解他人提出的不同观点,从而促进了道德判断从他律到自律的转化。道德教育产生成人道德强制,在儿童早期,幼儿接受父母给出的行为指令并强化规则,这种单向规则系统使儿童无法表达自己的看法,也无法理解道德问题会有不同的观点。随着年龄的增长,在与同伴的交往中,伴随着观点采择能力的发展,儿童开始摆脱权威束缚,互相尊重,共同协作,使道德认知在完善和理解中得到发展。①

一、青少年认知发展特点及影响因素

青少年时期是个体身心加速发展的高峰期。在该阶段,青少年认知发展有其独特的内在优势,同时,受到内外环境的共同影响,也存在不稳定因素。

(一) 青少年认知发展的基本特点

皮亚杰的认知发展阶段理论包含四个阶段:感知运动阶段、前运算阶段、具体运算阶段、形式运算阶段。11 岁及以上的个体处于第四个阶段:形式运算阶段。处于第四阶段的个体主要的特点是:具体事物在个体的逻辑运算中逐渐脱离主导地位,个体可在头脑中将事物的形式与内容分开,根据假设来进行逻辑演算,能够通过形式运算的方法来解决逻辑课题,例如,综合、归纳、概率以及因素分析等。

青少年的生理发展特别是神经系统发展迅速,正处于身心加速发展的高峰期,这为其认知发展提供了重要的生理基础。青少年认知过程中的各基本因素在该阶段迅速发展和完善,新的认知结构出现,青少年开始不受真实情境的束缚,能将心理运算运用于可能性和假设性情境,既能考虑当前情境,也能够考虑过去和未来的情境。此外,抽象逻辑思维进入了成熟阶段,辩证逻辑思维和创造思维有了大幅度的发展,认知的自觉性增强,认知结构中的因素基本上趋于稳定状态,认知结构形成协同发展的新局面,使其能熟练地运用假设、抽象概念、逻辑推理等手段解决问题。

---

① 桑标主编:《儿童发展心理学》,高等教育出版社 2015 年版,第 318 页。

（二）青少年认知发展的影响因素

青少年时期是个体由童年向成年过渡的关键期,在该身心快速发展的阶段,青少年的生理、认知和社会性等方面都产生了巨大变化,不仅导致发展不平衡,也易受到多种因素影响,产生诸多问题。

1. 内部因素

认知理论认为,个体的行为由其对情境刺激的感知、加工产生,但个体对环境的知觉,不是被动地接受,而是主动地组织、理解、加工和解释。因此,青少年的认知发展首先受到内部因素的影响。

（1）遗传

遗传奠定了个体生理发展的基础,为心理发展提供了可能性,影响着青少年的认知发展。遗传因素在个体身上体现为遗传素质,主要包括机体的构造、形态、感官和神经系统的特征等通过基因传递的生物特性,而其中最主要的是大脑和神经系统的解剖特点。双生子研究是研究遗传和环境因素作用的重要方法,多项相关研究表明,遗传因素对青少年的知觉组织能力发展具有重要影响,对青少年智力发展具有中等程度的影响,并且对青少年的语言理解能力产生着相较环境因素小的影响。

（2）大脑发育

认知能力的组成成分为感知觉、注意、记忆、思维等,不同认知能力对应着不同的脑区。研究发现,不同认知能力的发展顺序与其对应的大脑皮层发育成熟的顺序具有一致性。与感觉、知觉等基本生活技能相关的脑区发育成熟较早,而与决策、推理等高级认知活动相关的脑区发育成熟较晚。青少年时期,大脑发育主要有以下三个特征:突触出现了明显的重构以及神经元髓鞘化;神经递质水平发生了变化;前额叶皮层逐渐发育成熟。随着年龄的增长,各种认知能力对应脑区的成熟与激活产生着或加强、或减弱、或专门化的变化。

2.外部因素

认知发展是对外界信息加以吸收内化的过程,从而形成新的认知结构,其过程会受到多种外部因素的影响。

（1）家庭

影响青少年认知发展的家庭因素主要有:一是父母教养方式。父母是青少年主要照料者,其作为家庭的主要成员,对青少年的认知等各方面发展产生重要影响。二是家庭同胞数量。国内外研究结果表明,在家庭教育资源约束下,同胞数量与个体得到的家庭教育资源呈反比例,儿童获得的教育资源和学业成就随着同胞数量的增加而显著降低。[①] 三是家庭条件。研究表明,家庭经济收入水平往往与青少年接受的家庭教育水平、所处学校的层次、课外活动的类型等密切相关,经济条件好的家庭对青少年的教育投资更多,青少年的认知和非认知能力都会发展更好。

（2）同伴关系

青少年在学习与生活中的主要交往对象是年龄相仿的同学,在这个交往中产生的平等、平行的人际关系便是同伴关系。同伴关系是影响青少年认知发展的重要因素,它的质量决定它对青少年认知发展产生怎样的影响,良好的同伴关系是青少年认知发展的阶梯。研究表明,同伴关系质量高的青少年倾向于表现出更多的亲社会行为,拥有较强的社会认知能力。青少年通过同辈的行为和情感反应逐渐明确自己在他人眼中的形象,学会与他人协同活动、处理冲突与矛盾,有助于进行积极客观的自我评价,形成完善的自我概念、发展健全的人格。

（3）网络使用情况

当前网络已成为人们生活中不可或缺的一部分,无论是学习办公还是休闲娱乐,均很难完全脱离网络。由中国互联网络信息中心发布的第 49 次《全

[①]　陶东杰:《同胞数量与青少年认知能力:资源稀释还是生育选择?》,《教育与经济》2019年第 3 期。

国互联网络发展状况统计报告》可知,截至 2021 年 12 月,我国网民规模已达
10.32 亿,互联网普及率高达 73.0%,其中,未成年网民占比约为 17.0%。手
机作为当前未成年人的首要上网设备,在该群体中的拥有比例已达 65.0%,
网络对青少年的影响日益增强。

新近研究表明,对网络游戏、网络直播、网络文学等的接触均对青少年道
德认知产生不同程度的影响。青少年在使用网络过程中,对网络游戏等尤为
偏好,根据共青团中央维护青少年权益部、中国互联网络信息中心等发布的
《2021 年全国未成年人互联网使用情况研究报告》显示,在使用互联网的未成
年人当中,有 62.3%会经常在网上玩游戏,其中玩手机游戏的比例为 53.2%。
网络游戏由于其趣味性、互动性、开放性和虚拟现实性等特点,吸引了大量的
青少年沉迷其中,难免会出现生理和心理的不良反应。当然,网络游戏也有其
积极的一面,它能够训练个体大脑与肢体的协调能力,起到开发大脑、提升智
力的作用,有助于激发钻研、创造的欲望和学习的兴趣,可以增强认识自我、完
善自我的能力。

(4)社会与文化

从俄国心理学家列夫·维果茨基(Lev Vygostky)开始,大量学者认为,认
知通过内化的过程而发展,即青少年通过吸收来自社会环境的知识来形成自
己的认知结构,该环境对认知如何随时间展现具有举足轻重的作用。[①] 通过
观察不同文化下儿童认知发展的研究结果,可以推测青少年的认知发展
主要受到特定科学教育的影响,而生物学意义上的特定发展阶段作用
甚微。

(5)地区经济发展水平

《当代中国儿童青少年心理发育特征——中国儿童青少年心理发育特征
调查项目总报告》显示:对比发达地区、中等发达地区和欠发达地区儿童青少

---

① [美]理查德·格里格、菲利普·津巴多:《心理学与生活》,王垒,王甦等译,人民邮电出
版社 2008 年版,第 298—299 页。

年在认知能力测验上的得分发现,发达地区与欠发达地区之间以及中等发达地区与欠发达地区之间的差异显著,而发达地区与中等发达地区的认知能力发展水平较为接近。对比城市、县镇以及农村儿童青少年在认知能力测验上的得分发现,城市儿童青少年与县镇儿童青少年的认知能力显著优于农村儿童青少年,城市儿童青少年与县镇儿童青少年之间也有差异。①

二、网络文化对青少年认知发展的影响

网络文化作为在网络空间形成的文化活动、文化方式、文化产品、文化观念的集合,对青少年认知发展有着重要的影响,主要表现在感知觉、记忆、思维及言语等方面。

(一) 网络文化对青少年感知觉的影响

网络作为虚拟名词,其载体是各种智能设备,诸如手机、电脑等,这些作为媒介的载体将人与网络连接在一起。人通过感知觉对外部世界进行认识、了解,可以认为人是通过手机、电脑等承载网络的实体设备感知网络世界,进而建立与网络的联系。内涵丰富、种类多样的网络文化通过青少年对网络的具体使用情况对其产生着或积极或消极的影响。

一方面,随着网络的广泛普及,青少年网络使用时间增加,导致青少年的近视率增长。国家卫健委发布的数据显示,2020 年我国儿童青少年总体近视率为 52.7%。具身认知理论认为,认知是个体基于身体对外界进行感知,在个体感知到的经验基础之上进行认知加工,身体经验和感知觉在此过程中发挥重要作用。网络的使用在增加生活便利性的同时,也相应地减少了人们使

① 董奇、林崇德:《当代中国儿童青少年心理发育特征——中国儿童青少年心理发育特征调查项目总报告》,科学出版社 2011 年版,第 69—70、77 页。

用身体对外界进行感知的机会,即减少了具身体验的机会。① 网络的过度使用或网络依赖减少了青少年参与户外活动的机会,从而可能使青少年的感知觉,特别是视觉发展受损。

另一方面,数字化阅读、立体建模等作为以网络信息技术为基础形成的文化产品,属于网络文化的组成部分,对青少年的感知觉发展产生了较为积极的影响。研究表明,虽然素材选取不当和界面设计花哨等因素会使青少年反感数字化阅读,但在多数情况下,因其相较于传统阅读更具有灵活性,青少年在数字化阅读过程中可以多方面地调动起自己的感知觉,从而促进感知觉的发展。青少年在使用立体建模软件的过程中,也可以通过在虚拟空间直观、形象地搭建立体结构,使空间知觉和颜色知觉得到一定的发展。

(二) 网络文化对青少年记忆的影响

学者约翰·博汉农(John Bohannon)在研究中提出了"谷歌效应"一词,即在互联网时代,人们逐渐依赖网络去存储记忆信息,进入人脑并得到记忆的信息量逐渐减少,网络成为人类主要的外部记忆载体。② 贝特斯·斯帕罗(Betsy Sparrow)等研究表明,当网络可以帮助人们进行信息存储时,人们对信息的记忆程度会大大降低。同时,一项关于美国人注意力广度的研究也有力地支持了网络使用会导致个体记忆力下降的观点。

网络对个体记忆的影响还取决于记忆的动机、类型和内容等因素。有学者通过实验研究发现,网络对人们主动选择的感兴趣事件的记忆产生正向积极的影响;网络行为对个体的工作记忆会产生影响;网络对无意识的内隐记忆没有影响,却会造成有意识的外显记忆绩效显著降低。

互联网作为承载集体记忆的媒介,对人们的集体记忆产生了巨大影响。

---

① 刘思耘等:《网络使用经验对动作动词加工的影响》,《心理学报》2015年第8期。

② J. bohannon, "Searching for the Google Effect on People's Memory", *Science*, Vol. 333, No. 6040(July 2011), p. 277.

集体记忆的概念最初由法国社会学家莫里斯·哈布瓦赫（Maurice Halbwachs）提出，集体记忆可理解为人们对其所处的群体或者族群共同传承、记忆、共享的事件的记忆，并且由于集体记忆存在于人与人之间，因此需要一种承载它的共同媒介。第一，互联网打破了时空边界的限制。在时间上，互联网的存在大大加快了信息的传播与曝光速度，并且网络对已发生事件的记忆可以说是永久性的，通过互联网，群体中的后辈可以更加生动形象地了解先辈时期发生的事件，集体记忆几乎不会随着时间流逝而弱化。在空间上，互联网中事件的传播是跨越时空界限的，网络可以将事件传播到其可以覆盖到的任何地方，一个群体中人们的集体回忆将不仅仅为他们自身所知，其他群体通过网络也会将其记忆下来。第二，网络也使得集体记忆进入了大众书写时代。① 集体记忆更多地通过网络作为载体得到继承与传播，也使得人们在网络中可以根据自己的想法随意地对其内容进行添加、删减甚至篡改，这对集体记忆的保存危害巨大。

（三）网络文化对青少年思维发展的影响

　　青少年群体正处于身心发展的关键期，青少年的生理变化对心理活动产生冲击，其心理上表现出成人感与幼稚性的矛盾。青少年认知能力进入高速发展的时期，其思维方式处在过渡的关键期，青少年的思维方式以抽象逻辑思维为主，但处于刚刚萌发的阶段，发展水平不高，并且由于辩证思维较弱，所以其思想方法上的片面性及表面性是不可忽视的。② 网络通过与个体思维进行交互作用，极易对青少年产生影响。网络对青少年思维的影响主要体现在思维特性的改变。

　　思维超文本化。在网络世界中，资源的主要载体不是实际的文字，而是各式各样的网页链接，人们通过网页链接就可以打开网站获取资源，该资源获得

---

① 胡百精：《互联网与集体记忆构建》，《中国高校社会科学》2014 年第 3 期。
② 林崇德：《发展心理学》，人民教育出版社 2018 年版，第 350—371 页。

方式使得人们形成了一种"超文本化"思维。超文本化思维与一般思维的主要区别之处在于其"非线性"特征。人们在现实世界中的思维一般称为"线性思维",因为在现实中人们所处的世界是单维度的,个体在处理事情和进行思考时可能会处于不同的环境之中,如时间和空间等,而依据其所处的环境不同,人们的思维模式会受到当下的环境制约,多数人会遵循其所处环境的时间和空间顺序按部就班、依照逻辑顺序思考问题。而网络世界则恰恰相反,互联网是由众多节点相互连接起来而形成的非平面、立体化、无中心、无边缘的拓扑结构。由于人们使用网络的频率大幅增加,并且需要积极主动地学会使用和适应网络,人们的思维方式受到了潜移默化的影响,由一种线性的、单向的转变成一种非线性的、多向的甚至可以任意跳脱的思维方式,这就是"超文本化"思维。

思维开放化、多样化、发散化、交互化。网络是一个开放的虚拟世界,是一个广阔的思想交流之地。不论网民身处何方,自身是何条件,只要允许登录互联网,都可以在网络上自由发表言论,向其他人传播自己的思想。同样,在表达自己想法的同时,个体也会在网络上接收到其他人的看法。在此过程中,网民既是信息的发出者也是信息的接收者,人与人之间的思想交流得以大幅加强。网络有助于青少年"非线性"思维的发展,同时也给青少年提供了一个发展开放化、多样化、发散化、交互化思维的平台。

(四) 网络对青少年言语发展的影响

网络虚拟世界有着产生于现实世界却又独具特色的一套体系,其中,网络语言是人们非常熟悉又与现实生活紧密相连的重要组成部分。网络语言是依托网络空间平台和网络传播技术发展的反映人类社会文化心理的新型语言形式和传播媒介,包括文字、图像等静态符号和动画、视频等动态符号及其多种组合等。网络语言是网络社会生活的动态反映,也折射出并记录着特定人群的成长记忆和人生经历,网络语言虽然通行于网络,但其主要使用和传播的群体是青少年,可以说,网络语言是青少年网络生活和数字人生的重要映照,其反映了青少年的兴趣爱好、思想观念、社会心态和价值取向等,网络语言中的网络流行用语甚至早已成为一种独特的方言,无论是线上还是线下,无论是正式还是非正式场合,青少年都会有意或者无意,或多或少地使用这一独特的方言。社会语言学的研究发现证实了青少年时期个体偏向于寻求一种背离陈规的、新奇的、具有创造性的语言,网络语言表达给予青少年群体更多的机会以及更快的速度以形成独创性言语。

网络语言是一把双刃剑,一方面青少年通过网络语言在网络社会中充分地表达、交流和传播思想,积极地建言献策,参与并投身于社会事业的发展与进步,另一方面网络虚拟交际和网络语言可以使青少年缓解学业生活以及情感上的焦虑、担忧、抑郁等负担,有效地释放心理压力。但由于青少年的情绪情感丰富而强烈,通常在情绪体验上具有冲动性、爆发性、波动性、感性化和喜怒两极分化严重的特点,加之网络世界的内隐性、掩饰性、开放性和自由性,致使青少年网络暴力频发,而网络暴力的最重要的载体和手段即为网络语言。青少年在网络上利用语言文字和图片视频等肆意谩骂、贬低诋毁、散播谣言、无聊调侃、跟风起哄、武断猜测、恶性人肉等网络语言暴力现象引人深思,因此,网络语言对青少年言语表达的影响不容忽视。

新时代网络道德教育应当适应青少年网络语言使用的特点和变化,在提升教育技术和教育手段的同时,有针对性地创新教育方式和教育内容,开展适当的干预和积极的引导,不仅在校园中形成健康向上的网络文化和网络舆论,正面指导和引领青少年网络语言使用和网络生活方式,更在潜移默化中影响和激励青少年树立与践行社会主义核心价值观,使其在校园外、社会中,特别是网络社会中,成为正面的网络形象、健康的网络心态、良好的网络道德与和谐的网络行为的带动者和守护者,成为积极释放和传递正能量的网络意见领袖。

第二节　青少年网络道德认知的实证研究

一、网络信息接触与青少年道德判断能力

(一) 研究缘起

道德判断是道德认知的集中表现,是指个体运用已被其内化的道德信念与规范对道德现象的是非、善恶进行分析评定的心理过程。道德判断作为重要的心理过程,在皮亚杰和科尔伯格的道德发展阶段理论中均有相关内容,上述理论在本文中已有提及,此处不再赘述。此外,文中曾提及乔治·林德(Georg Lind)的道德行为和发展的双面理论,该理论的核心是从道德情感和道德认知两个相互独立又紧密相连的层面对个体的道德行为进行描述,认为个体的道德行为应当在情感层面符合已有认可的道德信念与规范,在认知层面能够成为这些信念与规范的贯彻与执行,并且道德情感与道德认知的发展是基本平行的。林德以其理论为基础编制了一套道德判断测验,其组成是对情感和认知两方面进行道德判断能力测量的项目。

网络道德信息是网络上报道的与个体现实生活高度相关的道德事件信息,一般可分为正性与负性两种类型。纳撒内尔·法斯特(Nathanael Fast)等研究表明个体接触到他人对别人进行指责的材料后会更多地倾向于在自己尝试失败后对他人进行责备。[①] 西加尔·巴萨德(Sigal Barsade)发现个体在接触到积极的情绪之后,其与群体的合作性得以提高,相应的攻击性得以降低。[②] 在距离层面,网络让更多的人组成一个群体,个体接触网络道德信息的

---

① Fast N.J., Tiedens L.Z., "Blame Contagion: The Automatic Transmiss of Self-serving Attributions", *Journal of Experimental Social Psychology*, Vol. 46, No. 1(January 2010), pp. 97-106.

② Barsade S. G., "The Ripple Effect: Emotional Contagion and its Influence on Group Behavior", *Administrative Science Quarterly*, Vol. 47, No. 4(December 2002), pp. 644-675.

机会大大增加,个体在接触到该类信息时,可能会产生不同的感受,从而对其道德判断产生影响。

网络评价是个体在网络环境下运用已有的价值准则对网络事件及其主人公作出行为善恶价值判定,从而给其他网友做参考的一种结论。有研究从认知神经科学的角度指出,个体在社交软件上观看他人发布的带有点赞的图片可以激活奖赏相关的大脑区域。[1] 结合费斯汀格提出的认知失调理论,研究者认为网络评价可能会对个体的道德判断产生影响。

本书在前人研究的基础之上,探讨网络道德信息接触、网络评价与中学生道德判断的关系。

(二) 中学生道德判断能力水平的调查

1.研究对象

随机选取安徽省宣城中学、宣城三中等中学各年级(除高三外)的若干学生。发放问卷 576 份,回收问卷 522 份,有效率为 90.6%。

2.研究工具

林德的"道德判断测验(Moral Judgment Test — MJT)"中文版问卷。该问卷包括道德能力(认知)和道德倾向(情感)两个维度,其中,道德能力分(认知分)是道德判断的主要指标,采用"能力"分(简称 C 分数)作为中学生道德判断能力的指标。C 分数取值区间为 1 — 100,等级划分如下:1 — 9 分为较低;10 — 29 分为中等;30 — 49 分为较高;50 分以上为非常高。道德倾向分(情感分)的指标是用科尔伯格的六个阶段来表示的。本问卷的 α 系数为 0.790。使用 SPSS20.0 对收集的数据进行统计分析,采用描述统计与方差分析对数据进行分析。

---

[1]　Sherman L. E., Payton A. A.& Hernandez L. M., "The Power of the Like in Adolescence: Effects of Peer Influence on Neural and Behavioral Responses to Social Media", *Psychological Science*, Vol. 27, No. 7(July 2016), pp. 1027-1035.

3. 研究结果

本次调查回收的 522 份问卷中,C 分数的均值为 13.95,中位数为 11.24,根据 C 分数的等级划分显示,中学生的道德判断能力处于中等偏下的水平,见表 4-1。

表 4-1　中学生道德判断能力的描述统计

	N	中位数	均值	标准差	极小值	极大值
C 分数	522	11.24	13.95	9.98	0	49.4

通过单因素方差分析可知,各年龄组的道德判断能力差异显著,且道德判断能力的发展与年龄是非线性相关,17 岁左右是中学生道德判断能力发展的关键年龄,见图 4-1。

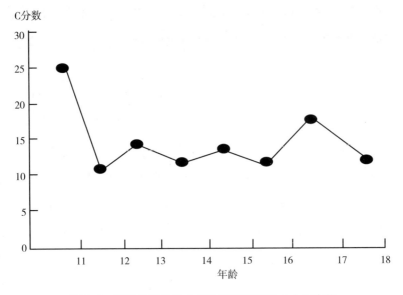

图 4-1　不同年龄阶段中学生道德判断能力水平变化

本书研究结果发现,中学生道德判断能力的水平中等偏下,年龄会对道德判断能力产生影响,性别不会单独对道德判断能力产生影响,但性别会与年龄对中学生道德判断能力产生交互作用。

（三）网络道德信息接触、网络评价与中学生道德判断的关系

1.研究对象

在安徽省宣城中学、宣城三中、无为实验初中等中学发放问卷 784 份,回收有效问卷 704 份,有效回收率为 89.8%。

2.研究工具

网络信息接触采用 1—5 级评分,即"从来没有"(计 1 分)到"总是"(计 5 分)5 个等级。

自编道德判断水平问卷。选取在网络上发生的道德事件,该类道德事件是被众多网民所关注讨论的社会热点问题。根据网民对道德事件的评价,将其分为三类,分别记为 A1,A2,A3。A1 类代表网友对其作出消极评价,即认为事件主人公应该受到惩罚;A2 类代表网友对其作出积极评价,即认为事件主人公应该受到奖赏;A3 类则是不予呈现网友评价。客观地向被试描述事件后,让被试就"主人公是否应该受到惩罚(奖赏)?"进行作答。

研究者邀请心理学专家对问卷的内容效度进行了检测,符合测量学要求。

本书通过 SPSS20.0 对收集的数据进行统计分析,涉及的方法包括描述统计和方差分析等。

3.研究结果

进一步进行方差分析可知,网络正面道德信息接触与网络评价分别对中学生网络负面道德信息道德判断产生影响(见表 4-2),网络负面信息接触与网络评价各自且共同对中学生网络负面道德信息道德判断产生影响(见表 4-3),网络评价独立对中学生网络正面道德信息道德判断产生影响,网络正面信息接触不起作用,网络负面信息接触与网络评价各自独立对中学生网络负面道德信息道德判断产生影响,不存在交互作用(见表 4-4、表 4-5)。

表 4-2　网络正面信息接触与网络评价对中学生网络负面
道德信息道德判断的方差分析

变异来源	III 型平方和	df	均方	F	P
网络评价	21.40	2	10.70	10.74	0.000
正面道德信息接触	10.07	4	2.52	2.53	0.040
网络评价×正面道德信息接触	10.63	8	1.33	1.33	0.223
误差	686.19	689	1.00		

表 4-3　网络负面信息接触与网络评价对中学生网络负面
道德信息道德判断的方差分析

变异来源	III 型平方和	df	均方	F	p
网络评价	38.33	2	19.17	19.16	0.000
负面道德信息接触	4.57	4	1.14	1.14	0.337
网络评价×负面道德信息接触	15.72	8	1.97	1.96	0.049
误差	690.17	689	1.00		

表 4-4　网络正面信息接触与网络评价对中学生网络正面
道德信息道德判断的方差分析

变异来源	III 型平方和	df	均方	F	p
网络评价	19.08	2	9.54	8.96	0.000
正面道德信息接触	5.12	4	1.28	1.20	0.308
网络评价×正面道德信息接触	15.02	8	1.88	1.76	0.081
误差	733.33	689	1.06		

表 4-5　网络负面信息接触与网络评价各自独立对中学生
网络负面道德信息道德判断的方差分析

变异来源	III 型平方和	df	均方	F	p
负面道德信息接触	15.95	4	3.99	3.79	0.005

续表

变异来源	III 型平方和	df	均方	F	p
网络评价	12.66	2	6.33	6.01	0.003
负面道德信息接触×网络评价	9.52	8	1.19	1.13	0.341
误差	725.56	689	1.05		

（四）结论与建议

1. 中学生的道德判断能力普遍处于中等偏下水平,且其道德判断能力不与年龄呈正相关,而是波浪式发展;性别不独立影响道德判断能力,但与年龄共同产生影响。

2. 中学生在对网络正面道德信息进行道德判断时,受到网络负面信息接触、网络评价以及二者的共同作用,在对网络负面信息进行道德判断时,受到网络正面信息接触、网络负面信息接触、网络评价三者的影响,且网络负面信息接触与网络评价会起共同作用。

3. 青少年道德判断能力还有待提升,学校与家长更要引导青少年加强网络道德学习,以促进青少年道德认知发展。

二、网络道德判断与青少年网络偏差行为

（一）研究缘起

网络偏差行为是个体在网络使用过程中违反或者破坏网络行为规范的行为。网络偏差行为有多种理论解释。挫折—侵犯理论认为个体在生活各方面遭受挫折后,其攻击倾向会大大提升。侵犯线索理论认为当与侵犯、攻击相关的线索呈现在个体面前时,个体会更多的产生偏差行为。社会学习理论强调个体从其他社会个体处观察习得偏差行为。社会认同理论认为个体有时会为了获得更多的群体认同,从而迫使自己作出偏差行为。线索滤掉理论认为

网络中个体之间信息交流的不准确性以及匿名性会在偏差行为的产生中起到重要作用。整体—交互作用理论认为偏差行为是在个体与社会环境的交互过程中产生的。

道德判断是指个体从道德层面上对事件的是非曲直给出自己的评定。[①]最先通过对道德判断的研究提出道德发展阶段论的是皮亚杰和科尔伯格,前者的三阶段发展理论以及后者在前者基础上拓展得到的三水平六阶段理论,在此不再赘述。社会直觉理论将道德判断的结果归于道德直觉与道德情绪。[②]约书亚·格林(Joshua Greene)的"双加工理论"将认知归于有意识过程,将情绪归于无意识过程,道德判断的过程是二者共同参与的过程。[③]桑青松将青少年道德学习形成和发展划分为三个阶段,学习和模仿社会道德阶段、形成自己的道德标准阶段、有个人特色的道德魅力阶段。[④]

现通过三个子研究来探讨网络偏差行为中的过激行为、色情行为和欺骗行为在重要公众人物和权威行为的影响下对中学生道德判断产生的影响,并通过补充研究验证三个子研究的结果,再进一步探究中学生关于权威行为的态度。

(二) 三个子研究

1.研究对象

在安徽省宣城市宣城中学、宣城三中和芜湖市无为实验中学三所学校选取中学生作为研究对象,每项研究分别发放实验材料 300 份,分别回收有效材料 268 份、271 份和 244 份,研究对象的性别比均接近 1∶1。

---

① 叶红燕、张凤华:《从具身视角看道德判断》,《心理科学进展》2015 年第 23 期。
② Hadit J. ,"The New Synthesis in Moral Psychology", *Science*, Vol. 316, No. 5827(June 2007), pp. 998-1002.
③ 罗跃嘉:《道德判断的认知神经机制》,《西南大学学报:社会科学版》2013 年第 3 期。
④ 桑青松:《青少年道德学习》,中国人民大学出版社 2015 年版,第 159—162 页。

2.研究工具

分别在网络上收集由不同主体在网络事件中发生的过激行为、色情行为和欺骗行为作为实验材料,同时收集网络权威对相应行为实施的惩罚方式,收集完成后通过整合得到研究材料。使用 SPSS21.0 统计分析软件对数据进行处理。

3.研究结果

分别对三个子研究的数据做重复测量方差分析及交互效应分析,结果如下(见表 4-6、表 4-7、表 4-8):

表 4-6　不同主体网络过激行为和权威行为对中学生道德判断的方差分析

变量	df	均方	F	p	$\eta^2 p$
不同主体	1	84.27	128.66	0.000	0.33
误差	266	0.66			
权威行为	1	0.54	0.67	0.415	0.00
误差	266	0.81			
权威行为×不同主体	1	33.80	68.79	0.000	0.21
误差	266	0.49			

表 4-7　不同主体网络色情行为和权威行为对中学生道德判断的方差分析

变量	df	均方	F	p	$\eta^2 p$
不同主体	1	1.71	8.15	0.005	0.03
误差	269	0.21			
权威行为	1	7.01	16.36	0.000	0.06
误差	269	0.43			
权威行为×公众人物	1	0.49	2.28	0.132	0.01
误差	269	0.22			

表 4-8　不同主体网络欺骗行为和权威行为对中学生道德判断的方差分析

变量	df	均方	F	p	η^2p
不同主体	1	0.20	0.56	0.457	0.00
误差	242	0.36			
权威行为	1	12.45	27.75	0.000	0.10
误差	242	0.45			
权威行为×不同主体	1	0.41	1.16	0.282	0.01
误差	242	0.35			

根据表 4-6 可知,权威行为的有无会对中学生针对名人的网络过激行为的道德判断产生影响,即存在权威行为时,中学生对名人的网络过激行为进行道德判断时更加严格,反之则更为宽松,并且公众人物网络过激行为与权威行为共同对中学生道德判断产生影响。

表 4-7 显示,中学生对于名人的网络色情行为以及有权威行为情况下的网络色情行为进行道德判断时标准更加宽松,即公众人物网络色情行为和权威行为共同作用于对中学生的道德判断。

表 4-8 显示,权威行为的有无会影响中学生对网络欺骗行为的道德判断,具体来说,有权威行为的情况下,中学生对网络欺骗行为的道德判断标准更为宽松;在无权威行为时,标准更加严格,而名人效应的作用不显著。

（三）验证性研究

1.研究对象

随机选取安徽省芜湖市清水河中学 50 名高二学生发放问卷,回收有效问卷 44 份。

2.研究工具

整合前三个研究中的实验材料作为补充研究材料,并增加如下两个问题:

"你认为权威的做法是必要的吗？""你认为权威的做法在多大程度上是合理的？"。两个问题均采用7点计分，"-3"代表"非常不必要""过于严格"，"3"代表"非常必要""过于宽松"。

使用SPSS21.0统计分析软件对数据进行处理。

3.研究结果

研究发现，权威行为存在时，中学生对网络偏差行为的道德判断标准总体而言较为宽松。

（四）结论

通过四个子研究发现，公众人物网络偏差行为和权威行为会对中学生道德判断产生影响，而且在不同的网络偏差行为中，二者对道德判断的影响是不同的，因此在对中学生进行网络德育时，需以中学生的身心发展特点为基础，结合网络偏差行为的不同类型，采取相应的教育方式，创设良好的适合中学生网络道德认知发展的网络环境。

三、被动社交网站使用与青少年道德推脱

（一）研究缘起

为了将自己的行为解释得更加合理并使其造成的不利影响最小化，个体通常会通过一定的方式重新解释自己的行为，以避免进行自我制裁的一种认知倾向即道德推脱倾向。[1] 国内学者杨继平、王兴超等认为道德推脱是存在于个体头脑中的一种特定的认知倾向，该认知倾向可以使得个体的内部道德标准失效，并毫无顾忌地作出不道德行为。[2]

---

[1]　Bandura A.,"Selective Moral Disengagement in the Exercise of Moral Agency", *Journal of Moral Education*, Vol. 31, No. 2.(June 2002), pp. 101-119.

[2]　杨继平等：《道德推脱的概念、测量及相关变量》，《心理科学进展》2010年第18期。

社交网站是青少年网络接触中的重要成分,青少年通过网络建立自身与外界的社交联系。社交网站的使用可分为主动使用和被动使用两种形式。[①] 被动性使用社交网站即青少年将社交网站作为浏览信息和文章的工具而不进行主动评论和互动等行为;与之相反,主动使用则是与他人进行积极互动,主动交流,如发布朋友圈并为他人点赞、评论等行为。[②] 在此,主要探究被动性使用社交网站对道德推脱的影响机制。

(二) 研究方法

1. 被试

采用随机抽样的方式,选取安徽师范大学、黄山学院、金陵科技大学和安徽中医药高等专科学校共 700 名学生,回收有效问卷 624 份,回收率为89. 14%,被试年龄范围在 18—25 岁之间,其中男生 150 名,女生 474 名,大一203 名,大二 156 名,大三 169 名,大四 96 名。

2. 研究工具

被动社交网络使用量表。采用陈武等改编自国外学者在针对被动性 Facebook 使用研究中编制的监视使用量表,作为被动社交网络使用量表,包含五个项目,分别是"我在社交网站(如微信圈或 QQ 空间)中比较活跃""我经常评论或赞好友的状态""我在社交网站(如微信圈或 QQ 空间)中显得比较被动""我在网上一般只看别人的状态,自己很少发""我在社交网站(如微信圈

---

① Deters F.G., Mehl, M.R., "Does Posting Facebook Status Updates Increase or Decrease Loneliness an Online Social Networking Experiment", *Social Psychological & Personality Science*, Vol. 4, No. 5(December 2012) , pp. 579-586. Tosun L.P., "Motives for Facebook Use and Expressing 'True Self' on the Internet", *Computers in Human Behavior*, Vol. 28, No. 4(July 2012) , pp. 1510-1517.

② Verduyn P., Lee D.S., Park J., Shablack H., Orvell A.& Bayer J., et al., "Passive Facebook Usage Undermines Affective Well-being: Experimental and Longitudinal Evidence", *Journal of Experimental Psychology General*, Vol. 144, No. 2. (April 2015) , p. 480.

或 QQ 空间)中很少与他人互动"。① 采用李克特(Likert)5 点计分,1、2 题反向计分,然后加总分,分数较高的个体网络使用较为被动。该问卷的内部一致性系数为 0.67。

道德推脱量表。采用王兴超和杨继平修订班杜拉等的道德推脱问卷。此问卷信度和效度良好,总共有 32 个条目,分为 8 个维度。② 此问卷采用李克特 5 点计分法,从"完全同意"到"完全不同意"。问卷的内部一致性系数为 0.94,各维度系数在 0.55—0.73 之间。

运用 SPSS19.0 对数据进行统计处理,涉及方法包括描述性统计,独立样本 T 检验以及相关分析。

(三) 结果与讨论

从被动性社交网站使用与道德推脱的相关分析中发现(见表 4-9),被动性社交网站使用与道德推脱存在显著负相关(r=-0.150,p<0.01),表明被动性社交网站使用能够显著负向预测道德推脱水平。

表 4-9　被动性社交网站使用与道德推脱的平均数、标准差以及相关关系

变量	M	SD	被动性社交网站使用	道德推脱
被动性社交网站使用	14.56	3.41	1	
道德推脱	65.99	21.81	-0.15**	1

注: ** 表示 p<0.01。

探究被动性网络使用与道德推脱的关系十分重要,有研究表明,道德推脱

---

① Chen W.,Fan C.Y.,Liu,Q.X.,Zhou Z.K.& Xie X.C.,"Passive Social Network Site Use and Subjective Well-being:A Moderated Mediation Model",*Computers in Human Behavior*,Vol.64,No.11 (November 2016),pp.507-514.

② 王兴超、杨继平:《中文版道德推脱问卷的信效度研究》,《中国临床心理学杂志》2010 年第 18 期。

既会影响个体对他人的攻击行为,也会影响个体对攻击行为的态度。① 以往研究证实,相较于道德推脱倾向较低的个体,高得分个体会有更多的攻击性行为,并不太会对他人的攻击性行为产生抵触情绪。同样,在网络情境中,道德推脱倾向较高的青少年,会产生更多的网络偏差行为。网络偏差行为的增多,会造成个体一定的社会交往障碍,导致情感冷漠,并反过来影响个体的社交网站使用方式,使个体更多地倾向于被动性社交网站使用,使其社会交往状态进一步恶化,道德推脱水平提高。对于道德推脱水平较高的个体来说,当其处于助人情景下时,这类个体倾向于通过道德推脱机制找到拒绝助人的理由。②

道德推脱指标对于青少年道德发展具有重要意义,探究被动性社交网站使用与道德推脱的相关关系有助于促进青少年身心健康发展,构建个体与外界的良性互动关系,进而提升其亲社会行为水平。

第三节　青少年网络道德认知能力促进与发展

21 世纪是知识经济时代,是网络信息主导下的网络文化时代。青少年是网络文化发展的重要推动力量和受益者,但同时也是网络问题的引发者和受害者。多元的网络文化无孔不入地渗透进青少年的生活,以一种前所未有的力量影响着青少年基本的道德认知。当前,网络文化对青少年的道德认知发展呈现出积极与消极影响并存的局面。青少年正处于自我认知发展的凸显期,道德认知的发展亟待完善与提升,积极的网络文化有助于引导青少年作出符合社会公德的行为。道德认知的良好发展是青少年践行道德行为的基础,有正确的认知,才能有正确的行为。因此,在网络文化影响下,重构青少年的

---

① 杨继平等:《道德推脱的概念、测量及相关变量》,《心理科学进展》2010 年第 18 期。

② 杨继平等:《观点采择对大学生网络偏差行为的影响:道德推脱的中介作用》,《心理科学》2014 年第 37 期。

道德认知能力尤为必要。网络文化影响下青少年道德教育的承担者主要包括学校、家庭、社会力量、网络媒体以及青少年自身,在此基础上,重构青少年道德认知能力需更重视协同教育模式的发展和应用。

一、发挥校园网络德育功能,增强青少年道德认知能力

(一) 设置网络道德课程,帮助青少年理解和掌握道德概念

自觉的道德行为产生于对道德知识的深刻理解和对道德要求的自觉遵守。学校是青少年道德教育的重要阵地,课堂教学是实化、细化、具体化立德树人根本任务的主渠道,①因此,学校需在课堂教学中设置合理的网络道德教育课程来帮助青少年系统学习网络道德知识,启发青少年学生的道德自觉,并在课堂教学过程中注重与青少年共同讨论从而帮助青少年理解和掌握道德概念,逐步引导其形成良好的道德认知。第一,学校要重视网络道德教育课程对预防和消除青少年网络不良行为所发挥的积极作用,切实把教授青少年网络道德教育知识,培养青少年形成良好网络道德认知的教育责任落到实处,发挥网络文化与道德伦理结合教育在青少年道德认知发展中的引导作用。第二,青少年学生认知发展的渐进性特点使得不同阶段的青少年学生对于德育内容有着不同的需求,学校需合理设置相关的网络道德课程,并注重将其与网络法律知识和青少年学生上网规范相结合,使得青少年学生能够自觉地遵守网络相关法律规定,做到文明上网、依法上网。第三,实践活动是青少年获得道德认知的重要途径,教师可以把组织学生参加校园文化活动纳入到教学方案中,并将网络道德教育与校园文化活动情境相融合,使之更贴近青少年学生的日常学习生活及社会人际生活,从而引导青少年学生在实践中自主建构道德经验,强化青少年对道德知识的理解与把握。

---

① 中国教育科学研究院课程教学研究所课题组:《深化课程改革是落实立德树人根本任务的必由之路》,《中国教育学刊》2017 年第 7 期。

（二）坚持主流价值观念的道德教育，塑造青少年良好道德观念

网络文化的兴起加速了社会主流价值观念的传播，但也给社会成员带来了各种非主流的、边缘的、多元的价值观念，社会成员在对主流价值观念认可与领悟的同时，势必会受到其他价值观念的影响。反观青少年的道德认知，其观念发展明显不足，开放的网络环境以及多元价值观念的影响容易造成青少年价值观念的矛盾和混乱。因此，在青少年道德教育中，塑造青少年良好的网络道德观念，促进其形成正确的网络认知，要坚持主流价值观念的价值导向。首先，学校要发挥对于青少年主流价值观念的教育引导功能，促使青少年自身价值观念与社会主流价值观念和谐一致，以弥合青少年在道德价值观念上的冲突和矛盾。习近平总书记强调："把培育和弘扬社会主义核心价值观作为凝魂聚气、强基固本的基础工程，继承和发扬中华优秀传统文化和传统美德，广泛开展社会主义核心价值观宣传教育，积极引导人们讲道德、尊道德、守道德，追求高尚的道德理想，不断夯实中国特色社会主义的思想道德基础。"①当前，坚持社会主流价值导向，是用社会主义核心价值观体系引领青少年的价值定位与价值选择。其次，在学校道德教育中要正视社会价值观的多元化现象，尊重不同文化的共存和相互交流，积极吸纳多元价值的有益营养成分，并融入社会主义核心价值体系当中，从而增强青少年对社会主义核心价值体系的认可与拥护，培育青少年正确的价值观。最后，重视青少年自身所具备的主体思想，价值观念是与个人经验紧密联系并受个人经验影响的，青少年价值观也是随着自身经验积累而发生变化的，忽视青少年自身的人生价值感受和生命体验，必将带来青少年网络道德教育的乏力。

---

① 习近平：《把培育和弘扬社会主义核心价值观作为凝魂聚气强基固本的基础工程》，《人民日报》2014 年 2 月 26 日。

（三）挖掘利用网络德育资源，提高青少年道德判断能力

网络时代的到来，给德育工作带来了新的机遇和挑战。对于青少年来说，网络世界形形色色的思想观念、文化形态既新鲜但同时也是一种诱惑，在虚拟的网络环境中，其接触着各种新鲜、刺激的信息资源，感受着网络中风靡的情感态度和价值观，难免会迷失自己，形成一种模糊不定的道德认知。因此，学校可以充分挖掘和利用网络德育的优势资源，帮助青少年提高信息辨别和选择能力，进而提高自身的道德判断水平。首先，学校要重视自身的网络空间建设，确保学生绿色健康上网，合理化地使用网络，同时开展有联系性的教育活动，使得学生的信息辨别、判断以及选择能力进一步提升，网络道德理念、道德责任感以及自律能力有所加强。其次，在开展青少年网络道德教育过程中，教师要衡量所选择的网络德育信息资源的真实性，避免网络舆情反转事件对青少年道德判断的负面影响，并引导学生对道德事件理性分析和思考，从而习得权衡与判断美丑、好坏、是非的评价准绳。最后，网络文化的多元价值环境使得事实本身变得更加复杂，互联网有选择性地传递给社会成员信息，这对青少年的道德判断能力提出了更高的要求，学校可以利用校园官网、贴吧、微信公众号等校园网络平台建立网络道德的宣传窗口，引导正确的舆论导向。教师也要引导学生正确对待网络环境中传递出来的碎片信息，使得学生能够理性对待各种网络观念，逐步提高自身的道德判断能力，从而形成自身良好的道德认知。

（四）鼓励青少年辩证理性思考，提升自主道德选择能力

道德选择，是指个体以道德理性思维为指导，根据不同的道德标准，在各种道德冲突中作出的自觉选择。[①] 面对日益复杂的社会局势和愈来愈多样化

---

① 王兴华、董海霞：《当代青少年道德选择能力培养浅析》，《现代教育科学》2012 年第 2 期。

的文化环境,青少年道德认知发展及其对道德行为的抉择,需要青少年在道德事件中作出理性的思考与判断。首先,教师需要注重培养青少年的道德理性思维,鼓励学生自主对道德事件进行推理和判断,从而激活青少年学生的道德感知,深化其领会道德的实质。其次,学生的道德判断和推理离不开语言的输出与表达,教师要以学生为中心,基于网络生活与现实生活中的道德事件和道德素材,与学生进行沟通交流,鼓励学生自主性地表达,以提高青少年理性思考道德事件的能力。最后,学校需要重视青少年学生的主观能动性,当学生在生活中实践道德行为时,要帮助其领会道德实践行为所带给个体的积极体验,从而强化青少年的道德实践行为。如果在此过程中学生选择了不恰当的方式实践道德行为或者造成了错误的道德结果,教师需避免一味地责怪。愧疚感会让学生不再敢于尝试,应该帮助他们分析错误原因,增强其对道德事件的道德领悟,提升道德选择能力,以有效完善青少年理性的道德认知过程。

二、营造家庭和谐德育氛围,提升青少年道德认知能力

(一)家长言传身教,发挥榜样作用

家庭是青少年教育的起源,父母是孩子最好的老师,也是影响青少年树立正确价值观念和导向的领路人。在网络文化影响下,家长需要重点关注青少年网络道德认知,利用天然优势的亲子关系,帮助青少年形成正确的网络道德认知。一方面,家长自身要多主动了解各类新型网络产品,引导青少年认知网络产品的好与坏,家长要知行统一,在教育孩子不要沉迷网络产品的同时,做到自身践行,利用自身的榜样示范行为对孩子施加正面影响,并及时对孩子不良的道德行为予以制止。另一方面,家长在日常生活中要多了解网络道德教育的相关理念,网络安全的准则规范,做到在日常生活中能够对孩子进行网络安全意识的教育普及,使青少年意识到网络空间中可能存在的风险,避免因网

络道德教育缺失而导致青少年网络失范行为。

(二) 营造良好的家庭德育环境

家庭的道德教育环境对青少年的成长影响广泛而深远,家庭的道德教育是青少年从塑造道德人格,到成长为一个有道德的人的起点。父母的言行举止对青少年来说是一种榜样,更是青少年日后社会化过程中道德行为的映射,所以,道德教育的家庭课堂也特别需要受到关注和重视。首先,家庭的道德教育作用体现在要为青少年营造一个良好的成长环境氛围,家长与青少年建立和谐、亲密、良好的亲子关系。青少年对于家庭环境氛围的感知会影响青少年对于外部世界的感知。如若亲子关系发展不好,会对孩子的心理产生巨大的压力,从而使孩子们对周遭环境的认知由好逐渐转坏。父母应和孩子平等相处,相互理解,温柔而又坚定地将"平等、民主、是非、善恶"的观念与孩子进行沟通交流,使得父母对孩子的教育过程轻松而又富有意义。其次,家长也需注重加强与学校间的互动,了解青少年成长过程中可能会遇到的问题,利用家庭教育的优势资源与学校相互配合,形成积极的"家校合一"的教育模式,来培养青少年良好的道德素养和道德观念,进而提升青少年的道德认知能力。

(三) 激励青少年进行自我道德教育

苏联教育学家苏霍姆林斯基(Sukhomlinskii)曾经说过:"真正的教育是一个人的自我教育,只有激发学生主动进行自我教育才是最好的教育"。[1] 道德教育也是如此,只有通过激励青少年主动进行自我道德教育,加深对于道德观念的体悟与内化,才能在社会生活中自觉实践道德行为。成功的家庭道德教育可以帮助孩子建立自我道德教育的能力,把道德教育的权利赋予青少年自身,从而有效地调动青少年的主观能动性。家长要把青少年当作独立的个体

---

[1]　[苏]苏霍姆林斯基:《给教师的建议》,杜殿坤编译,北京教育科学出版社1984年版,第204页。

来看待,鼓励他们积极参与道德行为活动,让孩子切身体会道德行为过程,当他开始主动参与,自我反省,他的道德主体意识会自然产生。同时,家长要引导孩子学会反思,并对自己的行为进行自我评价,当孩子在进行自我道德评价时,他会意识到自己的不足之处或者为自己不当的行为而感到内疚,这时家长可以根据这一具体的道德事件和青少年讨论、交流以此引导青少年形成正确的价值判断。最后,适当的赞美和鼓励是对青少年良好道德行为习惯的强化,也是青少年进行自我道德教育的信心来源。青少年自身所做的道德抉择是自我道德认知的体现,也是他自身对于行为评价后的反思。家长要给予青少年情感温暖和支持,以此激励青少年进行自我道德教育。

三、构建完善网络德育体系,提高青少年网络道德水平

青少年需要学校和家庭的共同培养,家长不能因为把孩子送到了学校,就认为自己在教育孩子方面没有责任。家庭教育和学校教育是促进青少年健康成长的两大基石。只有家庭与学校有效配合,才能有利于青少年的发展。青少年的健康成长,不仅是学校的责任,也是家庭的责任,更是社会的责任。形成学校、家庭、社会"三位一体"的道德教育体系,显得尤为重要。

在学校,教师要做到为人师表,坚持学习网络道德方面的相关知识,在课堂与学生活动之中,引导学生树立正确的网络道德观念;而家长,也需要不断学习、更新自己的知识,在生活的方方面面做好表率,帮助学生树立正确的道德观念。随着互联网新技术的兴起,很多班级拥有自己的微信群或其他家校联系平台,家长和教师能够随时了解学生的情况,便于家庭教育与学校教育的融合,建立家校一体的合作机制,根据学生的情况,及时作出回应,调整教育方法。社会要给家校教育提供必要的保障,规范网络失范行为,加强互联网从业人员监管,给青少年提供绿色的网络空间。因此,构建完善网络德育体系需要社会、学校、家长三方合力,共同做好青少年的网络道德教育。

四、加强健康网络文化建设，增强青少年道德思维能力

我国互联网行业发展迅速，且网络技术更新速度快，而道德规范的建立需要一定时间的积累，具有滞后性，所以在网络监管方面还存在一定的漏洞。一些不法分子利用监管的漏洞，传播不良视频、言论等，严重影响了青少年学生的思想和行为。个人的网络道德规范大多依靠于现实道德规范的约束，而青少年正处于一个发展的阶段，自律性较为欠缺。近年来，中央网信办、中央文明办会同各地各部门也把网络文明建设摆在网信工作和精神文明建设的重要位置，网络文明建设顶层设计逐步完善，党的创新理论网上传播入脑入心，网络空间文化培育创新开展、道德建设蔚然成风、行为规范更加完善、生态治理有力有效，各方面工作取得积极进展和明显成效。我国当代青少年由于接触网络较早，且网络在他们的学习和生活中扮演着十分重要的角色，因此，完善相关的网络道德规范势在必行。

正是因为网络监管方面的漏洞，我国互联网从业门槛较低，一些网吧老板擅自允许未成年人进入网吧，对青少年的身心发展造成了不良的影响。同时一些不良网站利用监管的空隙，频繁更换网址逃脱法律的约束，在网络空间平台散播不良信息，严重影响青少年的思想健康发展，所以提升互联网从业人员的职业素养，也显得尤为重要。

政府要根据网络的独特性和青少年的发展特点，对现有的法律法规进行修改、补充和完善，规范网络环境，采用网络实名制来规范网络失范行为。加强网络信息审查和监管，引导正向舆论。对于互联网上出现的新型方式要及时研讨，避免规范化举措的严重滞后性，及时更新网络规范化行为，确保网络可管可控。政府还需加强网络执法队伍的培训与监督，建立强有力的网络执法队伍，不断培训、更新执法队伍的专业素质，学习最新的网络道德规范法。同时提高互联网从业门槛，强制性要求从业人员学习相关法律法规。政府也要加强与学校的联系，促进政府相关政策的规定在学校和青少年群体中的贯彻落实。

第五章　青少年网络道德情感及培育

网络社会生活丰富多彩,各种网络社会行为影响着青少年。青少年的网络道德行为既受到道德认知发展的影响,也受到网络道德情感的影响。道德养成是一个知、情、意、行统一的过程,有必要引导青少年积极地进行网络道德学习,提升网络道德素养,提高网络道德认知,陶冶道德情操,形成健康、积极、美好的网络道德情感,充分发挥网络的正能量。本章主要围绕青少年网络道德情感的现状及其激发与培育策略来阐述。

第一节　网络道德情感的特点与功能

新时代的中国青年,更加自信自强、富于思辨精神,同时也面临各种社会思潮的现实影响,不可避免会在理想和现实、主义和问题、利己和利他、小我和大我、民族和世界等方面遇到思想困惑,更加需要用敏锐的眼光观察社会,用清醒的头脑思考人生,用智慧的力量创造未来。《新时代公民道德建设实施纲要》强调,要"激发人们形成善良的道德意愿、道德情感""丰富道德体验、增进道德情感",推动道德实践养成。可见,道德情感在青少年道德建设中的重要作用值得关注。应重视青少年道德情感的积极作用,让道德规范成为青少年的自觉追求,让道德行为成为青少年的自觉需要。

一、道德情感与网络道德情感

(一) 道德情感

道德情感是道德主体在进行道德判断时产生的爱憎、好恶。道德是人们为了自身生存和发展而形成的大家都认同的准则规范,它能够使人们的生活更加和谐。① 由此可见,道德作为一种行为规范,维护着人类社会的安定与幸福。情感是每个人不可或缺的,它具有自己的独特性与主体性。从古至今对于情感的描述非常丰富,东方有惰性说、情欲说,西方有需求说、体验说,不同的观点有不同的侧重。目前学界较为一致的观点是:情感是主观需求与客观事物之间关系的反应,是人们对客观事物态度的反映。根据个体的需要和社会的发展,情感一般可以分为自然情感和社会情感两大类,自然情感是自发形成的,受后天教育影响较小,主要有满足感、舒适感、归属感等,而道德情感属于社会情感,受后天教育的影响较大,是个体心理中重要的组成成分。

道德情感是情感的一种,也是人类独具有的一种高级的社会情感,个体在社会中生活,自然会产生这种情感。因此道德情感的问题自古便得到很多学者、研究人员的关注。不同的研究者从各自的领域出发,给道德情感赋予了各种定义。因为道德情感的定义仁者见仁,智者见智,为了赋予其适当的内涵,不妨从最初道德情感的产生一步一步斟酌。

道德情感最初是孕育在传统哲学之中的。德国哲学家康德曾对"道德情感"先后做过多种定义,认为道德情感是"一种无法分解的关于善的情感",是"对于出自个体的行动与义务法则相一致或者相冲突这种意识的愉快或者不快的易感性"。瑞士学者皮亚杰曾提出,道德情感是儿童道德行为的内在动力,只有产生一定的道德情感,才会迸发出相应的道德行为,同时,也是儿童形

---

① 朱小蔓:《情感德育论》,人民教育出版社 2005 年版,第 33 页。

成道德信念,养成良好习惯不可缺少的一个部件。苏联学者赫尔曼·赫尔姆霍兹(Herman Helmholtz)认为,道德情感是道德信念、精神力量的心脏与血肉。在中国的古代,情感也未能从道德概念中脱离,道德与情感总是被连在一起讨论。儒家的思想核心"仁"便是道德条例中最高的原则。孔子提出"能行五者于天下者为仁";孟子也认为一个仁人应该具备恻隐之心、羞耻之心、辞让之心和是非之心;董仲舒扩充了"仁、义、礼、智、信",这一五常也是中华传统价值观中的核心内容。从以上中外道德的相关发展可以看出,道德情感确实是隐匿在传统哲学之中,只是当时并没有真正的提出道德情感这一名词。

20世纪90年代,学术界发生了情感研究革命,这一革命,开启了特殊的研究方向,直到此时道德情感的概念、内容、功能和结构等才被真正的拿来讨论。道德心理学家乔纳森·海特(Jonathan Haidt)认为道德情感必须是连接他人或社会利益与幸福的情绪,对此,他列出了四种道德情感体验。第一,因为违反了别人的道德规范而产生的情感体验;第二,因为自己的某些行为举止给别人或者社会带来了有利的或者不利的影响的情感体验;第三,他人的不幸经历给自己带来的情感体验;第四,他人的善举或者某个伟大的行为给自己带来的情感体验。道德情感是伴随道德行为产生的内心体验,是个体根据已有的社会规范对事与物如他人或自己的言行举止作出评价时产生的一种情感体验,当评价的对象符合社会规范时,便会产生正向的情感体验,如赞赏、敬仰、欣慰等,当评价对象不符合社会规范时,便会产生负向的情感体验,如自责、羞耻、嫉妒、仇恨等。李建华教授比较了传统的情感和道德情感的区别后提出,道德情感作为情感的一部分,具有一般情感所共有的特点,但另一方面,它也有自己的独特性。道德情感是与后天教育相联系的,具有一定的社会性,所以应该与其他的社会情感相关联,因此可以从心理、生理外加社会三个方面来解释它的内涵。就像众多学者所说,道德情感的本质来源于需要。亚伯拉罕·马斯洛(Abraham Maslow)指出人们具有五大需求:生理的需求、安全的需求、社交的需求、尊重的需求和自我实现的需求。随着社会的发展,时代的变革,这些需求不断演变成人们内心自觉遵守的规则,这些规则也顺势转化形成了道德需要。"一个人所具备的对道德需要的情感体验程度,反映了他对道德生活的基本态度和精神世界的面貌,反映出他的人格个性特征"①。道德情感与普通情感最大的区别就在于它更多的是人们社会道德的生活内容在个体心理上的反映。

通过对国内外学者道德情感研究成果的梳理,不难发现一个共性,即道德情感与社会的联系很密切。道德情感不仅仅是个体以自己的逻辑认知为前提开展活动,更是以社会性认知为前提基础。道德情感不仅包含感性的情感经验,还包含理性的情感经验,具有智性的一面,是受道德理性调控的产物。也就是说,道德情感是个体品德结构的一部分,它以一定的道德认知为前提,通过社会道德规范和自身的理性良知来调控,是在应对道德关系和道德活动时产生的内心感受,是一种心理上的高级体验。这种体验与自己所持有的道德评价标准协调统一,进而产生一定的道德行为。可见,道德情感是道德认知与道德行为间的关键变量,道德认知和道德情感共同影响道德行为。关于道德情感的概念,要把握三个条件:第一,道德情感是道德取向与社会取向的结合;第二,道德情感是道德认知和道德社会规范共同作用的结果;第三,道德情感的对象是社会道德关系和社会道德活动。

(二) 网络道德情感

网络道德情感是随着时代的发展衍生出来的一种新的道德情感。网络视频、网络直播、网络游戏、网络文学和网络音乐中的情感倾向会直接影响到青少年的网络道德情感和网络行为。通过激发同情和爱等积极道德情感,纾解与转化愤怒和恐惧等消极情感,可以发挥道德情感的目的性、意向性和价值性,发挥其正面作用,有助于青少年自觉把社会道德规范内化于心、外化于行。

---

① 李建华:《道德情感论——当代中国道德建设的一种视角》,北京大学出版社 2011 年版,第 70 页。

由于网络道德情感的复杂性,学者们对网络道德情感的定义也莫衷一是。国内学者袁晓琳这样定义网络道德情感:网络道德情感是对网络道德关系和网络道德行为好恶的态度体验。[①] 网络道德情感是基于网络道德主体对网络道德原则和规范的自觉认同与履行,包括对遵守网络道德原则和规范的言行的喜爱之情以及违反原则与规范的厌恶之情。

笔者认为网络道德情感是一个复合型词汇,由网络和道德情感组成。前文阐述了道德情感的定义,即以一定的认知为前提,通过社会道德规范和自身的理性良知来调控,在应对道德关系和道德活动时产生的内心感受。因此,网络道德情感是个体在进行网络生活时产生的一种道德情感,它需要道德认知和社会规范的综合作用,比较特殊的一点是网络道德情感遵循的是网络社会规范,对象也是网络交往道德关系和网络交往道德活动。

二、网络道德情感的类型

网络道德情感的内容包括很多,根据不同的标准又可以划分成不同的表现形式。其中,海特对道德情感的划分得到了学术界的广泛认可。海特将道德情感分成四个大类:第一类是对他人谴责的情感如厌恶、愤怒等;第二类是自我意识的情感如羞耻、责任等;第三类是为他人痛苦的情感如移情、怜悯等;第四类是为他人赞颂的情感如崇高、感戴等。道德情感的内容十分丰富,在此,结合网络生活,选取较为典型的网络道德情感进行阐述。

(一) 网络道德愤怒

愤怒是一种先天的、适应性的应对威胁的方式。从愤怒的产生来看,愤怒是一种反应性情绪,由他人的侵犯行为所引发。道德愤怒作为愤怒与道德结

---

① 袁晓琳、肖少北:《中学生网络道德的实证研究》,《教学与管理》2017 年第 30 期。

合的形式,意指自我、道德被侵犯或他人遭受不公时的愤怒。① 是一种社会道德情感,是个体因为他人违背了道德规范而产生的一种情感体验,道德愤怒的体验更多的也是与不道德或不公正事件相联系的。② 耶鲁大学计算社会心理学家威廉·布雷迪(William Brady)认为,"随着时间的推移,由于得到了社交媒体设计好的奖励,一些人学会了表达更多的愤怒"。这些愤怒表达了对不公正行为的不满,其本身包括对普遍道德原则的认同与维护,以及对失道、不义行为进行恢复性纠正和改善的意愿。

道德愤怒具有可塑性,是能够受到社会规范塑造的,此外,也可以通过个人的意志力和自我修养来调整。对不公正、不道德行为表达出恰当的愤怒并不是一件坏事。艾伦·吉巴德(Alan Gibbard)认为愤怒感是道德塑造的工具,可以用来探测、预测和执行道德规范。愤怒能够帮助个体强化正确的社会道德规范,勇敢面对网络生活中的不正当现象。个体之所以产生如此强烈的道德愤怒,是因为他人的不道德行为违背了道德标准和道德规范,反之,如果他人的行为没有违背道德标准,便也不会产生所谓的愤怒。当个体产生道德愤怒时,需要先对自己愤怒的理由进行反思,如果确定是对方社会行为不当时,道德愤怒便是个体追求社会规范的有力助手;如果确定愤怒是因为某些错误理由时,反思的过程便是个人完善社会道德品质、实现自我提升的过程。

在"后真相"时代,雄辩胜于事实成为社交网络传播的显著特征,真相往往滞后于情感。愤怒情绪有很强大的传播力量,过激的道德愤怒会导致个体实施过激的行为,引起网络暴力等现象,给社会和个体身心带来不良的影响。青少年正处在自我意识高度发展、情绪波动大的时期,道德感正日益丰富和深化。愤怒情绪弥漫的网络中,青少年更容易冲动作出非理性决策。因此,要注重对青少年道德愤怒的引导,理性制约下的道德愤怒才是青少年网络生活所

---

① 王迪、高德胜:《道德愤怒:愤怒与道德结合的可能性及其可教性》,《中国教育学刊》2020 年第 6 期。

② 陶涛:《论"愤怒"的道德地位》,《伦理学研究》2020 年第 2 期。

需要的。

（二）网络道德责任感

马克思曾经说过：人不是单个人，而是一切社会关系的总和。[1] 个体总是与他人在不断地发生着关系。人与人之间的交往以及社会的发展都会涉及责任问题，而这种责任是每个人都无法回避的，责任不能自发完成，需要依靠个体的行动，只有个体形成良好的责任感，才会去执行肩负的责任。责任感包括对自我的、对他人的、对社会的责任感，从本质上就是要利己、利他人、利社会。网络虽然不是现实社会，但是要维持其良好的运行，也需要一套网络责任体系，需要每个参与者拥有网络责任感。网络道德责任感是人们在网络世界里展现出来的个体能够对自己和他人承担责任的一种态度，主要是通过文字和符号来表现。[2]

首先，网络自我责任感是指个体在网络生活中，要仔细观察，对信息有一定的筛选能力，能够自觉选择需要的信息，剔除垃圾信息，抵制这些不良信息对自己的影响。据相关社会报道，部分青少年长时间沉溺于网络世界，花大量的时间玩游戏、聊天，这可能导致异常的行为和心理。[3] 在"人人都有麦克风"的网络时代，海量的网络信息、纷繁的文化生态、多元的价值取向使个体的道德情感体验不足，面对不良网络行为时，并不会产生内疚。所以，更要培育青少年的网络自我责任感，做网络的主人，而不是网络的奴隶。其次，网络他人责任感，是指不利用网络去攻击他人、谩骂他人，不损害他人的利益。个体自我意识的发展往往会引起个体忽略他人的诉求，忽略自身的责任，尤其是在网

---

① 王晓朝、刘伟：《从"对象性活动"到"现实的个人"——马克思关于人的本质认识过程的文本学探析》，《河北学刊》2017年第5期。
② 李良俊：《新媒体环境下大学生网络责任感的培养》，《学校党建与思想教育》2015年第17期。
③ 解登峰：《情感教育视角下青少年网络社会责任感培养》，《中国教育学刊》2017年第6期。

络这种虚拟的道德环境中,更容易作出攻击他人的行为。最后,网络社会责任感要求个体应当把整个网络世界的价值取向视为自己的价值取向,处理好绝对自由与相对自由的关系。网络社会虽然没有一个真正的中心,但也正是因为这样,网络社会中的每个居民可以视自己为中心,这样的后果便是使自己真正的社会角色淡忘,忘记自己的社会责任感,从而作出对社会不利的行为。

互联网社会时代,经常有报道报出青少年沉迷网络,侵犯他人知识产权,散布谣言引发社会恐慌等消息,对青少年的身心发展以及道德观念的塑造都极为不利。因此,应该加强青少年的责任意识,树立正确的、健康的网络道德责任感,做到对自己负责、对他人负责、对社会负责。

(三) 网络道德羞耻感

耻感文化是以儒家为中心的东方文化圈所特有的文化形态,它将荣辱作为生命中至关重要的文化价值,作为人生价值的基本标准和社会控制的最基本、最重要的工具。"耻"即指因个体言行的过失而引起的羞愧之心。羞耻感是个体因为做了不符合社会规范的事情时产生的内疚感受,是人类特有的高级情感。道德羞耻感有三个特点:第一,羞耻感与个体意识紧密相连,只有出现了个体意识,才会产生羞耻感,也就是说,羞耻感是在个体自我意识发展过程中诞生的;第二,羞耻感是个体不满于现状,想要寻求更理想的发展而产生的,是追求善的结果;第三,羞耻感是个体根据自身的道德标准作出选择和判断能力的结果。伴随互联网的普及而出现的网络羞耻感,是道德羞耻感的一部分,是特殊与普遍的关系。孟子说过,"无羞恶之心,非人也","羞耻之心,义也",康有为说过"如无羞耻之心,则无事可成"。① 可见,羞耻感是个体健康成长所必须,是个体品德培养所必须,知耻是促进个体发展,维护社会稳定

---

① 朱熹:《四书章句集注》,上海古籍出版社 2007 年版,第 165 页。

的重要因素。

网络羞耻感是道德羞耻感的特殊形式,网络羞耻感针对的是网络世界中产生的情感。因为网络世界的虚无缥缈,社会道德与世俗伦理在网络面前遇到了巨大的挑战。网络世界充斥着各种负面信息,抄袭、诽谤、谣言、侵权现象层出不穷,每个上网的人都是网络道德的形成者,也是网络道德的受影响者。如果青少年长期处于不健康的网络环境下,难免会受到负面影响,所以维护健康网络环境,建构良好的公共道德秩序,构筑起抵制不良信息的"防火墙",培育青少年羞耻感意识,网络道德和谐的春天才不会远。

(四) 网络道德移情

移情,原本是美学中的一个概念,指主体在观看客体时,主体与客体之间的情感产生了融合的现象,然而美学中的移情和道德移情不太一样。心理学中的移情是人的一种特质,即个体能够以他人的立场去考虑问题,进而体验到他人情感的能力。移情水平低的个体,在活动中较难感受他人的情感和需要,移情水平高的个体,能够相对轻松地体验到他人的情感。这是一个替代性的情绪反应能力,是个体能够以他人为中心,识别和接纳他人的观点并亲身体验他人情绪的心理过程。

道德移情是指一个人对他人所处情境的内心道德感受。网络道德移情是指个体在网络道德范畴内的移情,也就是个体在面对网络道德情境时,能够动用自己的道德认知,换位思考,体会他人情感,针对他人的情感衍生出的一种替代性情绪体验,本质上是主体对客体在情感上的一种理解和同情。网络道德移情和移情也是特殊与普遍的关系,是个体在社会交往中不可或缺的,只不过移情感所包含的内容更加丰富,而网络道德移情感只是网络道德方面的移情能力。

20 世纪 80 年代以来,对外开放程度越来越高,国外的文化以及价值观也在不断向国内传输,随着互联网迅猛发展,人们的价值观在不断受到各种冲击,部分人群在面对网络道德选择的时候,更加倾向于利己或者所谓的佛系,秉持"各扫门前雪,哪管他人瓦上霜"的态度进行决策,而忽视了网络社会道德规范。道德滑铁卢、道德冷漠现象频频发生,越来越多的青少年表现出对亲人、老师和朋友的冷漠,在网络世界里表现出更多的利己主义。青少年是祖国的花朵、未来的栋梁,要加强对青少年道德移情的训练,使青少年在网络世界里也能准确地体验他人的情感,减少网络伤害事件的发生,促进亲社会行为的产生。网络道德移情的培养,将是学校德育工作的重中之重。

(五) 网络道德崇高感

网络道德崇高感,是个体看到或听到他人以特别值得称赞的,甚至是超乎寻常的方式实施网络道德行为时产生的一种积极道德情感。[①] 最初的崇高是审美情感中的一部分,随着社会的发展,崇高感实现了向道德情感的变迁与转化。崇高感常常伴随有以下五种感觉:希望有更多这样的行为;对这种行为的出现表示惊讶;谦卑地认为自己无法达到;崇高行为是开放性的;崇高行为是自发性的。海特认为他人的感激、慷慨、慈善、自我牺牲以及其他的美德行为都会激发个体产生崇高感,同时带来一定的生理反应,并进一步使个体产生想要模仿的冲动,使个体想要成为同样优秀的人,能够实施同样优秀的行动。因此,道德崇高感是对他人美德行为的情感反应。这种反应可以降低个体的自私感,使其真诚地对待他人,促进个体道德素质的提高,增加个体亲社会行为的实施概率。

作为一种见贤思齐的积极道德情感,大多数研究者认同道德崇高感能实现个体道德品质和行为的优化,对个体道德情感的构建发挥着重要作用。而网络是一把双刃剑,网络世界中既有各种各样令人称赞的美德行为事件,也有遭人唾弃的恶劣行为,家长和学校应当合理适时培养青少年的道德崇高感,利

---

① 郑信军等:《道德情感的研究趋向:从分立到整合》,《心理科学》2009 年第 6 期。

用道德崇高感来进行道德教育会比空洞的说教获得更好的效果。

三、网络道德情感的本质与特点

(一) 网络道德情感具有社会性与个体性

网络道德情感作为人类的一种情感,处于上层高级的地位。网络道德情感的对象是网络社会生活中的客体,与网络社会密不可分,是社会关系的一种体现。从本质上讲,它遵循着一定的网络道德规范,受社会道德标准调控,有明确的善恶标准。个人是网络社会中的居民,作为网络社会成员,即使有远大的抱负,即使有独具创新的想法,即使有特殊的情感想要表达,也要依据基本的行为准则来行事,要明白有所为有所不为。

网络道德情感具有个体性,它不仅仅是社会所要求的情感,也是个人所具有的情感。之所以说它具有个体性,是因为道德情感是主观的情绪体验,不同的人对同一件事可能会表达出不同的情感,比如对于疫情期间医生护士的奋勇身影,有的人可能会产生敬佩之情,有的人可能产生赞美之情,也有人可能产生内疚之情。即使人们产生的情感相同,在程度上也会有所差异,有的人可能会特别内疚自责,这种情感在长时间内无法消失,而有的人只是有轻微的内疚感,一天或者几天后便消失了。在网络道德情感的表达上,个体与个体之间也存在着差别,有的人喜欢用文字表达自己的情感,有的人喜欢用图片表达自己的情感,而另一些人可能喜欢用音乐表达自己的情感。正是因为网络道德情感社会性与个体性的交相呼应,才使得网络道德情感既拥有社会的普遍性,又拥有个体的特殊性,也正如马克思主义哲学所说,普遍性存在于特殊性之中,特殊性包含着普遍性,网络道德情感社会性与个体性的统一使网络世界更加丰富多彩。

(二) 网络道德情感具有稳定性与易变性

网络道德情感是在评价和判断网络道德行为和网络道德关系时,依据一定的道德理性产生的情感体验,它深深的蕴含在个体的心理结构之中,并且在以后的活动中反复的出现。网络道德情感一旦形成,便很难再改变。比如一个高移情能力的人,当他在网络上看到某人因疾病开展的募捐情况,便会毅然投出自己的一份爱心;当他人有求于自己时,也会欣然答应。这样的网络道德情感,是拥有稳定性与恒长性的。然而,当网络道德情感受到一定外部环境的刺激时,它会在持续稳定的基础上出现小幅波动,有时甚至会产生快乐与悲伤、厌恶与爱、喜极而泣、因爱而恨等两极化的情感体验,这反映了网络道德情感的可变性。随着意识形态的变化和社会关系的变化,社会主义荣辱观也比资本主义荣辱观更注重集体主义,强调每个人的责任,"只有在集体中,个人才能获得全面发展其才能的手段,也就是只有在集体中才可能有个人自由"。①

网络道德情感的易变性是建立在稳定性的基础之上的,而稳定性之中又潜藏着易变性。稳中有变,变中有稳,网络道德情感的稳定性维持着社会和谐统一,是个体良好品质持续的保障,网络道德情感的易变性又为网络社会道德生活增添了色彩,使个体体验到多姿的情感生活。

（三）网络道德情感具有理性与非理性

网络道德情感的理性是指网络道德情感的内容是理性的,它受到网络社会行为规范的监督,是以一定的网络道德要求进行的。网络道德情感作为一种高级的情感,总是对一定的道德行为和道德关系进行评价,而在数次的评价过程中,就逐渐形成了一定的价值观念和标准,这些观念和标准都是人们进行思考后的结果,也就是道德理性。道德理性教会人们要超越自己的喜好,超越自己的本能去作出判断和评价。所以就会产生积极的或消极的道德情感,因为,当符合自己的喜好本能时便会产生积极的情感,不符合自己的喜好本能时

① 《马克思恩格斯全集》第3卷,人民出版社1960年版,第84页。

就会产生消极的道德情感。所以道德理性是道德情感产生的一个前提,正因为有了道德理性,道德情感才算得上理性的。

虽然网络道德情感的内容是理性的,但是网络道德情感的形式却是非理性的。道德情感是一种情绪的反应,你需要表达出来,才能够真切地认知到这种情绪。道德情感的表现形式很多,主要是通过表情、动作来表达,网络道德情感的表现形式有自己独特的地方,由于网络的虚拟性,个体无法通过动作来表达,所以,网络道德情感主要是通过符号表情或者语音文字来表达,虽然形式不同,但是它们的属性都是感性而非理性的,人们行为的动机是情感,具有很大的盲目性和冲动性。

网络道德情感是理性的,因为它受到道德理性的制约;网络道德情感也是非理性的,因为它自身还存在着感性的成分,所以网络道德情感是理性与非理性的统一。

(四) 网络道德情感具有自我体验性和他人感染性

网络道德情感具有自我体验性,指的是当个体的网络道德需要被满足或者没有被满足时,个体本身能够体验到的感受和情绪。它不同于一般的情感体验,涉及的是网络道德需要而非其他的成长性需要,对于人类来说,这是一种更高层次的需要,产生的也是高层次的情感体验。网络道德情感的他人感染性,是指个体不仅仅能够察觉到自己因为道德需要被满足或没有被满足时自然而然产生的情绪,而且能够察觉到其他人的情绪。当然,网络道德情感的感染性是在网络道德情感显性行为的前提下存在的。正是因为网络道德情感具有他人感染性,才能够促进个体与个体之间的交流沟通,人与人之间的相互影响也逐渐扩大。

个体的情感不仅会影响自己的情绪体验,也会影响周围人的情绪体验,这种因为情感相互影响而产生情绪体验的过程便是情绪感染性的体现。情绪情感的感染性加上互联网的传播效应使得网络中的道德情感互相同化。网络道德情感的感染性主要是通过文字、符号、图片和视频等媒介进行传播,一个人可以通过这些工具在网络世界表达自己的道德情感,当他人看到这些时,便有可能会产生与个体相应的感受;反过来,当个体在网络世界查看到其他人表现的情绪体验,也会生成相似的道德情感。当道德情绪情感发生在网络情境中,个体往往在群体的情绪情感中逐渐趋于一致,进而聚合成群体情感。网络道德情感自我体验性和他人感染性的统一使得人与人之间情绪的共通成为一种现实,促进了网络中人与人之间的和谐相处。对网络道德情绪情感的产生机制有更多了解时,或许也能够更加理解互联网时代下的情绪情感生态。

四、网络道德情感的功能与价值

(一) 调整塑造道德价值观

网络道德情感能在个体形成道德价值观的过程中提供情感上的支持,使个体在网络生活实践中不断改善自己的道德价值观念,使自己的道德价值观念与网络社会的道德行为标准相符合。为了达到这些要求,个体必须要有正确的道德认识,但是有了正确的道德认识,也不一定会产生正确的道德价值观,还必须要有恰当的道德情感作为中介,来推动道德价值观的形成,从而进一步促使积极道德行为的产生,譬如正向道德情感责任感,就可能会形成强烈的责任价值观。所以说,恰当的道德情感牵引着道德认识,是道德认识到道德价值观乃至行为的桥梁。当个体实施的活动偏离道德轨道时,道德情感便会敲起响钟,使个体从内心认识到其行为是错误的,从而纠正个体的认知,形成深入人心的正确的价值观。举个例子,当一个懦弱个体的合法权益受到其他人的侵犯时,他的认知告诉他自己:"我是如此懦弱,还是不要追究为好"。但是他的道德情感却在激励他,强调要努力维护自己的合法权益。在这种情况下,即使是懦弱的人,也会形成"我要积极维护自己合法权益"的价值观念,进而跳出来维权。当看到有人在进行言语攻击时,道德责任感会激励个体去维护网络世界的和谐,制止不道德的行为,这就是一种积极正向的道德价值观。

在网络生活中,因为匿名性和去个性化,很容易发生利益冲突和价值观的冲突。当青少年面临这些冲突的时候,道德情感就会发挥其强有力的作用,指导个体以正确价值观来选择。因为道德情感里面包含着道德理性和自己的道德需求,所以个体在进行网络社会活动的时候,能够及时又准确地矫正有偏差的价值观念,塑造正确的道德价值观。

(二) 培养坚强的道德意志

道德意志指的是人们为了完成道德规范、道德原则或道德义务而表现出来的一种精神,这种精神能够帮助个体克服任务过程中的困难和障碍,是使个体果断作出抉择并持之以恒地完成任务的保障。虽然道德意志、道德情感和道德认知等都是道德品质心理结构的组成,但是他们之间并不是处于同等地位的。道德情感处于道德认知和道德意志的中间,从大量的现实情况可以看出,仅仅有道德认知并不能保证个体会作出道德行动,很多人在拥有道德认知的情况下,却因为缺乏道德意志而不能作出道德行为。当个体有了要做某事的道德认知,还必须要有积极的道德情感作用在道德信念上,进而产生道德意志,在道德意志的帮助下,完成积极的道德行为。道德信念,是指个体对某种道德认知所产生的极度信任感,它能够给个体明确的行动目标和动力,告诉个体应该怎么做才能够正确地满足自己的道德需求。道德情感鼓励个体以自己的信念为准则来判断事物的价值,判断该事件需不需要自己付出意志来完成。所以,道德情感能够使个体亲自体验到自己的道德需求,并且是道德意志产生的动力保障。

(三) 践行积极的道德行为

在网络生活中,经常可以发现,很多人自觉或者不自觉地作出不道德的行为,如造谣、谩骂、欺诈等。之所以作出这些行为,一方面因为没有获得相应的道德知识，另一方面就是明知不可为而为之。个体拥有一定的道德认知，能够意识到其行为违反网络道德行为准则，但依旧去实施，这是缺乏道德意志的表现。在道德认知向道德行为转化的过程中，道德情感起着催化剂的作用。社会道德规范主要是通过他人的舆论监督和自己内心的认可来实现对个体行为的监督，社会舆论的监督究其本质，也是通过人内心的道德情感实现的。比如，社会都在谴责某人的自私自利，但是该个体并没有很强的道德羞耻感，那么此时社会舆论起到的效果就是微乎其微的，反观一个道德羞耻感很强烈的个体，社会上极轻微的舆论便会激起他的道德情感，相应对自己道德行为进行改正的概率大大提高。即社会道德规范需要通过个体的道德情感才能发挥效果。当然，道德情感具有两极性，积极的网络道德情感使人们产生愉快的情感体验，促进积极道德行为的产生；消极的网络道德情感使个体感到焦虑悲观，从而产生消极道德行为，甚至作出违法犯罪的行为。所以，网络道德情感是个体实施道德行为的中间机制，德育工作者应教育学生克服负面道德情感，在恰当道德情感的作用下，作出更多的积极行为。

（四）增强德育效果

20 世纪，网络并不是很普及，全球在教育方面似乎也都只注重线下的理智教育，道德教育一直未能进入人们的视野。现有的道德教育也鲜有涉及网络世界的道德，教育的成果也没有那么显著，理智教育持续占领着教育界的龙头地位。人们认为，只有高理智的人才才是社会所需要培养的，所以要不断地给学生输送理智知识，进行推理判断和实践技术的训练，完全忽略了道德情感的表达和形成等方面的训练。在这种理智教育主导的教育模式下，道德教育的内容仅仅局限于一些必备道德知识的传递，以及相关道德观念的塑造，而对于人的情感需求涉及甚少，这种教育模式只会让社会道德成为束缚个体的牢笼，并不能让个体从心底里遵从道德，获得真正的道德自由。

随着时代的发展，人类的进步，道德情感的教育获得人们的关注，大中小学校更是成了道德情感的培养基地。互联网的发展,使得学校的道德教育不仅仅局限于现实道德情感教育,也开始涉及网络道德情感的培育。评判一所学校的道德教育成果如何,主要是看学生们的道德行为实施情况,也就是个体的道德认知能多大程度转化为道德行为。如前文所说,道德认知到道德行为的转化,需要有道德情感的参与。没有道德情感的作用,这一转化就很难实现。在传授道德知识的时候,道德情感会使个体选择那些与自己道德情感一致的知识,将这些知识转变为道德价值观念,进一步转化为自己的道德行为。可见,道德情感决定着个体道德行为的实施情况,而道德行为的实施情况是高校道德教育成果的量化体现,即道德情感在促进道德教育效果上有一定的作用。

第二节　青少年网络道德情感研究新进展

由于道德情感的复杂性和青少年阶段的特殊性,青少年网络道德情感的研究值得关注。本节围绕青少年网络道德情感的现状、影响因素以及一些实证研究进行阐述。

一、青少年网络道德情感的研究现状

(一) 网络道德情感的研究内容

通过查阅和梳理网络道德情感的文献资料发现,目前对于网络道德情感的研究主要是网络道德情感结构分析和某一具体道德情感的分析研究。

在网络道德情感的结构上,有学者通过探索性因子分析和验证性因子分析将网络道德情感划分为正直感、关爱感、爱国感和责任感四个因子;有学者以相关理论为基础,辅以实证调查分析确定了网络道德情感分为四个维度,即责任感、向上感、正义感、羞耻感;也有学者认为道德情感包括愤怒、厌恶、羞愧等消极情感和崇高、自豪、敬畏等积极情感;还有学者认为道德情感包括人与自然、社会、他人和自我四个方面的关系,细分就有爱国感、荣誉感、责任感、友谊感等。海特根据情感内在关系将道德情感分为四大类,即对他人谴责情感、自我意识情感、为他人痛苦情感、为他人赞颂情感。目前关于网络道德情感的结构研究大多都是从网络道德素质方面进行论述,在未来,多维度、多层次的网络道德情感结构探索会占据主流。

网络道德情感的结构是多维度、多层次和复杂的,学者们除了从宏观层面对道德情感进行整体的结构探索,也从微观层面对某些具体的道德情感进行深层次的研究。目前虽然关于道德情感的具体研究已经很多,但是将道德情感放在特定背景下如网络环境下的研究尚不多。

（二）网络道德情感的研究方法

目前对于网络道德情感的研究主要采用理论思辨、问卷调查和实验研究等方法。

有学者以西方道德情感主义论中的移情为研究对象,用理论思辨的方式论述了移情在道德情感论中的作用,探讨了不同理论体系对移情的理解,强调了道德情感对道德建设的重要意义;有学者从需要理论的角度出发,提出青少年是具有多方面丰富需求的个体,尊重和满足青少年的正当需求,预测和化解青少年的不正当需求,才能增强青少年道德情感教育的针对性和有效性。刘思义等从道德学习的理论和模式出发,提出道德学习是在青少年的生活实践中逐步积累经验,通过陶冶自己的道德情感、磨炼自己的道德意志,最终将知情意三者结合,才能优化自己的道德行为。①

问卷调查是研究者们常用的方法,调查问卷有国内研究者自己编制的,也

---

① 刘思义、桑青松:《青少年道德学习的自治模式与共治模式探究》,《现代中小学教育》2019 年第 1 期。

有翻译国外学者的。国内编制问卷有《中国大学生道德情感问卷》①以及《责任感问卷》等,分别用于对当代大学生道德情感现状和个体自我责任感进行实证调查;翻译的问卷有《同情心量表》以及《中学生羞耻感量表》等,用于测量青少年同情心以及青少年羞耻感与个体应对方式之间的关系。从学者使用的工具中可以发现,关于道德情感量表的使用集中在某几个具体的道德情感上,缺少从整体角度上对道德情感进行测量评价的工具。

部分学者使用实验的方法对道德情感进行了研究。如利用行为实验范式研究感戴水平不同的个体对道德判断产生的影响,为个体的道德情感教育与干预提供了一定的参考;通过实验设计来诱发个体产生积极道德情绪和消极道德情绪,探讨不同的道德情绪对个体道德判断是否存在影响;采用道德两难故事范式探查内疚感对个体道德决策的影响;利用社会两难情境和积极任务分配范式探讨羞耻感。总的来说,利用实验的方法得到的结果客观而真实,但是在操作上也具有一定的难度。

(三) 网络道德情感的研究成果

通过查阅和梳理网络道德情感的文献资料发现,目前对于网络道德情感的成果主要集中在网络道德情感与教育的研究上。

美国心理学家卡尔·罗杰斯(Carl Rogers)强调过道德情感教育对教学的作用。在教学过程中创造一个互相尊重的情感氛围更利于学生形成积极向上的态度,对于培养学生的道德人格具有重要的作用。网络道德情感在青少年道德品质的形成中起着关键的作用,它能够引导青少年实施相应的行为,例如积极的网络道德情感能促进青少年亲社会行为的产生,消极的网络道德情感会使青少年产生道德失范的行为。网络环境具有特殊性,道德价值观在形成的过程中受到道德情感的催化,而学生作为道德主体,他们的道德认知、行为、

---

① 卢家楣等:《当代大学生道德情感现状调查研究》,《教育研究》2016年第12期。

意志在很大程度上都是会受道德情感的影响,不同道德情感作用下会有不同的行为反应。因此在教育学生的过程中要加强网络道德情感的培养,提高他们的网络道德需求,加深对网络道德价值的体验。在道德情感教育的内容上,要教会学生爱、尊重、关心、同情、宽容、勤劳节俭和文明礼貌。在道德情感教育的策略上,可以利用青少年网络道德情感的积极作用,做到"以理服人、以礼孕情",因为,他人高尚的行为示范是激发学生道德情感的导火线。这些研究成果为青少年网络道德情感的培育工作提供了借鉴与参考。

二、青少年网络道德情感的影响因素

(一)社会因素

青少年在社会环境中成长,不管怎么样都离不开社会这个培养皿,个体的道德品质是在社会环境的影响下逐步形成与发展的,社会打造了个体。虽然青少年并没有很深入地踏入到社会之中去,没有过多的社会经历,但是,不能否认社会环境也会在一定程度影响到青少年的网络道德情感。当然,这种影响可能是积极正面的,也可能是消极负面的,即便如此,所有的这些都被印上了时代的烙印。

现如今的社会是一个开放的社会,也是一个多元的社会,互联网技术的蓬勃发展,使得青少年能够接触到更多的价值体系和文化内涵。但是这些并不全都是有利于青少年道德情感正向发展的内容,一些不良的如冷漠、利己、享乐、随波逐流等价值观会阻碍青少年道德情感的发展,而且青少年的辨认能力还很薄弱,如果放任不管,不对他们加以引导,青少年很容易受到这些不良社会风气的影响,这些相互冲突又并存的观念阻碍了青少年网络道德情感的发展。因此,有必要对网络社会环境的不良信息及时净化,尤其是廓清法律层面与道德层面之间的灰色地带,既倡导维护受众知情权和言论自由权,又引导网络内容以社会主义核心价值观为导向,反映新时代中国特色社会主义建设的火热实践和中国人民昂扬向上的精神风貌。以此营造和谐的社会环境,保障青少年网络道德情感的健康发展。

(二) 家庭因素

青少年的成长离不开家庭的影响,无时无刻都受着家庭成员、家庭环境的熏陶。父母与青少年朝夕相处,他们对青少年的教育期望及言传身教都会使青少年在心理上形成认同,在行为上进行模仿。相对于其他主体实施的教育来说,家庭的教育更为直接。良好的家庭道德氛围会使家长和青少年更加关注这方面的信息,积极性也更高,也能够从侧面提高学校教育的效果。其中,影响青少年网络道德情感的具体因素之一便有父母对青少年的教育方式。现今青少年学习的压力越来越重,很多父母为了让青少年在各方面不输给其他人,在青少年学习主要文化课程外,课后也让青少年去学习各种知识技能。此外,部分家长在青少年学习的过程中,只关注成绩的高低而忽略了青少年的心理需求,忽略了青少年的情绪情感,这样的教育方式只会让青少年成为一个学习的机器,使他们的道德情感枯竭,缺乏相应的责任感和同理心。除此之外,特殊家庭如贫困家庭的青少年,因为自己家庭的特殊性,很容易产生自卑感,在学校和社会的生活中显现出更多的孤独感。对于部分将自己寄托在网络的虚拟世界中以寻求存在感的青少年群体,家长要进行合理的教育,使他们感受到家庭的温馨,减少青少年内心的敏感,从而增加他们正向道德情感的体验。

(三) 学校因素

当今世界,教育界不合时宜的教育模式使得许多教师只看重青少年的学习成绩,部分活动充斥着形式主义,脱离社会实际,忽视青少年其他方面尤其是道德情感上的培育,对于道德的教育,仅仅只是道德认知、道德原则等理论上的介绍。目前很多青少年出现了一种情况,即拥有着丰富的道德知识,但是却严重缺乏道德情感的体验,情感与认知之间产生分离,道德情感冷漠化现象时有发生。另一方面,教师是培育青少年网络道德情感的主体,但是由于自己的生活压力以及受到社会市场经济风气的影响,一部分教师本身的道德情感素养便没有很深,并没有把对青少年的道德情感培养放在重要的位置上。相反,他们为了追求自己的利益,把大量的精力投放到教育以外的事情上去,导致当青少年来咨询道德情感问题时只是敷衍应对或没有能力应对,或者当青少年出现道德情感偏离正轨的情况时,也没有及时引导青少年,帮助其解决问题。

(四) 个人因素

马克思主义认为,个体具有主观能动性,能够有目的地、有计划地、主动地实施某些行动来达到某种目的。相关的调查研究显示,青少年对于网络道德情感这部分有着比较充分的认识,个体的自我意识也趋向成熟,而自我意识的成熟,是个体参与社会活动、认识自己、完善自己的一个前提保证。"青少年可以通过自我意识将社会的准则内化为主观需要,以克服某种消极的人生观,确立积极合理的人生观"。[①] 除了个体的自我意识会在一定程度上影响到青少年的网络道德情感,青少年的实践活动与情感体验程度等对网络道德情感的发展也有不可忽略的影响。但是,青少年的主要活动只有学习,他们长期生活在校园环境中,很难接触到其他的道德活动。年龄的限制和经历体验的不丰富使得他们的行动能力不足,种种因素致使青少年的网络道德情感只是停留在意识层面,无法深入到体验层面和行动层面,即使有少许的体验活动,也会因为不深刻而无法真正内化为自己的标准。因此,需要引导青少年把正确的道德认知、自觉的道德养成、积极的道德实践紧密结合起来,善于从中华民族传统美德中汲取道德滋养,从英雄人物和时代楷模身上感受道德风范,从自身内省中提升道德修为,不断修身立德,打牢道德根基。最后,关于青少年个

---

① 卢家楣:《青少年心理与辅导——理论与实践》,上海教育出版社 2011 年版,第 105 页。

人因素影响网络道德情感的实证研究中大部分都是集中在个人的年级和性别的讨论上,笔者觉得以后的研究可以拓宽视野,发现更多的关于个人的影响因素。

三、青少年网络道德情感的实证研究

(一)我国青少年道德情感现状调查研究

《我国青少年道德情感现状调查研究》是为数不多针对青少年的道德情感进行调查的研究。该研究在正式进行实地调查之前,利用相关的理论如关于道德情感的定义和结构等,再加上经验的推理和总结编制出适用于青少年道德情感调查的问卷以确保调查工具能够全面系统地测量青少年的道德情感,保证了研究的信度和效度。在问卷的编制过程中,卢家楣教授选取的对象是上海高中二年级、初中二年级和小学五年级的学生,编制出的初始青少年道德情感调查问卷共有 35 个题项、7 个因子,经过验证性因素分析等一系列操作获得拥有责任感、关爱感、爱国感和正直感四个因子的最终版问卷。

由于调查对象是全国青少年的网络道德情感,卢家楣教授以国家统计局颁布的全国地级以上综合实力排名为依据,采用分层随机抽样的方法选取了发达地区、较发达地区和欠发达地区共 117 所学校的 25485 名青少年进行调查。为了保证调查的严谨性,在分发问卷时采用的是亲自实地问卷的发放而不是委托调查,获得的数据当场收走,录入计算机。最终,得出的研究结论主要有:第一,青少年道德情感总体积极向上,但是仍然有进一步提高的空间。随着时代的发展,社会思潮的多元化,网络社会中关于青少年的"炫富女""烧钱男"等事件还是有所发生,社会也在不断关注着青少年道德情感的发展。这一结论的提出,使社会更加清晰地认识到当前青少年的道德情感情况,更加准确地看待青少年的道德情感发展,在给出正确评价的同时也鼓励青少年道德情感持续正向发展。第二,青少年道德情感发展不平衡。在爱国感和关爱感的得分中较高,表明青少年拥有较为强烈的爱国感,这与社会网络媒体的宣传和学校爱国教育的培养密不可分。反观责任感和正义感,得分不容乐观,青少年正义感得分低一方面是来源于外部,例如家庭成员、社会成员事不关己的行为对他们产生了影响,另一方面来源于青少年本身,也就是青少年某些特殊的需要导致个体不再实施应该的行为。责任感得分低显示出青少年对于责任道德情感的体会不是很深刻,没有养成为自己行为、为社会负责的意识,所以在以后的家庭教育中,家长要以身作则,在学校教育中,教师要重视青少年责任感的培养。第三,青少年道德情感在性别和学业自评上存在差异,女生的道德情感比男生道德情感得分高。这一研究结果也证实了吉利根所说的女性关爱指数高于男性;学业自评是一种自我评价,也就是说青少年道德情感还会受到个体对自己学业定位的影响,受青少年个体自我认知的影响。第四,青少年道德情感存在师生关系和教师有情施教的差异。调查结果表明师生关系越好,道德情感的水平也会跟着提高,有情施教教师的比例上升,青少年道德情感也逐渐提高。由此可见,学校教师与青少年道德情感之间关系密切,这对实施青少年情感教育有一定的启发作用。第五,青少年道德情感在其他方面没有明显的差异。这与以往的研究有所不同,正因为不同,也拓宽了后人对青少年道德情感研究的方向,道德情感具有复杂性和特殊性等特点,有必要对其进行更深层次的研究。

（二）道德直觉与网络助人行为:道德情绪、道德推理的中介作用

道德情感对个体的行为会产生一定的影响,这符合以前学者的理论探索结果,在相关的实证研究中也得到了证实。《道德直觉与网络助人行为:道德情绪、道德推理的中介作用》具体探究了道德情绪在网络助人行为中的作用。该研究采用实验的方法进行,在正式进行实验之前,研究者进行了一个预实验。招募30名没有学习过梵文的大学生,采用能反映道德和不能反映道德的图片各10张,进行预实验以确保所选取实验材料的有效性。在正式实验中,

实验对象是226名有效的本科生被试,由于该研究只重点关注道德情绪,所以道德直觉和道德推理方面的实验就不做叙述了。道德情绪实验采用的是经过其他学者评定过的能够激发道德情绪的三个小短片,而被试助人行为的测试主要采用求助邮件范式来测量。被试被随机分到同情情绪组、内疚情绪组和中性情绪组三个组别中观看小短片,之后发送求助邮件测量被试助人行为。实验结束后,对收集到的数据进行分析,得出的结论是:道德情绪对个体的助人行为有一定的影响。同情的道德情绪会使个体更加关注求助者的信息,也会使个体感觉到难过,从而推动个体采取行动来帮助求助者脱离困境,降低自己的难过体验。内疚是因为自己不道德行为而产生的一种情绪体验,内疚的道德情绪作为一种负性的情绪,会使个体尽快采取相应的措施来挽救不道德行为带来的后果,也会使个体在以后的行为中避免重复出现相应的不道德行为。实验结果表明,实施助人的行为会帮助个体缓解内心的内疚自责,所以不管是同情情绪还是负性的内疚情绪,都能够促进助人行为的实施。道德情绪中介道德直觉对网络助人行为的影响。虽然实验的结果和以往的理论探讨相一致,但是该实验在道德情感上仅仅涉及同情和内疚两种情绪,涵盖的内容并不是很丰富,在以后的研究中,可以拓宽道德情感的种类,对其进行一个综合性的研究。该研究对道德情感的培育有一定的借鉴作用,道德情感会促进个体实施积极的、正向的道德行为,在以后的研究中,可以合理利用道德情感的积极作用,促进青少年表现出更多网络亲社会行为。

第三节　青少年网络道德情感
培养的教育对策

　　青少年道德学习不能片面注重对道德知识、道德原则和规范的机械灌输,需要重视对道德情感的培养。道德意识依赖着由道德需要引发的道德情感,加强道德学习中的道德情感培养是由道德自身的本质特征决定的。影响青少年道德情感发展的因素主要有学校、家庭、社会和个人四个层面,以下将从这四个方面提出培养青少年积极网络道德情感的策略与建议。

一、发挥学校道德培育场的核心作用

(一) 构建道德情感培育场,开展道德实践活动

道德情感培育场,就是培育个体道德情感的环境氛围。个体网络道德情感的影响因素是多方面的,学校中的环境因素起着不可忽略的重要作用。学校应积极构建适合青少年道德情感发展的氛围,使青少年在这样的环境中受到感染,潜移默化地提高自己的网络道德感知能力,进而强化自己的网络道德情感。另外,实践是一切知识能力发展的前提保障,学校通过开展相应的实践活动,可以唤起青少年对网络道德情感的注意,在实践的过程中提高网络道德情感的培育效果。可以从以下几个具体的方面来落实:

首先,在学校中形成良好的氛围。虽然这样的氛围是现实中的,似乎与网络环境不相关,但是网络道德情感是道德情感的一个特殊部分,所以现实生活中个体养成的道德情感也会在一定程度上投射到网络生活中,现实生活的积极良好环境,强化了个体的网络道德情感。学校可以采取全方位多形式的措施来构建道德情感培育场,例如,学校管理者对学校规章制度的设置可以树立以学生为中心的理念,日常管理中要时刻体现对青少年的关心;学校可以对校园环境进行改善,公告栏、标语栏和建筑物等的设计都可以潜在地激发青少年情感需求的产生,促进道德情感的生成;班级建设中可以开设网络班级,使青少年在网络班级的生活中真切体会到网络道德情感。其次,要积极开展相关的道德情感实践活动。良好的环境氛围是网络道德情感养成的催化剂,实践活动可以将个体无意识萌发的道德情感扶正。因为我国青少年存在比较大的课业压力,大部分的时间都是花在理论知识课堂上,学校对于相关的实践活动重视程度不足,甚至有部分学校为了完成升学指标而剥夺青少年的活动权利,

这对于网络道德情感的养成是极端不利的。大脑中得到的知识,只有通过实践活动的强化,才会产生更多的道德情感的体验。当然,学校在组织网络道德情感实践活动时,也要及时给予学生一定的指导,当学生误入歧途时,要及时拨正。可以采取的方式有以下几个:组织青少年对网络道德情感案例进行讨论,网络道德情感案例中主人公的选择最好与青少年自身相一致,这样青少年会有更多的代入感和移情;组织相关的志愿者活动,一方面能够让青少年体验到帮助他人的快乐,增强同理心,另一方面也能让青少年走出课堂,看到社会中的种种人与物,强化自身的道德准则,增加自己的责任感;开展相关的网络咨询活动,青少年可以将自己的困惑情绪在网络上向专业教师叙述,教师针对具体的问题进行具体的教育,从而发挥网络在其中所起的积极作用。

要注重校园道德情感氛围的创设,建设优良校风,用校训励志,丰富校园文化生活,营造有利于学生修德立身的良好氛围。让青少年在校园环境中触景生情,产生情感需求。注重网络道德情感实践活动的开展,在实践活动中体验更多真实的网络道德情感,积累网络道德情感经验,促进网络道德情感的升华。

(二) 因材施教,实施层次性培养

因材施教是中国古代哲学家孔子提出来的育人方法,指的是根据每个个体的特性,采用不同的方式进行教育,本书主要是依据网络道德情感是社会性与个体性的统一这一特点提出的建议方法。一个个青少年具有一个个鲜明的人格,人与人之间有着相似性,也存在着差异性,青少年作为网络道德情感受教育者,有着不同的认识和理解水平。学校老师在进行网络道德情感教育的时候,要从学生的角度出发,尊重每个学生网络道德情感体验的需求,主动挖掘学生的网络道德情感潜能,同时也要积极运用网络道德情感的力量来促进青少年良好品质的形成,推动个体实施积极的道德行为。对于那些情绪敏感,很容易受到其他人影响的个体,教师应当及时对他们进行调解,避免产生不良的后果。对于那些同理心情感不足的个体,可以开展角色体验活动,增加他们的情感体验。教师的教育培养内容要符合青少年的身心发展,教育培养的方法要切合实际,培养过程中要注重青少年个体的主观能动性。因材施教作为网络道德情感培育的方法,能够保证每个青少年都欣然接受教育。因为,因材施教是以青少年个人的情感需要为中心,它尊重了青少年的自我选择权利。

层次性培养手段的提出是因为青少年处于身心发展的关键时期。马斯洛将人的需求分为五个层次,而道德情感的本质是个体对道德需求的反应。每个个体接触网络的情况不同,产生的网络道德情感需求也不同;需求层次不同,自然道德情感体验程度也就不同;体验程度不同,在网上养成的道德情感程度就不相同。教育者应遵循不同年龄阶段的道德认知规律,结合基础教育、职业教育、高等教育的不同特点,把社会主义核心价值观和道德规范有效传授给学生。一般来说,初中生的网络道德情感发展水平比较一般并且存在发展不均衡的问题,因此,教育者应该对他们进行更加细致的教育,循循善诱,从而实现网络道德情感的全面发展。对于高中生,他们的网络道德情感发展水平相对较高,所以教育者可以对他们提出更高的要求,并且鼓励他们成为初中生的榜样。网络道德情感的层次性培养,可以更好地完善教育者进行网络道德情感教育的机制,既注重整体的发展,也不能忽视个体的发展。

(三) 形成显性隐性互补的德育体系

前文提到,目前我国对青少年的培养教育大多是课堂授课式,教师们在课堂中传授青少年相关的道德原则和道德理念等,教学的效率并不是很高。21世纪互联网的迅速发展,一方面带来了网络道德情感的培育需求,另一方面为学校培育青少年网络道德情感提供了工具。如果说课堂中的理论传授是显性的激发培育方式,那么互联网的运用就是隐性的。因为互联网本身是具有隐蔽性的,在这样的一个平台上,学生与教师之间是平等的,这样和谐融洽的环境会使青少年更加愿意和教师分享自己的看法,和教师交流自己的内心。教师也更容易了解到青少年真实的心理状况,发现青少年存在的问题并及时解决,同时针对存在不同问题的青少年调整网络道德情感的培育策略,促进青少年网络道德情感的发展。这样的隐性方式能够使受教育者不仅仅局限在一个学校之中,网络上成千上万的青少年都是其中的参与者。此外,教师在授课的时候使用视频、音乐等方式会比单纯的文字理论讲授更能吸引青少年的注意力,提高他们的积极性,激发他们的情感需求,提升他们的道德情感。同时在课堂上教师要注重融入贯穿,把公民道德建设的内容和要求体现到各学科教育中,体现到学科体系、教学体系、教材体系、管理体系建设中,使传授知识过程成为道德教化过程。除了这些,学校校园网站也可以设立道德榜样、道德规范和心理疏导等栏目,青少年在浏览网站的时候便能不自觉强化相应的道德准则,在内心树立起对自己的要求。

(四) 加强教育者自身道德情感修养

要提高青少年网络道德情感,还要加强教育者本身的网络道德情感修养。教师需要做到以德立身、以德立学、以德施教、以德育德,做有理想信念、有道德情操、有扎实学识、有仁爱之心的好老师。教师是教学过程中的主导者,青少年又处于一个道德情感发展敏感的关键时期,如果教师自身的道德情感修养不足,别说是提高青少年的道德情感,恐怕自己都无法胜任教师这个职业。

首先,教师要提高自己的道德情感素养。有学者说过:"教育者的资格和教育的成效并不仅仅在于教育者拥有的道德知识,更重要的是教育者有没有应有的情感、人格和技能"。[1] 所以教育者不仅要有丰富的知识,还要有高尚的道德情感来感染青少年。教师是青少年成长路途中的引路人,在日常的生活和教学中,教师要丰富自己的情感体验,以严格的要求提高自己的道德情感素养,提升自己对于情绪的表达能力、辨认能力、体验能力和理解能力以及对

---

[1] 慕海军、白昱:《高校学生辅导员的角色定位分析》,《教书育人》2005 年第 26 期。

事情感同身受的能力。在满足这些条件后,教师或许会更好地发现青少年的情感变化,在适当的时间点进行适当的教育。其次,教师要掌握网络道德情感培养的方法。网络道德情感不同于一般的道德情感,青少年也有其群体特殊性,所以一般的道德情感培育方法可能不完全适用于青少年网络道德情感的培养。现在,对于教师的网络道德情感知识的培训课程并不是很多,教师要积极主动地结合自身的情况进行道德情感知识的学习,将学习到的理论知识与实践相结合。除了教师自己的主动学习外,学校也要积极主动地开展相关的培训工作,组织教师进行学习,为广大教师提供网络道德情感学习的途径,使教师能够更加科学高效地培育青少年的网络道德情感。最后,教师在提高了自己的道德情感素养、拓展了道德情感培育方法后,就要在实践教育中与青少年产生情感的碰撞。教师在传授青少年网络道德情感的时候,可以采用声情并茂的方式,激发青少年的情感体验和情感需求,从而达到心灵上的共鸣,促进网络道德情感的生成。在课堂以外,也应当多寻找机会与青少年进行沟通,了解青少年目前的状态,关心和启发、感染和影响青少年的情感,促进青少年道德理性的确立,提高道德情感培养的效率。

二、实现家庭道德环境的导向作用

(一) 重视婴幼儿依恋,培育青少年的自尊感

依恋是个体最早产生的一种情感,在心理学的研究中,研究者们发现个体在出生 6 周后就会产生依恋。依恋是个体道德情感发展的重要前提保障,在婴幼儿时期形成的依恋感能够有效促进日后个体亲社会行为和移情等的发展。相关研究者指出,良好的依恋不仅仅是积极情感如信任感、敬畏感、爱国感产生的条件之一,还是责任感、正义感、移情等道德情感形成和发展的基础。此外,青少年的人格健康和依恋感也有密切的联系,在婴幼儿早期,如果父母能够对婴幼儿的情绪情感作出积极的回应,在婴幼儿成长过程中多以笑脸面

对,用愉快的语气和婴幼儿交流,这样他们就能时刻处在一个愉快轻松的情感氛围中,依恋感也更容易建立。这不仅能够保障他们的身心健康,也是在为后期高层次的道德情感奠定基础。

自尊感是个人自尊需要与社会评价之间关系的反映。它与个体的积极进取相联系,能够促进个体不断完善自我。自尊感可以激发青少年更加积极主动地去学习其他的网络道德情感,从而不断提高自己的道德品质,所以自尊感是网络道德情感培育和发展过程中的一颗强力药。当前我国在对青少年的教育过程中,普遍忽略了他们自尊感的培育,忽略了自尊感的作用。例如,家庭教育中常出现的用别家孩子的言行来数落自家孩子,这些教育方式会损害青少年的自尊感,降低他们的积极性,拆除了提高网络道德情感的阶梯。所以,作为家长,应该要重视青少年自尊感的培育,为青少年网络道德情感的发展扫清障碍。

(二) 重视家庭道德环境,引导道德情感走向

家庭是青少年最早接触的一个场所,也是最早对青少年网络道德情感进行教育的场所。家庭成员的一举一动,都是青少年默默学习模仿的对象,家庭成员的道德素质影响着青少年道德情感的形成,良好的家庭道德环境促进着青少年积极道德情感的发展。

首先,通过多种方式,引导父母重言传、重身教,以身作则,发挥好道德表率的作用,给自己的孩子树立一个自信正义、爱国爱家、责任感强、富有同情心的形象,成为青少年学习的标杆,使青少年能够朝着积极的道德情感方向发展。父母除了要保障自己个人道德没有问题外,还要对青少年设定相应的道德情感要求,如责任感、移情感的标准。具体来讲,父母可以引导青少年独立去完成一件任务,使他们感受到成功时的自信感,培养青少年对自己的认知和责任。其次,父母与青少年之间要多多进行情感的沟通。现今社会,越来越多的父母忙于工作而忽视自己的孩子,父母与青少年之间的矛盾激化,越来越多

的青少年孤独感、自卑感等负面情感占比上升,幸福感、责任感等道德情感大打折扣。所以父母在与青少年相处的过程中要与青少年进行沟通,时刻了解青少年目前所处的状况,及时对出现的问题予以解决,指引他们形成积极的情感。最后,用良好家庭氛围涵育道德情感,弘扬中华民族传统家庭美德,倡导现代家庭文明观念,推动形成相亲相爱、向上向善、共建共享的社会主义家庭文明新氛围,让积极道德情感在家庭中生根、在亲情中升华。

(三) 重视道德情感在青少年成长中的作用

要实施有效的网络道德情感教育,就要重视网络道德情感教育在个体成长中的重要作用,提高家长们对网络道德情感教育的认识度和重要意识。首先,家长要提高对道德教育的重视程度和参与程度,尤其是要树立网络道德情感的培育意识。国内大部分家长还停留在德育完全靠学校教育,道德情感局限于现实生活,学生只需要管理好自己的学习,道德教育无所谓的意识阶段。殊不知青少年除了在学校学习外,大部分的时间都是与父母在一起,网络道德情感也是青少年道德情感中的一部分,除了需要进行数理化的知识的学习,道德的教育也尤为重要。这时候,家长可以适当地进行网络道德的教育。教师要注意到青少年学校里的行为表现并予以教育,青少年家中的行为表现只有靠父母来监督。家长要时刻注意青少年的行为表现,增加对青少年的关怀,及时发现青少年情感上的细微变化,对于已经产生的不良行为要及时纠正,对于青少年缺失的道德情感部分,要及时进行补充完善。其次,认识到网络道德情感在道德教育中的重要性。青少年在虚拟网络社会生活的时间不亚于现实社会,网络上的消极道德情感也会影响现实的道德情感,诱使青少年作出不道德的行为。此外,父母在向子女叙述道德知识的重要性时,青少年可能会表现出不耐烦等情绪,之所以会产生这样的现象,是因为叙述的道德知识与青少年本身的道德情感之间不相符合,道德情感自动过滤了这些知识。所以,家长要重视道德情感在其中发挥的作用,改变原有的观念,丰富青少年的情感体验,增加他们的情感需求,从而使他们的网络道德情感得到升华。最后,家长要利用各种方式潜移默化地加强青少年的网络道德情感,如茶余饭后,可以和青少年一同讨论网络案例,抛出一个身边发生的事情,鼓励青少年多发表自己的看法。

当今社会,青少年不再只是进行理智知识的学习,道德教育的学习也尤为重要。学校不再是道德教育的唯一场所,家长的配合与参与对于青少年的健康成长也是至关重要,所以家长要摆正网络道德教育在青少年成长中的地位。

三、构建青少年网络道德情感培育的生态系统

(一) 优化社会道德环境,发挥媒体积极效应

道德情感是人类的高级社会情感,其特点之一便是个体性和社会性的统一,所以道德情感会受到社会环境的影响。社会道德环境看不见,摸不着,却能在无形之中对个体产生作用,个体的意识在环境中不断受到挑战和改变。一个良好的社会道德环境会促使这种环境下的个体作出道德行为,激发他们产生敬佩、同情、关爱等积极的情感,减少冷漠、嫉妒等消极情感的力量;不良的社会道德环境会促使生活在这种环境下的个体减少道德行为的实施,抑制积极道德情感的产生,致使消极道德情感恣意滋长。因此,为青少年营造良好的社会道德环境氛围显得尤为重要。

数字化网络科技的发展,带来了一种全新的网络生活。青少年在互联网上获取和发布信息,搜索资源,由于青少年阶段缺乏对网络信息真伪善恶的判断和认知,再加上网络传媒的信息多元性所导致的价值判断多元化,青少年很容易受网络上传媒机构的误导。所以,要加强网络道德的建设,发挥网络传媒的积极导向作用。要推动媒体融合向纵深发展,打造一批弘扬主旋律,激发正能量的新型主流媒体。要加强网上热点话题和突发事件的正确引导、有效引导,帮助青少年明辨是非、分清善恶,让正确的道德取向成为网络空间的主流。

要丰富优质网络文化产品供给,举办丰富多彩的网络文化活动,传达积极的网络道德情感内容,引导青少年网络道德情感体验趋向积极化,使其内化于心、外化于行。

网络世界说大很大,说小也很小,网络上任何一件道德事件的发生,都会波及网络世界居民的道德情感。因此,建设良好的网络道德环境,需要网络传媒者给予高尚行为以积极舆论引导,建立一种新颖的网络道德情感培育模式。

(二) 发挥传统文化和道德模范的示范作用

中华优秀传统文化中蕴含着中华民族在长期实践中培育和形成的独特思想理念和道德规范,是道德建设的不竭源泉。要以礼敬自豪的态度对待中华优秀传统文化,充分发掘文化经典、历史遗存、文物古迹承载的丰厚道德资源,弘扬古圣先贤、民族英雄、志士仁人的嘉言懿行,同时结合新的时代条件和实践要求继承创新,充分彰显其时代价值和永恒魅力,使之与现代文化、现实生活相融相通,在潜移默化中陶冶青少年的道德情感。要充分利用重要传统节日、重大节庆和纪念日,组织开展群众性主题实践活动,丰富道德体验、增进道德情感。

加强网络空间道德建设,增进青少年网络道德情感,首先要强化网上道德示范引领,做"活"道德模范宣传,奏时代强音,除杂音噪音,为网络道德情感培育树立"风向标"。其次广泛开展时代楷模、道德模范、最美人物、身边好人和优秀志愿者等典型案例和事迹网上宣传,推动形成崇德向善、见贤思齐的网络环境,让讲道德、尊道德、守道德在网络空间蔚然成风。最后在宣传上要读懂受众心理,尤其是贴近网民需求,以个性化制作、可视化呈现、互动化传播等形式,让不同行业、不同群体都能学有榜样、行有示范,形成见贤思齐、争当先进的生动局面,增进个体的道德情感体验,促进个体的积极道德情感的发展。

（三）构建完善的网络道德评价体系

网络道德评价体系是指社会、家庭、政府、媒体等各个主体对网络道德现象进行评判的系统。系统之间各个要素拥有基本一致的道德价值取向,能够相互协调、联系沟通,指引正确的网络道德舆论的形成,进而促进网络社会成员道德情感的巩固强化。一个完善的网络道德评价体系,其道德评价能力应该是毋庸置疑的,并且能够使青少年在网络道德规范学习和实践活动践行过程中所形成的道德需求得到满足。道德需求的满足对于青少年道德情感的激发和巩固有重要的作用,对于道德信念的形成和道德行为的强化意义重大。

在网络道德规范学习和实践活动践行的过程中,个体作出了比较正面的行为时,便会萌生希望被他人赞扬、认可的需求,完善的网络道德评价体系如果能够给予其一个积极的回应,使个体的这一需求得到满足,那么他的道德情感和道德行为都会得到强化。相反,如果网络道德评价体系没有作出适当的回应,或者说采取了否定该行为的举措,那么个体的道德情感、道德行为都会遭到一定程度的消解,这与斯金纳提出的强化学习理论如出一辙。

此外,一个完善的网络道德评价体系内,各要素保持基本一致的道德价值取向,是提高青少年网络道德情感的一个前提。如果每个要素都有自己的道德价值标准,便很容易出现同一行为不同态度的现象,使青少年产生茫然感。这样的一个网络道德评价体系不仅会成为青少年网络道德情感培育路途中的障碍,甚至会使部分青少年是非不分。我国近年来面临的道德危机大多是社会成员对是非善恶的麻木,是社会道德评价的倒退。构建能够对网络社会现象合理评价的网络道德评价体系是青少年所需的,它能够唤起青少年的网络道德情感,实施道德行为。因此,要依照《新时代爱国主义教育实施纲要》《新时代公民道德建设实施纲要》的具体要求,建立并完善可量化、可操作的网络道德评价体系,推进青少年网络道德素养教育,切实发挥好网络道德评价体系的教育、引导功能。引导广大青少年遵德守法、文明互动、理性表达,远离不良网站,不断深化青少年的网络道德认知、网络道德理念、网络道德情感,促使人们养成文明自律的网络行为。

(四) 实现家庭、学校、社会的联动

虽然学校是网络道德情感教育实施的主要主体,但是正如前文分析,家庭和社会在一定程度上也影响着青少年网络道德情感的养成。全社会都要关心、帮助和支持青少年成长发展,完善家庭、学校、政府、社会相结合的思想道德教育体系,引导青少年树立远大志向,热爱党、热爱祖国、热爱人民,形成好思想、好品行、好习惯,扣好人生第一粒扣子。青少年道德认知的提高,道德情感的体验,道德行为的实施都是学校、家庭和社会教育的综合结果,所以只有将家庭、学校和社会三者联合起来,建立三者统一的道德教育原则,形成三者之间的相互配合才是促进青少年网络道德情感发展的良策。

首先,学校教育虽然占主导地位,但是并不意味着学校教育和家庭、社会的教育责任是分开的,学校教育的效果也依赖于家庭、社会的支持。学校在青少年的网络道德情感教育上,一方面,要多了解青少年的个人状况和家庭背景,给他们合适的情感关怀,适当进行网络道德情感的理论培训;另一方面,也要与青少年的家长多沟通,及时反映青少年存在的情感问题。与此同时,家长需要配合学校的教育工作,将自己孩子目前的状况及时向学校反映。学校与家长之间的密切联系,是网络道德情感教育高效开展的保障。学校虽然开展了网络道德情感理论授课,但是实践活动的开展则需要家庭和社会的支持。社会支持不足,家庭不配合,实践活动的开展形式就会单一,影响效果也不会很深。所以学校在开展实践活动时要开拓新颖可行的且得到家庭、社会支持的活动,把青少年的网络道德情感培养任务落到实处。其次,在青少年教育过程中,家庭教育是先于学校、社会教育存在的。青少年性格和人际关系以及道德品质等最初都是受到家庭的影响,完善的家庭教育为学校、社会教育做好了

铺垫,是青少年网络道德情感教育的后备力量。最后,社会教育是学校教育和家庭教育的完善补充。社会能够为学校和家庭教育提供大环境的支持,社会中的风俗习惯、节日、行为举止等都激发了青少年的道德情感需求,影响着他们的道德情感体验。网络社会中的人员更是五花八门,每个个体的言论都会在不经意间对青少年的网络道德情感产生影响。如果青少年长期处于一个相互尊重的网络环境中,那么他产生积极道德情感体验的概率是较大的,若长期处在一个充满敌意的环境中,青少年就会变得越来越冷漠,道德情感的体验会更加负面。所以,一个好的网络社会,会强化学校和家庭教育的成果。

青少年的网络道德情感需要学校、家庭和社会的共同引导,任何领域的缺失,都会使得青少年网络道德情感发展受到阻碍。学校、家庭和社会在教育内容上的贯通、教育方式上的互补、工作安排上的衔接,会促使青少年网络道德情感向积极良好的方向发展。

四、增强青少年网络道德情感体验的理性自觉

(一) 自我教育,提高青少年的网络责任感

当前对青少年的网络道德情感的培育以课堂理论叙述为主,青少年只是被动地接受课堂上传授的道德原则和道德规范,缺乏自己的思考与见解,很难形成社会所要求的网络道德情感。所以青少年在被动接受知识的同时,也要积极主动地思考,形成自己的道德理性,通过自我教育把被动接受转化为主动探索。积极主动地对网络道德标准进行思考,对不道德现象保持自己的批判想法,选择和建立一定的网络道德评价指标,虽然这对青少年来说比较困难,但是只有经过这样一个理性思考和自我教育的过程,个体才能生成更加恰当稳定的道德情感。自我教育是情感和理性的有机结合,能够促进青少年道德自觉的产生。青少年在网络上进行活动的时候,要运用自己的理论去指导自

己的行动,在网络生活中强化自己的道德理性。

网络责任感是网络道德情感的主要内容之一,所以提高青少年的网络责任感能够促进网络道德情感的发展。首先,要加强青少年网络自我责任感的教育。网络社会具有虚拟性和开放性,任何人都可以在里面进行生活分享,人们也都不知道对面的是谁,个体的网络道德责任意识下降,所以这就增大了网络不道德现象产生的可能性。因此,树立青少年的自律意识,培养青少年的网络自我责任意识显得尤为重要。其次,要增加青少年对网络他人、社会责任的监督意识。网络社会的维系仅靠自己是不行的,青少年在做好自己分内事的同时,也要时刻监督他人的言行举止,维护他人的利益,促进网络社会的和谐。进行网络道德责任感的自我教育能够从根本上提高青少年的网络道德责任感,完善青少年的道德人格。

(二) 亲身体验,增强青少年的同理心

除了网络道德责任感外,网络道德同理心在青少年网络道德情感的培育中也至关重要。所谓同理心就是对他人情绪情感的理解和把控,能够换位思考,同理心有利于促进人与人之间的沟通。在网络这个虚拟世界里,由于不能面对面的沟通,人与人之间看不到面部表情,听不到语音语调,拥有同理心就显得更重要了。

首先,青少年可以积极主动地去体验世界上的事与物,去发现和感受生命。仅靠学校里有限的资源是不够的,在感受和体验生命活动时,青少年才能真正获得相应的情感信息,使自己的情感得以产生。体验是自己亲自进入到他人所处的环境中感受他人的一个过程,同理心的产生也是以个体体验到他人所处情境为前提的。青少年只有拥有丰富的体验,自己的移情能力才会有所增强,同理心才会随之发展。同理心的发展,会使个体在网络上更好地理解他人,增加个体的网络道德情感体验,促进个体网络道德情感的生成。一个人如果没有亲自经历充分的情感体验,积极网络道德情感便难以产生。其次,青

少年还可以通过转变自己的思维方式来提高同理心。在网络生活中,个体可以询问自己:如果是自己会怎么办,会产生怎样的情绪? 当青少年能够养成这种站在他人的处境思考的能力时,其同理心便会得到显著增强,当青少年在网络上与他人发生冲突时,就能给予更多的宽容,从而向成为一个道德情感丰富而独立的人迈进。

(三) 积极参与道德情感生成实践

众所周知,青少年可以通过参与一定的实践活动来增强个体的道德情感体验。网络道德生活是每个青少年都会经历的,青少年在其中既是生活的主体,也是生活的客体。作为道德生活的主体,青少年在积极参与道德情感生成的实践中,可以明白道德规则对每个人都是有效的,知晓网络道德生活中的评价是相互的,并真正体会到网络道德生活的意义。个体感受到网络道德生活的意义后,会更加愿意在网络社会中实施道德实践,进而产生强烈的情感反应和深刻的情感记忆。青少年积极参与网络道德生活的实践,一方面,是为了明白网络道德生活的意义,另一方面,更是为了获得真切的网络道德情感体验,因为情感通常寄托在道德实践之中,没有通过道德实践形成的道德情感通常是不具有真实性和持久性的。因此,要注重激发青少年形成善良的道德意愿、道德情感,培育正确的道德判断和道德责任,提高道德实践能力尤其是自觉实践能力,引导青少年向往和追求讲道德、尊道德、守道德的生活。

互联网为道德实践提供了新的空间、新的载体。要积极培育和引导互联网公益力量,壮大网络公益队伍,形成线上线下踊跃参与公益事业的生动局面。加强网络公益宣传,引导人们随时、随地、随手做公益,激发青少年热心公益、参与慈善的热情。拓展"互联网+公益""互联网+慈善"模式,广泛开展形式多样的网络公益、网络慈善活动,引导青少年积极参与其中,让青少年在活动过程中增加自己的体验感受,提升自己的责任感、爱国感、移情感和幸福感等网络道德情感。只有在情感活动中,学生的道德认识才能根植于他的大脑中,成为自己的观点,并在言行举止中表现出来。青少年自我意识的发展使得青少年道德实践活动的参与由外控转向内控,他们更加愿意听从自己内心的安排。青少年需要积极参与道德情感生成的实践活动,体验网络道德生活,这有助于他们将道德规范内化为自己的道德情感,进而作出符合社会规范的网络道德行为。

第六章　网络道德学习与青少年社会性发展

互联网作为新的社会形态发展模式在诸多领域得到了广泛应用并产生了影响。互联网开辟了青少年社会化的新途径。它给青少年社会化带来契机的同时，也对青少年社会化进程产生了重要影响，主要包括青少年心理发育、认知发展和行为能力提升。互联网在青少年社会化过程中的积极和消极影响并存，青少年可以通过网络提高认知水平、完成角色的模拟和扮演，提高社会适应能力，促进社会化发展。但由于青少年正处于人生成长的特殊阶段，其人格发展尚未完善，对互联网的消极影响缺乏足够的抵抗力，由此也引发了网络成瘾、网络欺凌等一系列问题。这些问题早已引起社会、家庭和学校的高度重视，成为当前全社会关注的热点问题之一。习近平总书记在全国宣传思想工作会议中指出"育新人，就是要坚持立德树人、以文化人，建设社会主义精神文明、培育和践行社会主义核心价值观，提高人民思想觉悟、道德水准、文明素养，培养能够担当民族复兴大任的时代新人"。[①] 因此，如何加强青少年网络道德学习，促进青少年社会性发展，已成为当代有关青少年社会化问题研究的新兴领域，也是一个十分丰富而又复杂的领域。

---

① 《习近平谈治国理政》第三卷，外文出版社 2020 年版，第 310—311 页。

第一节　网络道德学习对青少年
社会性发展影响

道德学习是主体品德建构的过程,指个体与外界环境相互作用中,内化社会价值规范,并自主建构道德价值体系的过程。基于网络的道德学习,有以下两方面的理解:一种观点认为,网络中拥有道德学习的资源,个体学习利用这种道德学习资源,这是较为狭义的理解;另一种观点认为,网络是一种道德学习的环境。网络包罗万象,有着丰富且易获取的道德情境,具有学校环境和家庭环境不能比拟的优势,这是广义的理解。本章所说的网络道德学习是指后一种广义的理解。

一、网络道德学习对青少年社会性发展的积极影响

(一) 网络道德学习对青少年心理发展的积极影响

网络道德学习对青少年的社会性发展和社会化有着积极的影响。青少年在网络道德学习过程中产生遵守网络秩序、维护网络环境等道德行为,表现出对道德标准的认同,逐渐形成自己的个性和人格,从生物人转变为社会人,并通过社会文化的内化和角色知识的学习,逐渐适应社会生活。相关研究表明,网络利他行为对青少年的自我效能感、自尊和主观幸福感等的提升有着促进作用,这些都能够促进青少年的社会性发展。

首先,网络提供了丰富的道德学习途径。借助互联网技术,可以拓宽学习渠道。网络道德学习可以调动视觉和听觉这两个接收信息的重要感觉通道,在虚拟现实技术的帮助下,甚至可以加入身体动作这个接触信息的方式,这些对青少年感知觉发展具有促进作用。网络道德学习更加强调个体的主观能动性,青少年可以根据兴趣爱好查找资料、构建模型、搭建属于自己的个人网络

平台。家庭、学校、社区可以构建对青少年有益的平台,提供符合青少年发展特点的服务。

其次,提高了道德认知、情感和意向。个体的道德认知、情感和意向越积极,出现偏差行为的可能性越小。从这个角度看,提高网络道德认知、网络道德情感和网络道德意向对青少年行为表现有重要意义。网络道德学习作为一种内容丰富、形式多样、易得性强的道德情境,包含了各种网络道德关系,为青少年提供更多可供参考的模板。基于网络道德学习中学到的网络道德关系,就可以理解处理网络道德关系的方式和途径,在这个过程中,青少年基于已有经验和现实情况形成一种主观体验,比如说认为这个行为是"好的"(积极情绪)、"不好的"(消极情绪),甚至会陷入"两难"处境。在这种主观体验的作用下,青少年产生一定的行为意愿。如果青少年在网络道德学习中接触到好的榜样,有较高水平的网络道德认知和网络道德意向,个体更容易产生网络利他行为倾向。

皮亚杰在理解认知发展过程时认为主客体之间的相互作用促进了儿童认知能力的发展,并提出道德认知发展阶段理论;柯尔伯格在皮亚杰的基础上,将道德发展所涉及的阶段从儿童期拓展到成人。已有的道德发展理论将道德认知的发展看作道德发展的重要内容,网络道德学习促进网络道德认知、情感及意向的发展,进一步提高青少年的网络道德水平。随着青少年网络道德水平提高,青少年对自我、他人、社会的道德判断会愈加成熟,最后掌握了其道德发展阶段所具有的普遍规则和原理,推动青少年道德发展。

最后,传统的道德学习倾向于针对个体存在的问题进行责问、惩罚,以达到减少、消除问题的目的。如果用这种方式对青少年进行道德教育,意味着青少年常处于被指责的状态,这是一种具有消极倾向的道德教育。而网络道德学习可以借助互联网技术,通过数据和交互为青少年提供一种主动探索、具有交互性和积极倾向的道德教育模式,更有利于发现和发展新的德育途径。

（二）网络道德学习对青少年社会适应能力的积极影响

学校、家庭和传统媒体对青少年社会化产生了重要影响，是青少年以真实和确定的社会角色所参与的社会环境。青少年要不断学习社会技能、接受社会推崇的思想体系和道德规范，按照一定的行为模式扮演社会所期望的角色来提高自己的社会性发展层次。网络的匿名性使青少年可以用多重角色来接触网络社会，可以让青少年在步入真实的社会环境之前就在网络社会中完成多重社会角色的模拟，提高了青少年的社会适应能力。这在一定程度上加速了青少年社会化的进程，促进了青少年的社会性发展。

首先，提高理解社会环境的能力。在互联网未普及的时候，青少年了解世界的方式主要是来自家人的家庭教育、学校的课堂教学、生活环境里社会关系人员之间的沟通，以及购买书籍资料。这些信息来源与青少年自身的社交范围有关，青少年对自己、他人及社会的理解会因为社交范围有限而具有偏向性和不准确性。尤其是在道德学习过程中，青少年需要理解道德关系、理解道德规则，然后进行道德判断或推理，产生相应的道德行为，这是一个重要的社会化过程。如果将这个社会化过程局限于青少年有限的社会环境，可能不利于青少年积极探索多元领域。网络道德学习不仅可以为青少年提供远大于其社交范围之外的多元信息，而且提供多种方法和经验帮助青少年了解道德关系和道德规则，进而帮助青少年更好地完成道德社会化。网络道德学习丰富了青少年的社会环境，多元的网络社会环境又会促进青少年的发展。

其次，提高价值选择的能力。青少年是道德发展的重要时期，一方面，符合社会认可的价值观念会受到网络信息的发展而产生变化；另一方面，互联网信息技术的发展为青少年价值观的形成提供了一个平台。网络是一个传播核心价值观的重要空间，在网络平台传播优秀文化，弘扬社会主义核心价值观，有助于为青少年提供良好的价值教育环境。网络道德学习可以帮助个体认识不同类型的价值冲突，了解价值判断的方法，提高价值选择能力。

最后,充分满足社会化过程中的个性化需求。在青少年身心发展过程中,社会化是个体与社会环境交互作用的过程。青少年表现出符合社会要求的行为时,其个人特色也被社会所包容。因此,结合社会需求发展自己的个性和兴趣,不仅可以体现个人价值,又可以实现社会价值。网络道德学习以互联网技术为载体,为青少年社会发展提供多种可能性,不仅可以发挥青少年的个人优势,也可以为青少年社会化提供丰富的可供参考的积极信息。

二、网络成瘾对青少年社会性发展的影响

国家卫生健康委员会发布的《中国青少年健康教育核心信息及释义(2018版)》中将网络成瘾定义为:网络成瘾是指在无成瘾物质作用下对互联网使用冲动的失控行为,表现为过度使用互联网后导致明显的学业、职业和社会功能的损伤。网络成瘾包括网络游戏成瘾、网络色情成瘾、信息收集成瘾、网络关系成瘾、网络赌博成瘾、网络购物成瘾等。网络成瘾对青少年社会性发展造成了巨大的影响。具体表现在如下方面:

（一） 价值观念和道德观念的模糊

由于网络的匿名性和互动性,青少年使用网络不受约束,容易产生网络欺凌、网络诈骗等去抑制化的网络行为。去抑制化的网络行为降低了道德水平和道德认同,从而造成了青少年道德品质的降低和道德观念的淡漠。

（二） 自我同一性的混乱

青少年时期是自我同一性发展的重要时期,正确使用网络有助于青少年探索并形成较好的自我同一性。但多元的网络文化和网络成瘾会造成青少年自我感的丧失,对虚拟世界和现实世界的混淆也会造成青少年角色的混乱,进而导致自我同一性混乱。

（三）对人格特质的影响

多数研究表明:感觉寻求、神经质、精神质、外向型、冲动型等人格特质与青少年网络成瘾显著相关。[①] 网络成瘾会对青少年的人格发展起消极作用,并且随着年龄的增长,消极表现会愈加明显。

（四）对人际关系的影响

青少年需要与他人建立人际关系以形成自我概念、自我评价、探索并形成自我同一性。青少年的人际关系主要有亲子关系、朋辈关系及师生关系等。网络成瘾的青少年将更多的时间花费在网络上,忽视了实际生活中面对面的情感交流和人际关系的维护,降低了现实交流的情感觉察。与非成瘾者相比,网络成瘾青少年的亲子关系、朋辈关系和师生关系问题更为严重。

（五）对学业的影响

网络成瘾的青少年由于时间观念淡漠、时间效能感低下而将大量的时间投入到网络中,网络成瘾导致学业拖延、学业延迟满足感低下,而学业延迟满足水平较低的个体更容易形成学业拖延以及网络成瘾。此外,网络成瘾还能导致个体学习效能感降低,进而导致学业成绩的降低。网络成瘾、学业延迟和学业满足之间互相影响,长期发展下去可能是一种恶性循环。

（六）暴力和犯罪倾向的提升

网络成瘾者相对于非成瘾者冲动性更高。网络成瘾者的决策功能受到损伤,与非网络成瘾者相比,会更渴望奖赏,冲动性更高。在收益和惩罚并存的情境中,网络成瘾者更倾向于用惩罚作为代价以换取即时的高收益。

---

① Kayis A.R., Satici S.A., Yilmaz M.F., et al., "Big Five-personality Trait and Internet Addiction: A Meta-analytic Review", *Computers in Human Behavior*, (October 2016), pp. 35-40.

此外,网络游戏通常充斥着暴力因素,青少年网络游戏成瘾者的外显攻击行为高于非成瘾者,而内隐攻击意识也往往高于非成瘾者。[1] 因此,青少年网络成瘾者的犯罪倾向相对于非网络成瘾者也更加明显。

三、不良网络使用对青少年社会性发展的影响

不良网络使用容易导致青少年出现网络道德失范现象。一般来说,网络道德失范的表现主要包括自我放纵沉迷网络世界、谩骂侮辱他人、侵犯他人隐私权、侵害知识产权、网络社交不诚信、散播浏览不良信息、网络犯罪等内容。[2]

(一) 对青少年人格的影响

人格的特质表现为能力、气质、性格、需要、动机、兴趣、理想、价值观和体质等方面。网络失范行为对青少年的人生观、世界观、价值观的形成有着负面影响。网络的虚拟性特点让青少年可以在网络中扮演各种不同的社会角色,容易出现主体角色的异化,严重的主体角色异化还有可能会引发多重的人格障碍。

(二) 对青少年道德认知和行为的影响

青少年如果沉溺于网络中,就会被动地接收碎片化的信息,缺乏独立思考的能力,盲目站队、跟随"意见领袖"。将"意见领袖"或自己视为道德评判的标准,对意见不一致者进行抨击,甚至对他人进行"人肉搜索",侵犯他人的隐私权。这些行为也都严重影响青少年的道德认知并直接影响到其对自身行为的管控,加剧不道德行为的发生。

---

① 刘衍玲等:《网络暴力游戏对不同现实暴力接触大学生内隐攻击性的影响》,《第三军医大学学报》2016 年第 20 期。
② 陈淑丽、柏杨:《青少年学生网络道德行为失范的表现、成因及解决对策》,《北京青年研究》2016 年第 25 期。

（三）对青少年自我意识的影响

网络的便捷让青少年可以在线上进行广泛的交流。但由于缺乏现实人际交流的约束，个体的自我觉察降低，容易使青少年在网络群体中丧失同一性和责任感，从而导致自我意识的丧失和去个体化现象。当人们处于群体中不能被识别时，或感觉到被淹没在群体里，就会导致个人意识和理解评价感丧失，个体的自我认同被群体行为或者目标取代，个体难以意识到自己的价值和行为、自制力变差，容易出现冲动行为、偏差行为，甚至破坏行为。同时，青少年在网络虚拟社会和现实社会中表现出的不同的人格特征会造成自我角色的混乱，加剧了自我意识的矛盾。

第二节　孝道信念与青少年网络利他行为

新时代中国正处在信息化高速发展的网络强国建设时期，网络利他行为是建设社会新型文明和稳定网络空间秩序的重要保障。网络利他行为作为一种网络社会空间系统中具备道德属性的实践活动，应重视其内涵在社会信息化背景下不断发生的新变化，围绕网络利他行为的基本概念，分析其生成的技术性、主体的交互性、内容的融合性、过程的超越性和效果的不确定性等主要特性，挖掘其在生成、固化、发展过程中的基本功能，有利于唤醒青少年网民的行为自觉，从而实现以网民良性行为秩序带动网络社会新型文明发展的价值愿景。

一、孝道信念与网络利他行为的内涵

（一）孝道信念的内涵

"孝"就是子女对父母的一种善行和美德，是家庭中晚辈在处理与长辈的关系时应该具有的道德品质和必须遵守的行为规范。中国传统孝道文化是一

个复合概念,内容丰富,涉及面广,既有文化理念,又有制度礼仪。孝道信念是孝道的认知成分,是指个体根据孝道所确信的看法和原则去行动的个性倾向,它影响着人们对孝道的态度和行为。随着社会发展的需要和时代的变迁,孝道观念已由子女对父母的顺奉之情逐渐转向对父母的亲爱之情。有学者在孝道结构的基础上提取出互惠性孝道和权威性孝道两成分构成双元孝道模型用来解释现代人们的孝道观念,认为孝道信念是由强调以亲子间爱与亲密互动为基础,遵循着亲亲原则为运作机制的互惠性孝道和以强调子女的家庭角色与责任为前提,遵循着尊尊原则为运作机制的权威性孝道两种信念类型组成的,前者偏重于亲子情感,后者偏重于子女的社会角色规范。两种类型的孝道信念的形成均与父母所采用的教养方式等密切相关。父母从子女诞生开始,就用不同的方式与子女互动,建立不同质量的亲子关系,并提出其不同的孝道期待,进而促成不同的孝道信念。一般来说,受到父母温暖关爱与支持的个体,与父母关系亲密,会在良性互动中逐渐强化互惠性孝道,并在父母的鼓励下自主努力学习,学业表现良好,且生活满意度较高,表现出更多的亲社会行为。而受到父母心理控制与惩罚的个体,体验到的生活满意感较低,亲子间关系质量较差,且父母要求子女绝对服从的意志强烈,久而久之,易促成权威性孝道。而在双元孝道模型中,权威性孝道和互惠性孝道的运作心理机制存在着差异性。研究表明,个体的价值观、人格和社会态度均会受到父母代际传递的影响,而受到父母严厉要求和控制的个体易形成权威主义人格,会进一步强化权威性孝道,即表现为对权威人物的绝对服从,坚决执行父母的决定,将父母对自己的那套行为模式作为与他人相处的典范,进而会引发一系列的人际交往问题,如,关系攻击、身体和言语攻击(网络交往中的常见形式)。而互惠性孝道强调个体的个性独立和自由发展,个体能批判性地接受父母对自己的态度和行为方式。① 在彼此关爱、理解、相互支持的互动过程中建立亲密的亲

---

① 康琪、桑青松等:《粗暴养育与大学生网络攻击行为的关系:孝道信念的中介作用》,《中国健康心理学杂志》2020 年第 3 期。

子关系,能自发地感激、照顾父母,体验到较高的生活满意度和幸福感,并伴随着良好的情绪调控力和人际交往能力等,表现出更多的赡养意愿和助人行为。

(二) 网络利他行为的概念

网络利他行为,是对其他人或事产生有利的网络行为,是指在网络环境中实施者主动帮助他人且自身不会受损失的行为,或是发生在网络环境中能使他人获益且实施中本身没有明显自私动机的自愿行为。在关注到网络利他行为这一具体表现方式以后,有学者认为网络利他行为是个体主观上不期望得到相关报酬地自觉帮助他人的行为,这种帮助形式可以具体化为在网络上对他人给予支持、指导、分享和提醒等。① 以上几位学者的观点都指出了网络利他行为一个共同的特点,即都是"自觉自愿的行为"。

(三) 网络利他行为的特点

由于网络环境具有独特性,所以网络利他行为也具有其自身的特点。从网络利他行为的实施者出发,网络利他行为具有实施者的主动性、表现形式的单一性、助人行为完成的延时性以及实施者损失的确定性等。② 当网络利他行为的实施者为青少年的时候,会更具有互动性、连续性、现实性、及时性、有效性等。这可能是因为青少年接受能力更强,能够更快速地掌握运用网络,充分利用网络利他行为操作的便捷性,使网络利他行为的受众群体更多,覆盖范围更加广阔。一般来说青少年网络利他行为有以下特点:一是表现形式的单一;二是参加者更为隐蔽;三是主观色彩更浓厚;四是旁观者效应影响更小;五是上线次数更加频繁;六是时空界限更容易打破。③

---

① 郑显亮:《大学生网络利他行为:量表编制与多层线性分析》,博士学位论文,上海师范大学教育科学学院,2010 年,第 13 页。
② 丁迈、陈曦:《网络环境下的利他行为研究》,《现代传播——中国传媒大学学报》2009 年第 3 期。
③ 陈钢:《青少年网络亲社会行为呈现新特征》,《中国社会科学报》2017 年 5 月 9 日。

二、孝道信念与青少年网络利他行为的关系

(一) 研究对象

采取随机抽样的方式,选取了来自安徽安庆市、马鞍山市、滁州市、合肥市五所中学的被试 820 名,其中七年级、八年级、九年级学生共 349 名,高一、高二、高三学生共 428 名。最终回收有效问卷 777 份,问卷回收率为 94.76%。其中,男生 454 名,女生 322 名。研究对象的基本组成情况见表 6-1。

表 6-1　被试构成情况

变量	类别	男	女	总人数	百分比(%)
年级	初一	111	83	194	25.0
	初二	69	36	105	13.5
	初三	30	20	50	2.6
	高一	178	126	304	39.1
	高二	64	55	120	15.4
	高三	2	2	4	0.05
生源地	城市	195	139	335	43.1
	农村	259	183	442	56.9
独生子女	是	186	64	250	32.2
	否	268	258	527	67.8

(二) 研究工具

采用郑显亮等编制的网络利他行为量表。量表共 26 个题目,采用李克特 4 点计分标准,从"从不"到"总是",分别计 1—4 分,得分越高说明个体在使用网络时表现出该行为的频率越高。量表包含网络支持(9 题)、网络指导(6 题)、网络分享(6 题)和网络提醒(5 题)四个维度。网络支持指对他人作出鼓励和支持的积极行为,如对人表达祝福、对他人信息积极反馈。网络指导是指网络经验相对丰富的个体对他人进行专业性强的网络指导。网络分享是

指将自身拥有的、认为有价值的、能够为他人提供帮助的资源分享到网络平台。网络提醒是指在网上给予他人提示的行为。本书中,网络支持的内部一致性系数为 0.864,网络指导的内部一致性系数为 0.799,网络分享的内部一致性系数为 0.778,网络提醒的内部一致性系数为 0.806。

(三) 网络利他行为量表的信效度分析

1. 信度分析

网络利他行为量表共有 26 个项目。量表及各分量表内部一致性系数 α 如表 6-2 所示:网络利他行为的总量表内部一致性系数 α 为 0.934,网络分享等分量表的内部一致性系数在 0.778—0.864。

表 6-2　网络利他行为量表内部一致性系数

名称	项目数	内部一致性系数
总量表	26	0.934
网络支持	9	0.864
网络指导	6	0.799
网络分享	6	0.778
网络提醒	5	0.806

2. 效度分析

本书对网络利他行为量表进行了 KMO 和 Bartlett 球形检验,KMO = 0.954,p = 0.00 < 0.05,非常适合做因子分析,提取因子后,旋转后的因子载荷均大于 0.6,因此网络利他行为量表在本书研究中具有很好的结构效度。

(四) 研究结果

1. 青少年孝道信念与网络利他行为的相关

用皮尔逊相关对孝道信念和青少年网络利他行为的关系进行分析,

结果如表 6-3 所示。孝道信念中的互惠孝道维度与网络利他行为中的所有维度均显著正相关,与网络利他行为的相关系数为 0.153;权威性孝道维度除了与网络支持不相关,与网络指导、分享、提醒均显著正相关,与网络利他行为显著正相关且相关系数为 0.163;孝道信念总问卷与网络利他行为所有维度均正相关,且与网络利他行为显著正相关,相关系数为 0.202。

表 6-3　青少年孝道与网络利他行为的相关分析

	网络支持	网络指导	网络分享	网络提醒	网络利他行为
互惠孝道	0.107[**]	0.164[**]	0.156[**]	0.125[**]	0.153[**]
权威孝道	0.070	0.235[**]	0.181[**]	0.128[**]	0.163[**]
孝道信念	0.113[**]	0.256[**]	0.216[**]	0.161[**]	0.202[**]

注: [*] $p < 0.05$;[**] $p < 0.01$;[***] $p < 0.001$。

2.青少年孝道信念与积极情绪的相关

使用皮尔逊相关对青少年孝道信念和积极情绪体验的关系进行分析,结果如表 6-4 所示。孝道信念中的互惠性孝道信念与积极情绪体验存在显著正相关,权威性孝道与积极情绪的相关关系不显著。而总的孝道信念与积极情绪体验相关系数为 0.156,即孝道信念与积极情绪之间存在正相关。

表 6-4　少年孝道与积极情绪体验的相关分析

	互惠孝道	权威孝道	孝道信念
积极情绪体验	0.319[**]	0.259	0.156[**]

3.青少年网络利他行为与积极情绪的相关研究

使用皮尔逊相关对青少年网络利他行为和积极情绪体验的关系进行分

析,结果如表6-5所示。网络利他行为的所有维度与积极情绪体验均存在显著正相关,且积极情绪体验与网络利他行为的相关系数为0.274。

表6-5　青少年网络利他行为与积极情绪体验的相关分析

	网络支持	网络指导	网络分享	网络提醒	网络利他行为
积极情绪体验	0.220**	0.298**	0.188**	0.255**	0.274**

4.孝道信念对青少年网络利他行为各维度的影响

(1)孝道信念对网络支持的影响

采用 Process 程序分析,结果表明(如表6-6所示):积极情绪体验在孝道信念和网络利他行为中的网络支持之间起中介作用。具体来看,积极情绪的中介效应显著($p<0.05$),孝道信念对青少年网络利他行为中的网络支持的影响路径如图6-1所示,可以看出,孝道信念可以显著正向预测积极情绪体验($\beta=0.94,p<0.05$),积极情绪体验可以显著正向预测网络支持行为($\beta=0.08,p<0.05$),孝道信念对网络支持的作用不显著($\beta=0.03,p>0.05$),积极情绪的中介效应 Bootstrap95%置信区间不包括0,因此,中介效应显著。

表6-6　积极情绪在孝道信念对网络支持的中介效应分析

	间接效应值	Boot 标准误	Boot CI 下限	Boot CI 上限
间接效应	0.07	0.01	0.04	0.11

注:Boot 标准误、Boot CI 下限和 Boot CI 上限分别指通过偏差矫正的百分位 Bootstrap 法预计的间接效应的标准误差、95% 置信区间的下限和上限;所有数值保留两位小数,下同。

(2)孝道信念对网络指导的影响

采用 Process 程序分析,结果表明(如表6-7所示):积极情绪体验在孝道信念和网络利他行为中的网络指导之间起部分中介作用。具体来看,积极情绪的中介效应显著($p<0.05$),孝道信念对青少年网络利他行为中的网络指导

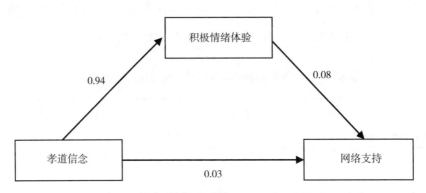

图6-1 积极情绪体验在孝道信念中对网络支持的中介作用

的影响路径如图 6-2 所示,可以看出,孝道信念可以显著正向预测积极情绪体验($\beta=0.94$,$p<0.05$),积极情绪体验可以显著正向预测网络支持行为($\beta=0.05$,$p<0.05$),孝道信念可以显著预测网络指导($\beta=-0.10$,$p<0.05$),积极情绪体验的中介效应 Bootstrap95% 置信区间不包括 0,因此,部分中介效应显著。

表6-7 积极情绪在孝道信念对网络指导的中介效应分析

	间接效应值	Boot 标准误	Boot CI 下限	Boot CI 上限
间接效应	0.05	0.01	0.03	0.07

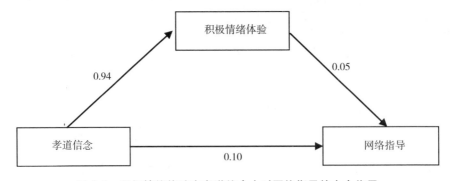

图6-2 积极情绪体验在孝道信念中对网络指导的中介作用

(3)孝道信念对网络分享的影响

采用 Process 程序分析,结果表明(如表6-8所示):积极情绪体验在孝道信念和网络利他行为中的网络分享之间起部分中介作用。具体来看,积极情绪的中介效应显著(p<0.05),孝道信念对青少年网络利他行为中的网络指导的影响路径如图6-3所示,可以看出,孝道信念可以显著正向预测积极情绪体验($\beta=0.94$,p<0.05),积极情绪体验可以显著正向预测网络分享行为($\beta=0.03$,p<0.05),孝道信念可以显著预测网络分享($\beta=0.09$,p<0.05),积极情绪体验的中介效应 Bootstrap95% 置信区间不包括0,因此,部分中介效应显著。

表6-8 积极情绪在孝道信念对网络指导的中介效应分析

	间接效应值	Boot 标准误	Boot CI 下限	Boot CI 上限
间接效应	0.02	0.01	0.01	0.04

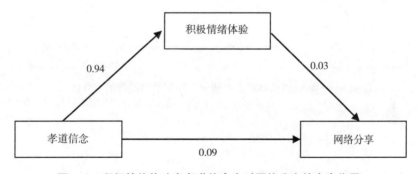

图6-3 积极情绪体验在孝道信念中对网络分享的中介作用

(4)孝道信念对网络提醒的影响

采用 Process 程序分析,结果表明(如表6-9所示):积极情绪体验在孝道信念和网络利他行为中的网络提醒之间起部分中介作用。具体来看,积极情绪的中介效应显著(p<0.05),孝道信念对青少年网络利他行为中的网络提醒的影响路径如图6-4所示,可以看出,孝道信念可以显著正向预测积极情绪体验($\beta=0.94$,p<0.05),积极情绪体验可以显著正向预测网络提醒行为

（β=0.05, p<0.05），孝道信念可以显著预测网络分享（β=0.04, p<0.05），积极情绪体验的中介效应 Bootstrap95％置信区间不包括0，因此，部分中介效应显著。

表6-9　积极情绪在孝道信念对网络指导的中介效应分析

	间接效应值	Boot 标准误	Boot CI 下限	Boot CI 上限
间接效应	0.05	0.01	0.03	0.07

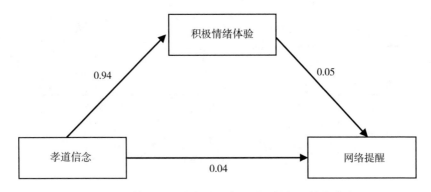

图6-4　积极情绪体验在孝道信念中对网络提醒的中介作用

（五）讨论与结论

1.孝道信念与青少年网络利他行为

通过分析,在验证了互惠性孝道正向预测网络利他行为以外,还发现权威孝道信念与青少年的网络利他行为也具有相关关系。其中,权威性孝道信念除了与网络利他中的网络支持维度不相关,与网络指导、分享、提醒等三个维度均显著正相关。基于以往的相关研究,可以得知父母的教养方式与个体的孝道信念有相关关系,关爱性的父母教养方式促进互惠性孝道的形成,控制性的父母教养方式容易促成权威性孝道的形成。其中控制性的教养方式,强调了父母对子女的掌控,在此基础上,子女更易服从权威。父母对子女的道德教育和道德行为要求较高,子女在服从父母权威的同时,作出社会提倡的积极行为会越多,而这种现象正是符合父母对子女的一种道德教育目标。所以,统计结果说明了权威孝道的积极作用,即权威性孝道信念有利于维护家庭秩序和社会秩序,也有利于形成良好的社会行为机制和规范青少年的道德行为。

2.孝道信念与积极情绪

统计分析发现青少年的孝道信念与积极情绪除了在"权威性孝道"这一维度没有显著相关关系,在其他维度和总体上都呈正相关,即青少年个体的孝道信念水平越高,积极情绪体验也越高。此外,青少年个体的互惠性孝道信念与积极情绪体验存在显著正相关,而权威性孝道与积极情绪的相关关系不显著,这可以理解为互惠性孝道相比于权威性孝道对幸福感的影响更为明显。

3.积极情绪与青少年网络利他行为

对青少年网络利他行为和积极情绪体验的关系进行分析,结果显示,网络利他行为的所有维度与积极情绪体验均存在显著正相关,相关系数为 0.274。说明积极情绪正向预测青少年的网络利他行为。积极情绪的扩展与建构理论认为:积极情绪可以拓宽认知范围,提高认知灵活性,增强个体的行为能力。心境一致理论指出当个体拥有不同心情时,出现的行为一般会与自己的心情保持一致。即好心情引发积极行为,坏心情引发消极行为。因此,该结果符合积极情绪的扩展与建构理论和心境一致理论,即积极情绪使青少年个体出现更多的网络利他行为。

4.积极情绪在孝道信念对青少年网络利他行为影响中的中介作用

通过数据分析,可以得知孝道信念和积极情绪均对青少年的网络利他行为产生影响,孝道信念和积极情绪都对网络利他行为有正向预测作用。但是,积极情绪和青少年个体的网络利他行为联系更为紧密,孝道信念主要是通过积极情绪对网络利他行为产生作用,即积极情绪是孝道信念和青少年网络利他行为之间的中介变量。

积极情绪在孝道信念对青少年网络利他行为的中介效应表明,孝道信念不仅可以对网络利他行为产生积极影响,还可以通过积极情绪的中介作用进一步正向影响青少年的网络利他行为。在孝道信念和网络利他行为的关系研究中发现,不论是互惠性孝道还是权威性孝道,都和网络利他行为呈正相关。总体上来看,积极情绪在孝道信念和青少年网络利他行为的中介效应显著。

第三节 道德同一性与青少年网络欺凌行为

一、道德同一性影响青少年网络欺凌行为

(一) 网络欺凌行为的内涵与特征

欺凌行为最初是由挪威心理学家欧文斯(Olweus)提出的,指在身体、情感或社交等方面处于弱势的个体或群体被更加强势的个体或群体蓄意和重复的伤害。① 欧文斯提出了欺凌行为的三个特征:目的性、反复性和不平衡性。在互联网发展时代,随着计算机和移动电话的广泛使用,网络欺凌已成为一种新的欺凌方式,引发了研究者们的关注。对于网络欺凌行为的概念界定,德川(Tokunaga)整合前人研究的成果,提出网络欺凌是受害者在电子设备以及数字媒体平台上反复地接收到来自某一个体或群体用户发送的具有敌对性、侵略性的信息,是以造成受害者的不适感和受伤害感为目的的攻击行为。网络欺凌行为是通过电子设备或数字媒体传播,具有目的性、重复性,通过传送带有伤害性的言语,造成受害者的不适体验。②

---

① Olweus, D., *Bullying at School: What We Know and What We can Do*, Oxford: Blackwell, Vol. 42, No. 4(December 1993), pp. 31-34.

② Tokunaga, R.S., "Following You Home from School: A Critical Review and Synthesis of Research on Cyberbullying Victimization", *Computers in Human Behavior*, Vol. 26, No. 3(June 2010), pp. 277-287.

大多数研究者都认同网络欺凌是线下欺凌在网络虚拟平台上的延伸与发展,网络欺凌与线下欺凌一样,都具有不平等性、目的性和反复性,但网络欺凌行为还有其自身的特性。

有研究者提出,网络攻击行为哪怕仅发生一次就足够被界定为网络欺凌行为。[①] 在网络环境中,欺凌者某一次对受害者实施的欺凌行为有可能引起社会广泛的关注并在平台上被大量转发,从而引发欺凌者进行再次甚至反复的欺凌行为,同时,在网络虚拟平台上进行的欺凌行为也有可能导致现实欺凌的发生。网络欺凌行为的不平等性则表现在网络环境中双方技术水平、虚拟人际的不对等上。网络欺凌是一种通过电子设备、数字媒体和其他技术手段进行的欺凌行为,大多数欺凌者通过匿名昵称来隐藏现实身份,利用网络匿名性的特点毫无顾忌地羞辱、诽谤、谩骂、诋毁他人。[②] 很多遭受网络欺凌的受害者甚至都不知道是谁对他们进行了攻击,而现实欺凌多发生在"面对面"的情境之中。同时,因为网络的普及,网络欺凌没有了场所的限制,网络欺凌可以随时随地地发生,欺凌者也无法直接观察到受害者的反应。网络欺凌中的旁观者与现实生活中的不同,由于身份和数量的未知性,任何一位网民都可以成为事件的旁观者。相较于线下欺凌情境,网络欺凌事件的旁观者受外部环境压力的影响较小,能够更加自由地发表言论。在网络欺凌发生的情境下,施害者的匿名性、无场所的限制、旁观者的不可控性都是网络欺凌区别于传统欺凌的特性。

(二) 网络欺凌行为的类型与影响因素

网络欺凌主要通过社交网站以短讯、图片、视频影像、聊天、邮件、电子游戏

---

① Bauman,S.,"Cyberbullying in a Rural Intermediate School:An Exploratory Study",*Journal of Early Adolescence*,Vol. 30,No. 6(December 2010),pp. 803−833.

② Bauman,S.,"Cyberbullying in a Rural Intermediate School:An Exploratory Study",*Journal of Early Adolescence*,Vol. 30,No. 6(December 2010),pp. 803−833.

等方式实施。威拉德(Willard)认为网络欺凌的形式主要有八种:骚扰、诋毁、假冒、欺骗、排斥、隐私披露、跟踪和情绪失控。[1] 其中,前五种形式是大多数研究者都比较认同的,也有的研究者认为隐私披露、跟踪和情绪失控与前五类有重合的地方,有的只是包含在前五个类型中,如隐私披露和欺骗在某种程度上有重合的地方,骚扰可能会导致受害者情绪失控。[2] 史密斯(Smith)认为网络欺凌有人身攻击、诽谤、网络辩论、人肉搜索以及传播他人的负面信息五种形式。[3]

很多研究都关注到了网络欺凌者个人层面的影响因素包括年龄结构、性别结构、人格特征、网络欺凌经历、移情和家庭环境等。

1. 年龄结构

有研究人员经过调查发现,对处于初中阶段的青少年群体,遭遇网络欺凌的频率会随着年龄的增长而增加。[4] 柯克·威廉斯(Kirk Williams)等研究得出年龄和遭受网络欺凌的概率之间存在着非线性关系,初中阶段被网络欺凌发生的概率最高。[5]

2. 性别结构

有研究表明男性用户比女性用户更容易实施网络欺凌行为,推测女性用户会更加倾向于以间接的形式来实施欺凌行为,[6]因此相较于线下欺凌,女性

---

① Willard,N.E.,"The Authority and Responsibility of School Officials in Responding to Cyberbullying",*Journal of Adolescent Health*,Vol. 41,No. 6(June 2007),pp.S64–S65.

② Pieschl,S.,Porsch,T.,Kahl,T.,et al.,"Relevant Dimensions of Cyberbullying-Results from Two Experimental Studies",*Journal of Adolescent Health*,Vol. 41,No. 6(September 2007),pp.S64–S65.

③ Smith,P.K.,"The Nature of Cyberbullying and What We can do about it",*Journal of Research in Special Educational Needs*,Vol. 15,No. 3(August 2015),pp. 176–184.

④ Tokunaga,R.S.(2010),"Following You Home from School:A Critical Review and Synthesis of Research on Cyberbullying Victimization",*Computers in Human Behavior*,26(3),pp.277–287.

⑤ William,K.R.,Guerra,N.G.(2007),"Prevalence and Predictors of Internet Bullying",*Journal of Adolescent Health Official Publication of the Society for Adolescent Medicine*,41(1),pp. 14–21.

⑥ Katzer,C.,Fetchenhauer,D.,Belschak,F.,"Cyberbullying:Who are the Victims? A Comparison of Victimization in Internet Chatrooms and Victimization in School",*Journal of Media Psychology Theories Methods & Applications*,Vol. 21,No. 21(January 2009),pp. 25–36.

用户更易使用网络技术等间接手段实施欺凌。

3. 人格特征

有研究者指出自恋型人格和自恋型特权感等与网络欺凌呈现显著正相关。[1] 自恋人格可以有效地预测个体在脸书等网络社交平台上的反社会行为。科斯塔斯·凡蒂(Kostas Fanti)等的一项纵向研究也证明了自恋人格会影响个体实施网络欺凌行为的倾向。[2]

4. 网络欺凌的经历

有研究指出,网络欺凌事件中欺凌者和被欺凌者的自尊水平明显低于没有经历过网络欺凌的用户群体。[3] 自尊心低的人为了获得自身的自尊满足感,会更多地在虚拟平台上强调以控制性的行为或地位来弥补现实交往中的缺失。

5. 移情

移情与亲社会行为显著正相关,且可以抑制或减少攻击行为。研究发现,个体发生网络欺凌行为的概率与认知移情能力有关,认知移情能力越高的个体实施网络欺凌行为的可能性越小。[4]

6. 家庭环境

传统欺凌中,在亲子关系不和谐的家庭环境中成长的儿童实施欺凌行为的概率要高于在亲子关系和谐家庭中成长的儿童。[5] 在网络欺凌环境下,欺

---

[1]　Goodboy, A.K., Martin, M.M., "The Personality Profile of a Cyberbully: Examining the Dark Triad", *Computers in Human Behavior*, Vol. 49(August 2015). pp. 1-4.

[2]　Fanti, Kostas A. Henrich, Christopher C., "Effects of Self-Esteem and Narcissism on Bullying and Victimization during Early Adolescence", *Journal of Early Adolescent*, Vol. 35, No. 1 (January 2014), pp. 5-29.

[3]　Brewer, G., Kerslake, J., "Cyberbullying, Self-esteem, Empathy and Loneliness", *Computers in Human Behavior*, Vol. 48(February 2015), pp. 255-260.

[4]　陈萌萌等:《移情对中学生网络欺凌的抑制:性别、年级的调节作用》,《中小学心理健康教育》2016年第1期。

[5]　Beran, T., Li, Q., "Cyber-Harassment: A Study of a New Method for an Old Behavior", *Journal of Education Computing Research*, Vol. 32, No. 3(July 2005), pp. 265-277.

凌行为的施害者也多为家庭亲子关系较差的青少年。[1]

（三） 青少年道德同一性对网络欺凌行为的影响

道德同一性是一种关于自我的道德认知心理结构,培养个体的道德同一感,可防止其自我角色的混乱,有助于使个体获得道德同一性这一稳定的心理结构。青少年时期是获得道德同一感的关键时期,道德同一感是一种自我道德感,是一种道德行为的动机。同时,道德行为的动机并非只是个体简单认同"好人"的结果,某种程度上是源自与道德同一感相一致的愿望,即个体会遵循一定的价值标准做事,而按照什么样的价值标准做,取决于他想成为什么样的人。按照他认可的价值标准做事,进而实现他想成为的某一类人,也就获得了前后一致的自我同一感。因此,让青少年获得和确认一套自己可以为之奋斗的生活目标,以及为了实现这一目标必须依据的价值标准,是使青少年获得道德同一感的前提和基础。在学生获得一定的道德知识、体验了复杂的道德情感之后,教师还要引导学生思考和追问"我是谁?""我想成为一个什么样的人?""我如何成为那样的人?"等问题。通过对这些问题的追问,不仅能发展青少年的理性智慧,更重要的是培养他们的道德意志。道德意志能够让个体克服环境的影响,让习得的道德知识和体验到的积极道德情感持续不断地作用、引导和强化个体的道德行为,而自主、自觉、自控的道德行为最终帮助个体形成稳定的自我认识,获得自我的道德同一感。在获得道德同一感后,青少年不会违背自我认识作出网络欺凌行为,即使在一些情境下,由于冲动情绪的影响用言语恶意攻击了他人,他们内心也会因行为与认知的相悖而产生强烈的愧疚感,良心受到严重谴责。这些消极情感体验能有力消解青少年网络欺凌行为的道德推脱心理机制,显著抑制青少年网络欺凌行为再次发生,有效降低网

---

[1] Chen,X,DeSouza,A.T.,Chen,H.,et al.,"Reticent Behavior and Experiences in Peer Interactions in Chinese and Canadian Children", *Development Psychology*, Vol. 42, No. 4 (August 2006), pp. 656-665.

络欺凌行为的反复性。

二、青少年网络欺凌行为与道德推脱的实证研究

（一）研究被试

研究在安徽芜湖市、安庆市、蚌埠市的五所中学进行随机抽样,选取被试者998名,初中年级包含七年级、八年级学生538名,高中年级包含高一、高二学生460名。回收有效问卷960份,问卷回收率为96.19%,被试者年龄范围在13—17岁之间,其中,男生357人,女生603人。研究对象的基本组成情况见表6-10。

表 6-10 被试者构成情况（N=960）

变量	类别	人数	百分数（%）
性别	男	357	37.19%
	女	603	62.81%
年级	初中	518	54.00%
	高中	442	46.00%
生源地	城镇	345	36.00%
	农村	615	64.00%
独生子女	是	335	34.90%
	否	625	65.10%

（二）研究工具

采用厄兹居尔·埃杜尔（Ozgur Erdur）等编制的网络欺凌行为量表。该量表包含两个分量表:网络欺凌与网络被欺凌量表,分别包括18和16个题目。网络欺凌量表是用来测量在网络环境中进行欺凌他人的水平,网络被欺

凌量表是用来测量在网络环境中被他人欺凌的水平。周宗奎等为使两个分量表在内容上保持一致,在网络被欺凌量表中增加两个题目,在中国青少年群体中具有较高的信效度,适用于中国文化背景。修订后的量表一共36个项目,网络欺凌量表与被欺凌量表各占18个题项,采用4点计分法,从1"从来没有"到4"5次以上",得分越高代表个体卷入网络欺凌的水平越高。在本书研究中,网络欺凌量表的内部一致性系数为0.93,网络被欺凌量表为0.91,总量表的内部一致性系数为0.95。

(三) 网络欺凌行为量表的信效度分析

1.信度分析

网络欺凌量表共有36个项目。网络欺凌量表及两个分量表的内部一致性系数 α 如表6-11所示:网络欺凌总量表的内部一致性系数 α 为0.95,网络欺凌分量表与网络被欺凌分量表的内部一致性系数 α 分别为0.93和0.91。

表6-11 网络欺凌量表内部一致性系数(N=960)

名称	项目数	内部一致性系数
总量表	36	0.95
网络欺凌行为	18	0.93
网络被欺凌行为	18	0.91

2.效度分析

本书对网络欺凌量表进行了 KMO 和 Bartlett 球形检验,本量表的 KMO 值为0.94,$p = 0.00 < 0.05$,因此非常适合做因子分析,提取因子后,旋转后的因子载荷均大于0.6,因此说明网络欺凌量表在本书研究中的结构效度较好。

（四）研究结果

1. 青少年公正世界信念和网络欺凌行为的相关

表6-12 青少年公正世界信念与网络欺凌行为的相关分析

	公正世界信念	一般公正世界信念	个人公正世界信念	网络欺凌行为	网络被欺凌行为
公正世界信念	1				
一般公正世界信念	0.90**	1			
个人公正世界信念	0.89**	0.61**	1		
网络欺凌行为	−0.11**	−0.09**	−0.11**	1	
网络被欺凌行为	−0.11**	−0.11**	−0.08*	0.75**	1

注：* $p<0.05$；** $p<0.01$；*** $p<0.001$。

采用皮尔逊积差相关对青少年公正世界信念与网络欺凌行为的关系进行分析，结果如表6-12所示。

由表可知，青少年公正世界信念与网络欺凌行为存在显著负相关，相关系数为−0.11，与网络被欺凌行为也存在显著负相关，相关系数为−0.11。公正世界信念的两个分维度，一般公正世界信念与网络欺凌行为、网络被欺凌行为存在显著负相关，相关系数分别为−0.09和−0.11；个人公正世界信念与网络欺凌行为、网络被欺凌行为也存在负相关，相关系数分别为−0.11和−0.08。由此可知，公正世界信念水平越高，青少年的网络欺凌与被欺凌行为越少。

2. 青少年道德推脱与网络欺凌行为的相关

为探究道德推脱与网络欺凌行为的关系，对二者及其各维度进行相关分析，结果如表6-13所示。从整体来看，青少年道德推脱水平与网络欺凌行为存在显著正相关，相关系数为0.38，与网络被欺凌行为也存在显著正相关，相关系数为 0.75;道德推脱的八个分维度与青少年的网络欺凌行为、网络被欺凌行为均存在显著正相关。由此可知,道德推脱的水平越高,网络欺凌与被欺凌行为越多。

表 6-13　青少年道德推脱与网络欺凌行为的相关分析

	网络欺凌行为	网络被欺凌行为	道德推脱	道德辩护	委婉标签	有利比较	责任转移	责任分散	扭曲结果	责备归因	非人性化
网络欺凌行为	1										
网络被欺凌行为	0.75**	1									
道德推脱	0.38**	0.75**	1								
道德辩护	0.22**	0.25**	0.78**	1							
委婉标签	0.31**	0.27**	0.80**	0.64**	1						
有利比较	0.40**	0.31**	0.72**	0.38**	0.56**	1					
责任转移	0.27**	0.28**	0.74**	0.42**	0.50**	0.50**	1				
责任分散	0.22**	0.25**	0.78**	0.50**	0.51**	0.53**	0.62**	1			
扭曲结果	0.36**	0.30**	0.74**	0.38**	0.59**	0.65**	0.61**	0.55**	1		
责备归因	0.35**	0.29**	0.77**	0.47**	0.56**	0.59**	0.50**	0.55**	0.58**	1	
非人性化	0.25**	0.23**	0.75**	0.63**	0.51**	0.43**	0.43**	0.47**	0.40**	0.53**	1

注: * $p < 0.05$; ** $p < 0.01$; *** $p < 0.001$。

3.青少年公正世界信念与道德推脱的相关

为探究青少年公正世界信念与道德推脱的关系,对二者及其各分维度进行相关分析。从整体上看,青少年公正世界信念与道德推脱存在显著负相关且相关系数为-0.21;公正世界信念的两个子维度个人公正世界信念、一般公正世界信念与道德推脱存在显著负相关,其相关系数分别为-0.20和-0.17;道德推脱的责任转移这一分维度与公正世界信念及其两个子维度均无显著相关,扭曲结果这一分维度与一般公正世界信念无显著相关,但与公正世界信念及个人公正世界信念这一子维度均存在负相关。由此可以认为,从总体上看,公正世界信念较高的青少年不容易发生道德推脱。

4. 公正世界信念对青少年网络欺凌行为的影响

采用 Process 程序分析,结果如表6-14所示:道德推脱在公正世界信念和网络欺凌行为之间起中介作用。具体来看,道德推脱的中介效应($p<0.001$),公正世界信念对网络欺凌行为的影响路径图如图6-5所示,可以看出,公正世界信念可以显著负向预测网络欺凌行为($\beta=-0.11,p<0.01$),公正世界信念可以显著负向影响道德推脱($\beta=-0.19,p<0.001$),道德推脱可以显著正向预测网络欺凌行为($\beta=0.35,p<0.001$)。道德推脱的中介效应 Bootstrap 95%置信区间不包括0,因此,中介效应显著。

表6-14　道德推脱在公正世界信念对网络欺凌行为的中介效应分析

变量	点估计值	SE	t 值	Bootstrap (95%的置信区间)	
				下限	上限
总效应 (公正世界信念→网络欺凌行为)	-0.10	0.03	-3.31**	-0.16	-0.04
直接效应 (公正世界信念→网络欺凌行为)	-0.03	0.03	-1.01	-0.09	0.03
间接效应 (公正世界信念→道德推脱→网络欺凌行为)	-0.07	0.02	—	-0.11	-0.04

注:* $p<0.05$;** $p<0.01$;*** $p<0.001$。

(五) 讨论与结论

1. 青少年网络欺凌行为的总体特征分析

近年来,网络欺凌已成为社会热点话题,由于其匿名性、无限制性等特点,导致网络欺凌的危害范围广泛、后果严重。随着互联网的普及,人们接触网络的时间越来越早,尤其是青少年,他们的人生观、价值观还处在形成却又尚未

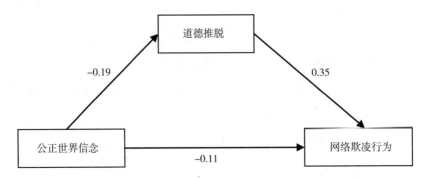

图 6-5 道德推脱在公正世界信念对网络欺凌行为的中介作用

确立的时期,思想容易受到其他负面现象的影响和冲击,在混乱的网络环境中更容易表现出一些极端的行为。[①]

由青少年网络欺凌与被欺凌的平均值可以看出,目前网络欺凌与被欺凌行为发生率不高,且被欺凌行为发生的可能性略高于欺凌行为,这与汪耿夫等的研究结果一致。[②] 一方面,这与我国的教育是有一定关系的,说明目前我国的基础教育做得相对较好。同时,近些年来,随着心理健康教育课程在各个教育阶段的普及,对青少年的道德观的形成有着正面的影响。另一方面,被试者可以有意隐藏自己的主动欺凌行为,从而逃避谴责,获得社会赞许。

2. 公正世界信念、道德推脱与青少年网络欺凌行为的关系分析

(1)公正世界信念与青少年网络欺凌行为的相关分析

青少年公正世界信念及两个维度一般公正世界信念、个人公正世界信念与网络欺凌行为、网络被欺凌行为存在显著负相关,也就是说,公正世界信念水平较高的青少年更不容易发生网络欺凌与被欺凌行为。当青少年遭遇不公正情况时,对公正世界的信念感会降低,并可能选择一种新的攻击模式,即成为网络欺凌行为的实施者。公正世界信念是一种价值信念,也就是相信自身

---

① 雷雳、李冬梅:《青少年网上偏差行为的研究》,《中国信息技术教育》2008 年第 10 期。

② 汪耿夫等:《青少年传统欺凌、网络欺凌与抑郁症状的相关性研究》,《中华预防医学杂志》2015 年第 49 期。

生活的世界是公正的,一旦这个信念被自身所面对的不公平情境所冲击,个体就可能将这种心理能量投射到他人身上,进行欺凌、攻击等消极行为。而网络的虚拟性、匿名性为青少年实施这些消极行为提供了更为便利的平台,在互联网平台上,青少年感觉自己不必像现实欺凌那样为自己的攻击行为负责,同时匿名欺凌的方式也降低了他们的心理负罪感,因此,他们更容易在互联网平台上实施欺凌行为。在网络平台上,青少年也更容易交到兴趣相投的"知己",对自身所遇见的不公平事件给予控诉,引起共鸣。因此,在网络平台上,这种不良情绪更容易得到消极的释放,从而引发网络欺凌事件的发生。

(2)道德推脱与青少年网络欺凌行为的相关分析

青少年道德推脱水平及其八个子维度与网络欺凌行为、网络被欺凌行为存在显著正相关,此结果表明,道德推脱水平较高的青少年,发生网络欺凌、网络被欺凌行为的概率也会较高。这与以往的研究结论一致,分析结果也进一步支持了道德推脱理论。

道德推脱是一种不良的道德认知倾向,会使个体的道德自我调节功能失效,从认知上降低个体对不道德行为的抑制,通过道德辩护、委婉标签、有利比较、责任转移、责任分散、扭曲结果、责备归因以及非人性化这八种方式,逃避因自身的不道德行为带来的内疚和自责。一般情况下,个体都有一套固有的内在道德标准来衡量和管理自身的行为,从而使个体的行为更符合社会道德的要求。同时,通过这种道德标准的管理,个体在作出不道德行为时也会产生内疚、自责等情绪,从而使个体停止继续作出不道德的行为,而道德推脱即是帮助个体逃脱自身因作出不道德行为而产生的不良情绪。在网络中,个体与另一个个体或群体的交流是虚拟的,不是面对面进行的,因此,与现实欺凌可能会受到处分不同,当个体在网络中实施欺凌行为时,因为看不见被欺凌者的反应,所以可能不会预测网络欺凌产生的后果,也可能不会考虑到之后自身所要承担的责任,因此个体在实施网络欺凌后会更倾向于寻找正当的理由为自己的行为开脱。随着当今社会互联网的迅速发展,越来越多的人会利用空余时间上网,网络欺凌行为可能会受到更多人的关注,有些旁观者也会参与到其中。由于人数的不可控,个体更倾向于使用责任分散来开脱自身所作出的不道德行为,认为网络欺凌中受害者的遭遇是群体参与产生的后果。因此,道德推脱会对网络欺凌行为产生显著的正向影响。

(3)青少年公正世界信念与道德推脱的相关分析

统计结果显示,青少年公正世界信念与道德推脱水平存在显著负相关。当个体感受到公平对待时,更容易获得自身满足感,从而使自身的道德意识更强,相对于受到不公平对待的人群来说,不容易发生道德推脱。经济贫乏的个体相比于经济富余的个体更容易产生不道德行为,由于自己经济上的匮乏,引发道德推脱。经济贫乏的个体可能会因为歧视、获得感低等原因遭受不公正的待遇而导致自身的公正世界信念水平较低,进而打破自身的道德标准,实施不道德行为,而针对行为的后果,也更可能采取推脱的方式让自己逃避谴责,从而实现心理平衡。

(4)道德推脱在青少年公正世界信念与网络欺凌行为之间的中介作用

将公正世界信念作为自变量,道德推脱作为中介变量,网络欺凌行为作为因变量,从更加深入的角度探究道德推脱在公正世界信念和网络欺凌行为之间所起到的作用。分析结果表明,道德推脱在公正世界信念与网络欺凌行为之间起中介作用,道德推脱在公正世界信念与网络被欺凌行为之间也起到中介作用。说明在一定程度上,道德推脱对网络欺凌行为与被欺凌行为产生影响是通过公正世界信念来完成的。公正世界信念水平高的个体在欲作出不道德行为之前或之后,会激活自身的内在道德标准,从而阻止个体发生不道德行为,也不容易通过对自身行为的重新解释、寻找借口来摆脱自责、内疚感。因此公正世界信念水平高的个体不容易产生网络欺凌行为,进而有较少的道德推脱;而公正世界信念水平低的个体会通过攻击、欺凌其他个体等方式来控诉自己在学习、生活中所遭遇的不公正待遇,以求自身的心理平衡,低公正世界信念的个体会积极寻找各种理由和借口开脱自己对他人作出不道德行为所产生的自身内疚感,同时也让自身的行为不会看上去难以原谅。

网络欺凌行为与网络被欺凌行为的相关性也表明,相对于未参与到网络欺凌情境中的个体,网络欺凌行为中的施害者也更容易成为受害者,因此高公正世界信念的个体因为较少参与到欺凌事件中,所以也会较少地遇到网络被欺凌行为,同时,他们在遭受他人施予的网络欺凌行为时,也不会通过同样的消极方式来反击、报复。低公正世界信念水平的个体会较多地参与到网络欺凌行为之中,因此,他们也会遇到更多的网络被欺凌行为,同时,在遭遇网络欺凌之后,他们也更倾向于采取同样的方式反击,之后凭借以其人之道还治其人之身的理由来推脱责任以达到自身无害的目的。因此,公正世界信念较低的青少年道德推脱水平较高,进而容易发生更多的网络欺凌行为。

第四节　促进青少年社会性发展的对策和建议

伴随决胜全面建成小康社会取得决定性成就、全面建设社会主义现代化国家新征程即将开启,中国青少年发展取得了举世瞩目的历史性成就。青少年发展的物质基础极大丰裕、内生动力极大增强、机会空间极大拓展、权益保障极大夯实。新时代中国青少年正日益展现出蓬勃向上的良好发展势头,新时代青少年发展事业正面临承前启后、继往开来难得的历史机遇。面向未来,要着眼中华民族伟大复兴战略全局和世界百年未有之大变局,深入把握青少年发展的内在规律和时代特征,依托中长期青少年发展规划实施,着力塑造体格强健、精神强大、能力强劲的新时代中国青少年。中国当代青少年有十分鲜明的特点:一是中国青少年对自己的社会,对自己国家的认同感、归属感从来没有像现在这么强烈;二是中国当代青少年见多识广,特别是青年人国际经验从来没有这么多,越有国际经验他们对中国的认同越多。在各类网络社交媒体上,在一切有互联网的地方都有当代中国青少年的声音,同时他们发展了自已非常广阔的生活趣味、生活品位、生活爱好,这些都体现了他们对国家的认同。处在中国历史上发展最快、最富裕的时代,青少年对国家的信心推动了很多文化形态和生活状态的改变,这些改变对未来来说至关重要。一是加强青少年网络道德学习。大力开展青少年群体网络素养教育,充分发挥新媒体作用,对青少年的非理性情绪和错误认识进行有效引导,可更好地促进青少年社会性发展。二是持续优化青少年成长环境。推动形成文明温馨的家庭环境,面向家长群体大力倡导优良家风家教建设,预防和制止家庭暴力。着力构建安全稳定的校园环境,深入开展"护校安园"等行动,从严查处危害青少年身心健康的文化产品,严防校园欺凌、校园暴力等案件事件发生。积极营造和谐稳定的社会环境,持续深化"青少年维权岗"创建活动,持续加大对重点青少年群体的服务管理,夯实青少年健康成长的社会基础。

一、更新教育理念,提供青少年网络道德学习公平机会

公正世界信念对网络欺凌行为的影响显著,当个体认为世界是公平的,更愿意作出积极行为来维护公平,但若个体认为世界是不公平的,可能产生负面行为。事实上,学生时期,青少年及成年人多关注于青少年的学业成绩,常以学业成绩论学生"好坏"。这种一刀切的评价方式,造成青少年心理发展模式单一,难以应对环境的多样性和复杂性。而且常在学业成绩中受到歧视的青少年,常常自责内疚,严重时会有强烈的无助感。给青少年贴标签,营造一种不尊重的氛围,在一个并不公正的环境中,青少年难以获得公正感。"教育公平是社会公平的重要基础,要不断促进教育发展成果更多更公平惠及全体人民,以教育公平促进社会公平正义"①。因此,家长、学校、社会要善于发现青少年的优点,鼓励青少年克服缺点,接纳不完美,客观、公正地了解青少年的情况,给予青少年公平的发展机会。

---

① 习近平:《全面贯彻落实党的教育方针 努力把我国基础教育越办越好》,《人民日报》2016 年 9 月 10 日。

2018年广东也全面开展中小学性别平等教育,研究结果显示,在网络欺凌与被欺凌行为及道德推脱方面,男生的得分要显著高于女生,这反映除了学校及家庭教育中性别定性化教育所带来的消极影响。性别是客观存在,面对性别差异,我们更应该关注事实本身。也就是说,既不让性别成为欺凌行为的"合理理由",也不让性别成为欺凌行为的"免罪牌"。虽然"性别刻板印象"难以在短期内消除,但是从长远看,普及性别平等的概念,鼓励异性互相尊重,正确认知性别的差异,更有利于青少年平稳度过青春期,有利于社会和谐。

二、健全机制模式,引导青少年绿色文明网络行为

目前,青少年已经成为网络使用的大群体,但不少青少年却沦为了网络的荼毒者,而我们更希望青少年能够成为网络中的积极者。网络利他行为作为一种正面的网络行为,对青少年的心理健康具有许多积极影响。社会有多种可能,青少年未必会经历所有的情况,而网络利他行为可以出现在不同情景中。也就是说,青少年通过接触网络利他行为可能将利他行为从线上迁移到线下生活中;对于青少年了解家庭责任感和班级责任感也是同样的道理。在这些过程中青少年对道德事件的情感觉察感与体验感增强,他们通过在网络中帮助别人,更加了解帮助别人的合适方法,更重要的是青少年可以在能力范围内克服困难、帮助他人。所以教育者必须要引导青少年的网络行为,"坚持以习近平新时代中国特色社会主义思想为指引,以文化培育为基础,以实践养成为关键,以综合治网为保障,以共建共享为目标,在网上大力培育和践行社会主义核心价值观,传播文明理念,培育文明风尚,营造更加清朗的网络空间,更好涵育广大网民特别是青少年爱国情怀、道德情操和网络素养,在新时代新征程上凝聚强大精神力量。"[1]第一,帮助青少年体会到网络的积极意义,一方

---

① 《习近平致信祝贺首届中国网络文明大会召开强调:广泛汇聚向上向善力量 共建网上美好精神家园》,《人民日报》2021年11月20日。

面从思想上树立积极正确的网络使用观念,另一方面引导青少年利用网络学习新知识、开阔眼界,提高自信心。第二,针对性地开展相关主题讲座或课程,可以利用信息技术课,普及网络技术的相关知识等,培养他们良好的网络使用习惯。

三、加强条件保障,发挥健康网络文化的育德功能

青少年所表现出来的道德特征与其心理发展是息息相关的,他们在认知上已经具备道德推脱能力,这也意味着这是引导青少年道德发展的关键。当青少年既具备建设和谐网络环境的能力、又具备在网络产生负面行为的能力时,要帮助青少年体会到网络和谐的益处,强化他们良好的网络习惯。习近平总书记要求学校教育应该"努力做到每一节课不仅传播知识、而且传授美德,每一次活动不仅健康身心、而且陶冶性情"[①],并在全国教育大会上提出,要把立德树人融入思想道德教育、文化知识教育、社会实践教育各环节,因此学校要加强道德教育,帮助学生树立正确的道德观。

学校开展网络德育课程是为了学生,那么德育课程就要尽量贴近学生生活。从学生可能面临的风险出发,用生动的案例引导学生形成正确的认知、形成合理的应对方式。如果能多一些实践,多创设模拟的环境,学生对网络德育的认知会更加深刻。目前,我国中小学基本开设信息技术课程,已经开始学习网络道德内容,虽然一些信息化发展程度较高的国家已经将网络道德教育纳入道德教育课程之中,但是我们更要走出一条符合我国国情的网络道德教育之路。这意味着,我们不仅要广泛地借鉴已有的网络道德教育内容,更要结合我国社会发展特点、历史文化环境,才能更有效地帮助青少年走好人生之路,养成良好的网络道德习惯。

---

① 《习近平谈治国理政》,外文出版社 2014 年版,第 184 页。

四、注重因材施教,增强青少年网络风险防范能力

随着网络技术的飞速发展,互联网已基本普及,而青少年已成为当今网络使用的主力军之一,青少年正处在人生观及价值观形成又尚未确定的时期,容易出现一些问题行为。成年人和青少年经历的网络环境可能有差异,比如初始时期的网络可能并未有太多负面内容,或者说使用网络并不普遍。但是随着网络的兴起,网络欺凌现象已经普遍存在,最初使用网络的那些人可能因为的确没有经历网络欺凌而缺乏防范意识,也未告知下一代人要警惕,但此时的儿童青少年已经毫无防备地暴露在风险环境中——当人们意识到这些风险的确在伤害儿童青少年时,伤害已发生。已有的研究已经发现网络欺凌、网络被欺凌会给青少年的成长带来极大的心理伤害,建议学校政策、教师培训资料、家长指导材料中需要涉及网络欺凌内容。成年人要先了解网络欺凌是什么,才能制定相应的策略,并将应对措施传授给学生。学生具备网络欺凌的基本知识,既可以约束自己的网络行为、了解网络行为的责任和后果,争取不成为网络欺凌发起者,也可以提高分辨网络风险的能力、保护自己的权益不受侵犯,遇到网络欺凌也能积极应对。"网络空间是亿万民众共同的精神家园。网络空间天朗气清、生态良好,符合人民利益。网络空间乌烟瘴气、生态恶化,不符合人民利益。"①因此,成年人要为学生守好第一道防线,除了加强对网络平台的监管,普及网络信息安全知识,引导学生形成正确的网络道德意识,更要在第一时间保护好学生的权益。

---

① 习近平:《习近平谈治国理政(第二卷)》,外文出版社 2017 年版,第 336 页。

第七章　网络道德学习与
青少年人格发展

　　青少年处于人格形成和发展的关键阶段,作为网络新媒体的受众,青少年既是网络社会中最活跃、最具有网络创造活力的群体,同时也最容易受到网络环境的影响。营造健康网络文化环境,加强青少年网络道德学习,有利于帮助青少年分辨网络信息是非、弃恶扬善,提升网络道德水平。[①] 随着网络强国工程的深入推进,青少年网络道德教育、网络道德行为规范制定、网络秩序维护等实践亟须大量实证研究成果为依据。加强网络道德学习与青少年人格发展研究,可更好地提高青少年心理健康水平,满足青少年对心理健康服务的现实需要,同时也为建立和完善网络心理健康服务体系,加强网络监管和引导网络行为提供决策参考依据。完善青少年网络成长环境,引导青少年加强网络道德学习,关乎国家与民族的未来,也是网络精神文明建设的时代课题。

第一节　网络环境与青少年道德人格发展

　　"才者,德之资也;德者,才之帅也。"人才培养是育人和育才相统一的过

---

　　① 桑青松等:《压力性生活事件与青少年自尊:被动性社交网站使用和人生意义感的中介作用》,《心理科学》2019 年第 5 期。

程,育人是本。人无德不立,育人的根本在于立德。这是人才培养的辩证法。青少年可塑性强,处于人生观、价值观、世界观尚未定型时期,扣好人生的第一粒扣子对于价值观养成至关重要。

一、人格与道德人格解读

(一) 人格、道德人格的内涵

人格"Personality"一词,最初源于古希腊语 persona,此词的原意是指希腊戏剧中演员的面具,面具随人物角色的不同而变换,体现了角色的性格。对于人格,不同学科甚至相同学科的不同学派或不同学者往往从不同的视角、以不同的方式对人格的某一维度、某一侧面进行界定和把握,得出不同的结论。比如,伦理学从道德的角度将人格视为主体道德品质的体现;法律学认为人格是主体的权利和义务的资格。心理学认为人格是个体的一种内在品质,是在遗传与环境的交互作用下,个体所具有的稳定而独特的心理品质组合系统,包含了个体在认知、情感和行为等各方面的特点。人格是构成一个人的思想、情感及行为的特有模式,这个独特模式包含了一个人区别于他人的稳定而统一的心理品质。目前众多人格心理学家采用心理特质来描述个体的人格特征,将人格看作是个体内部的心理特质和机制的集合。

人格特质具有一定的道德属性,例如,仁慈、诚实、同理心。其实,人性善恶问题一直是大众关切的社会现实问题,探究善恶内涵及影响因素为结构性地观察人性善恶提供了窗口。道德人格是人格的道德规定性,是个体的道德认识、道德情感、道德意志、道德信念和道德行为习惯的有机结合。道德认识为道德行为的实践提供了理论基础,道德情感是伴随道德行为产生的内心体验和外部行为,道德意志是道德认识、道德情感向道德行为转化的中介,也是道德人格实际形成的关键点,道德信念居于核心的地位。道德行为是在道德认识和道德意志支配下采取的道德行动,也是道德人格的实践形式。党的十八大以来,我国提出了社会主义核心价值观,将"诚信""友善"作为对人的基本人格要求,为培育和践行社会主义核心价值观在个人层面提出了具体明确要求。党的十九大报告中指出,要加强社会心理服务体系建设,培育自尊自信、理性平和、积极向上的社会心态。强调要健全社会心理服务体系和疏导机制,塑造自尊自信、理性平和、亲善友爱的社会心态。其中,培养亲善友爱等积极的人格品质是社会心态塑造的核心。

(二) 人格的研究范式

人格研究的经典范式主要包括精神分析范式、特质论范式、行为主义范式和人本主义范式等。相比较而言,精神分析范式倾向于研究人格动力,寻求人们的特征性行为的内在根源,解释人们为什么会发生特定的思想、情感和行为;特质论范式倾向于研究人格结构,描述人格的静态画面,解释人们的思想、情感和行为的个别差异;行为主义范式倾向于研究人格过程,试图揭示人格的发生和形成的心理机制及其影响因素,解释人们的思想、情感和行为是如何发生的;人本主义范式倾向于研究人格的目的和价值,试图解释个人存在和发展的最终依据是自我完善、自我实现还是意义发现,解释人们的思想、情感和行为的终极性价值问题。

近年来,随着人格心理研究的不断深入,出现了三种新的人格研究范式:社会认知范式、生物学研究范式和文化研究范式。

1.社会认知范式——强调认知、动机和目标变量

社会认知学派的早期代表人物米歇尔认为个体是通过认知来组织和处理外界信息,在与环境的互动中解决问题,个体的行为随情境的要求而变化。米歇尔的认知—情感人格理论,强调编码方式、期望和信念、情感、目标价值、能力和自我、计划调整等个体变量在行为产生中的重要作用。班杜拉的理论则强调获得和保持行为中的认知因素,突出个体、行为和环境三者之间交互作用。自我认知理论可看作是社会认知研究的核心内容,该理论将自我看作是影响自身信息加工的重要图式,关注个体的差异,关注每个人如何产生自我体验、实现自我目标,自我的认知、期待、动机、目标等变量如何影响行为的表现。

2. 生物学研究范式——关注遗传和进化的作用

随着学科交叉融合的增多,人格心理学与生物学相结合的研究逐步增多。研究者试图更清晰地了解哪些行为具有基因基础,遗传基因究竟对个体人格的发展发挥多大作用,试图追溯人们为什么具有众多共同的行为模式。其一,人格的行为遗传学研究比较盛行。它的目的就是分析在人格特质的个体差异中,能够分别用遗传和环境的差异来解释的程度,但它更强调遗传的影响。行为遗传学的主要研究方法是家庭研究、双生子研究和领养研究,除此之外还有全体调查法、细胞遗传学等其他方法。行为遗传学将特质差异归结为三个因素:遗传力、共享环境和非共享环境。行为遗传学既证实了"人格是由遗传和环境决定"的观点,同时,又为解决遗传和环境决定论之间的矛盾冲突提供了新途径。其二,进化理论试图追溯人格久远的根源。认为人格是有生物基础的,正是遗传机制导致了个体人格的差异。进化论观点追寻人类多种行为模式的根源问题:即人类众多共同行为模式的生物基础是什么? 从心理现象的起源和适应功能出发来探索人类的心理机制,以自然选择和适应作为核心概念来解释人类的行为模式。

3. 文化研究范式——探讨文化与人格的关系

"人格中的文化"突出人格中的文化因素,强调人格中带有某种文化色彩,即所谓的"文化人格"。这是从静态的文化维度出发,在稳定的民族或集体文化基础上讨论人格的共同性。"文化中的人格"则体现了一种动态的观点,主张个体的文化行为要依据当时情境的变化性而定。文化行为要受制于个体对文化意义的理解,要根据具体情境中表现某种行为是否可能与可行而定。而且,动态的文化观还关注社会新型文化形态对人们思维、行为和情感以及人格的影响,不同文化中的个体具有不同的动机、兴趣、态度以及价值观,其行为具有很深的文化印记,即所谓的"民族文化性格"。

二、网络环境对青少年道德人格发展的影响

网络空间道德是公民道德建设的重要阵地,加强网络空间道德建设是培养造就时代新人的必然要求。网络文化环境下青少年道德学习是"内化"和"建构"的统一,其对青少年人格发展的影响主要集中在青少年网络道德素养的提升。

(一) 青少年道德人格的组成

孔子以"仁"为核心提出了君子人格,强调人格主要有"仁""义""礼""智""信"五个结构要素,且"仁"为核心,"义"和"礼"为道德和社会评价标准,通过对"仁""义""礼""智""信"的认知,达到"仁""义""礼""智""信"完美结合的一种人格结构状态,这种人格结构状态具有道德性、规范性、互动性和功能性等特征。儒家理想人格是"内圣外王"的君子型人格,其实质是一种道德理想人格,仁与礼是其根深蒂固的主题,对中华民族性格的形成和发展产生了深远的影响。儒家理想人格重视内省和践行的道德人格养成途径,对青少年道德人格的形成和发展产生重要影响。

青少年道德人格由以下五个部分有机组合:第一,道德认识,是指对道德行为准则及其执行意义的认识。第二,道德情感,是个人道德意识的构成因素,指人们依据一定的道德标准,对现实的道德关系和自己或他人的道德行为等所产生的爱憎好恶等心理体验。第三,道德意志,是指在履行道德义务过程中,有意识地调节、支配自己的行为,克服困难,从而履行道德义务的能力。由于意志具有独立性、果断性、坚定性和自制性,道德意志的独立和自主被认为是个体道德人格确立的真正标志。第四,道德信念,信念作为强大的力量,是蕴含于人格里面的一个重要的心理因素。当一定的道德认识和相应的道德情感在道德实践活动的基础上相结合并产生共鸣时,便会构成一个高层次、高水平的道德动机,即道德信念。第五,道德行为,是在道德认识和道德意志的支配下产生的社会行动,它是道德人格的实践形式。青少年实施的道德行为可

能会表现出多重性这一特征。道德行为的多重性是指道德主体不具备道德人格的同一性特征,在处于不同环境、扮演不同角色时其道德品质和道德行动存在着明显的差异,不能一贯地保持其道德人格的本质方面或基本方面。

(二) 网络环境对青少年道德人格发展的影响

道德人格塑造是一种终生的自我教育,特别强调培养学生自尊、自爱、自重、自我完善的精神和积极乐观的生活态度。塑造青少年健全道德人格必须把自我教育放在首位。道德人格的自我教育应包括三个环节:自我反省环节,自我认识与自我评价环节,自我调节环节。网络道德学习为青少年的自我教育提供了更多的机会,在网络空间中,青少年发表的言论、作出的行为会留下印记,这有助于个体定期进行自我反省,比较不同时期的言行,形成清晰的自我认识,进行合理的自我评价,及时作出自我调节。

网络作为一种道德学习的环境,个体在其中可以跨越时间、空间的界限,接触到数量庞大、形形色色的信息,有选择性地将其纳入自己对于事物的认知之中,进而内化为自己的价值观、人生观、世界观,形成健全的人格。网络为信息的大规模传播提供了渠道,为道德模范事迹的弘扬、公民道德建设内容的宣传、时代精神的传承提供了平台,以生动形象的方式将道德准则的内容及其执行意义与生活中的行为实践相结合,形成了内容丰富、形式多样的网络道德学习,有助于青少年理解道德建设的要求,强化道德认知,增强积极的道德情感体验,自主支配道德意志,坚定道德信念,养成良好的道德行为习惯。

第二节　公正世界信念与青少年
网络道德行为

网络在改变人们认知和思维模式的同时,也对人们的道德心理和行为产生着重要影响,网络不仅从时间和空间上改变着人们传统的道德信息交流方式、道德评价标准,而且改变着人们的道德行为方式。探讨青少年网络道德心理作用机制及其影响因素,对于净化青少年网络道德学习环境,增进青少年网络人际信任等网络亲社会行为有着积极的影响,

一、公正世界信念与青少年网络攻击性行为

互联网作为人类文明的产物,在人类文明史上具有划时代的意义和地位。网络在给人们生活品质及生活方式带来巨大而积极改变的同时,也衍生出相应的网络行为问题,如网络攻击行为、网络欺凌等。网络攻击行为是指由去抑制性引起的、带有敌意性的、常借助于网络或移动电子设备,以书写一些淫秽或侮辱性词语来激怒、威胁和伤害个体或团体的行为。[①] 它并不强调直接使用工具造成对方身体上的伤害,更多是通过隐晦的文字或带有负面表情的信息、符号来威胁、辱骂对方,导致个体产生如抑郁、焦虑等心理问题。研究表明,与现实生活中受到攻击的受害者相比较,网络攻击的受害者主动攻击他人的可能性更高。[②] 因此,加强网络攻击行为心理机制及其影响因素研究,有助于从心理学角度为加强网络监管、预防和纠正网络偏差行为提供学理依据,同时为净化网络道德环境提供决策参考。

公正世界信念影响利他行为、人际信任感和攻击性行为。制度正义理论认为,个体心理系统可通过引入控制事物的信心来恢复并重新获得个体对事物的控制感、有序感和结构感,从而调节个体因失去或降低控制感而引发的焦虑情绪。应激资源守恒理论认为,个体通常会为了弥补自身认知的失调而通过替换资源匹配、转移注意力和重新评估资源等方式来缓解心理压力。公正世界信念作为一种个人特征资源,可以缓解由不公正事件带来的危机感与失

---

① 周宗奎主编:《网络心理学》,华东师范大学出版社 2016 年版,第 237 页。

② L. M. Sontag, K. H. Clemans, J. A. Graber & S. T. Lyndon. et al., "Traditional and Cyber Aggressors and Victims: A Comparison of Psychosocial Characteristics ", *Journal of Youth & Adolescence*, Vol. 40, No. 4(2011), pp. 392–404.

控感等负面情绪和压力,它对个体的内在认知起到缓冲作用。一般来说,公正世界信念水平高的个体更倾向于坚信所处的世界是公平的,对生活始终寄予一种美好的期望,能以积极的心态迎接未来,并为理想的生活而奋斗,且以合乎社会规范的方式来完成目标,努力避免一切阻碍目标实现的问题行为。公正世界信念影响到个体的安全感和控制感,并对其认知、行为和情感产生调节作用。公正世界信念水平低的个体为了重建认知层面的公平感,会采取一些非理性的认知策略。如对受害者进行更多的恶意揣测、诋毁和言语伤害、将其遭遇归结为其应得的结果等,以此降低不公正感引发的公正世界信念冲突。研究发现,公正世界信念水平低的个体在认知重建过程中,由于对他人的敌意态度和归因偏差,激活个体的内隐性攻击图式,尤其在网络环境下,这种内隐性攻击图式凭借着网络交往的匿名性和自由性往往会诱发更多的网络攻击行为。

依据公正世界信念理论,公正世界信念水平较高的个体倾向于为未来而设定一系列的长期目标,并为实现这些目标而不断努力,在实现目标过程中可能造成一定的自我损耗,这需要个体具有抵制各种诱惑的自我控制力。自我控制是一种抑制冲动性想法、调节负性情感和规范个人行为的能力。低自我控制力者更可能表现出异于常人的问题行为,例如,犯罪、吸毒、酗酒等。高自我控制力者更可能拥有健康的饮食习惯和良好的人际关系,较少患有病理性症状。自我控制失败是预测攻击行为的重要因素。一项实验表明,接受过自我调控训练的被试者在挑衅的情境中更少地感到愤怒,对他人造成的噪声干扰较少给予报复。自我控制的双加工模型认为,人们面对诱惑时会唤起个体满足冲动欲望的情感反应,同时也会刺激个体有意识地对冲动后果进行认知评价,进而对冲动行为进行控制。如果冲动动机强度超过抵制或调节冲动的认知努力时,会造成自我控制失败的产生,进而引发一系列的问题行为。当个体公正世界信念的重塑处于不平衡的波动阶段时,常以合理化的认知模式解释发生在受害者身上的不公平事件,通过嘲笑、讽刺等方式来传递他人"罪有应得"的观念,并以此满足个体公正世界信念长期稳定的愿望。这种状态持续过久,个体对他人的敌对情绪会占用更多认知资源,当认知资源超限时,个体在匿名的网络环境下更易出现网络攻击行为。

高公正世界信念的个体在面对压力性或不公平事件时,能以积极的认知策略对自身或受害者的遭遇进行重新评估和解释,以合理化的归因来维护信念的稳定;低公正世界信念的个体则多以消极态度看待发生在自身或他人身上的不公正待遇,仅着眼于即时满足和短期目标的实现,他们往往不愿相信未来能够给予自己回报,甚至为逃避现实而依附于虚拟的网络空间。研究发现,网络人际交往中的不确定性信息对低公正世界信念的个体在寻求公平感时会造成认知干扰,进而引发敌意性的解释偏向。

认知模型观点认为,个体对模糊性线索所做的敌意性解释会诱发反刍思维,增加了个体攻击行为出现的频次,尤其在网络匿名环境下,个体往往沉浸在对自我世界的掌控而较少关注攻击他人将造成的负面影响。男生、女生在认知模糊性线索上存在差异性,与女生相比,受到不公正待遇的男生使用网络时更易出现寻求报复的动机,从而出现较明显的攻击倾向,这符合进化论的观点。一般男生被期望能更具有竞争力和控制力,而女生被期望能更加服从规范,具备诚实善良等品质。在人际交往中,女生更倾向于关心和理解他人,愿意与他人合作,表现出更多的利他意愿;而男生更关注个人利益,倾向于与他人竞争。当他人的遭遇造成自身认知困扰后,男生更可能采用非理性的认知策略来维护公正信念,从而表现出更多的攻击行为。

一般攻击模型指出,个人因素(信念、动机、性别、自控力、价值观等)可能成为预测攻击行为的风险性因素。该模型强调了自我控制在克服攻击冲动中的作用,认为自我控制的损耗通过抑制个人攻击性冲动的能力影响个体的认知评估和决策过程。换言之,如果个体有较高的自我控制能力,他们会在采取行动之前对一个煽动事件(如不公正事件)进行合理的认知重评和解释,以此来降低从事冲动或攻击性行为的意愿。性别也是影响自我控制水平的重要因素,研究认为,与男性相比,女性常通过自我调控来控制冒险性行为的产生,并将社会控制转化为自我控制,进而降低犯罪可能性。高自我控制能力的女性更可能对被欺凌事件重新进行认知评估和解释,避免作出敌意性归因,从而降低欺凌他人的可能性。

基于公正世界信念理论和自我控制的双阶段模型及一般攻击模型的观点,可以对大学生公正世界信念、自我控制能力和网络攻击行为关系研究提出三个假设并进行检验。

假设 7-1:公正世界信念正向预测大学生网络攻击行为。

假设 7-2:自我控制在公正世界信念和网络攻击行为间起中介作用。

假设 7-3:性别调节公正世界信念和自我控制对网络攻击行为的影响。由此提出如图 7-1 所示的概念模型。

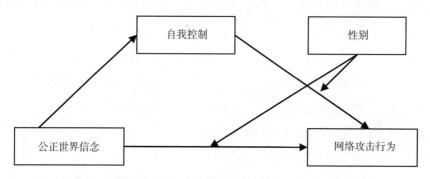

图 7-1 公正世界信念、自我控制与网络攻击行为关系模型图

二、研究对象与研究工具

(一) 研究对象

采取非概率抽样法,以安徽省和河南省共四所高校的大学生为研究对象,以班级为单位共发放 1308 份问卷,剔除空白问卷和无效作答问卷,有效问卷1136 份(86.9%)。其中男生 461 人(40.6%),女生 675 人(59.4%),大一年

级 344 人(30.3%),大二年级 217 人(19.1%),大三年级 320 人(28.2%),大四年级 255 人(22.4%),平均年龄在 17—25 岁(20.67±1.59)。

(二) 研究工具

采用达伯特编制的公正世界信念量表,该量表共 13 道题。其中,自我公正信念分量表共有 7 道题,如"我相信我生活中发生的大多数事情都是公平的";而他人公正信念分量表共有 6 道题,如"通常他人得到了公平的对待"。采用李克特 6 点计分法,公正信念水平高者得分越高。经施测,量表的 α 系数为 0.90,两个分维度的 α 系数为 0.84 和 0.87。

采用琼·坦尼(June Tangney)等编制,由郭永玉等修订的 SCS-19 大学生自我控制量表,该量表共 19 道题,有 4 道正向计分题。采用李克特 5 点计分法,自控力强者得分越高。经施测,量表的 α 系数为 0.79,各分维度的 α 系数依次为 0.79、0.64、0.66、0.60、0.52。

采用雷雳编制的网络偏差行为量表中的分量表网络攻击行为量表,共 6 个题目,如"在网上,我会故意说一些让别人伤心的话"等。采用李克特 5 点计分法。网络攻击频繁者得分越高。经施测,量表的 α 系数为 0.88。

(三) 程序与数据处理

采用有顺序的团体施测方法。测试前,由主试讲解指导语,并强调此次作答以匿名不计分、自愿作答的形式展开,要求被试者根据自己的实际状况独立完成。数据收集完成后,采用 SPSS19.0 软件和由 PROCESS 宏 3.3 版本分别对其进行统计分析及对有调节的中介效应进行检验。

三、青少年网络道德行为的结果分析

(一) 共同方法偏差检验

经 Harman 单因素检验法对所有变量进行探索性因素分析,结果发现特征根大于 1 的因子共有 4 个,其中,第一因子解释的变异量为 24.07%,小于 40%的临界值,即不存在严重的方法偏差问题。

(二) 各变量间的相关分析

相关分析发现(见表 7-1),公正世界信念与网络攻击行为间呈显著负相关($r=-0.24,p<0.01$),与自控力呈显著正相关($r=0.21,p<0.01$);网络攻击行为与自我控制水平呈显著负相关($r=-0.30,p<0.01$)。

表 7-1　描述统计、相关分析结果(N=1136)

	M	SD	性别	年龄	公正世界信念	自我控制	网络攻击行为
性别	1.59	0.49	1				
年龄	20.67	1.59	-0.14**	1			
公正世界信念	52.10	10.40	0.05	0.05	1		
自我控制	61.57	9.46	0.02	0.07*	0.21**	1	
网络攻击行为	9.12	3.69	-0.32**	0.00	-0.24**	-0.30**	1

注:* p<0.05;** p<0.01;*** p<0.001。

(三) 有调节的中介效应检验

采用海斯 PROCESS 宏 3.3 版本 Model4 进行简单中介效应分析发现,[①] 公正世界信念负向预测青少年网络攻击行为显著($B=-0.22,t=-8.07,p<0.01$),网络攻击行为放入中介变量后,网络攻击行为显著地被公正世界信念负向预测($B=-0.17,t=-6.27,p<0.01$)。自我控制显著地被公正信念正向预测($B=0.20,t=6.94,p<0.01$),自我控制显著地负向预测网络攻击行为($B=-0.26,t=-9.64,p<0.01$)。另外,自我控制的中介效应的 Bootstrap

---

① 方杰、温忠麟:《基于结构方程模型的有调节的中介效应分析》,《心理科学》2018年第 2 期。

95%的置信区间不包含0(见表7-2),研究表明,自我控制在公正世界信念与网络攻击行为两者间起中介作用。直接效应和中介效应分别占总效应的77.65%和23.53%(见表7-3)。

表7-2 自我控制的中介效应检验

回归方程(N=1136)		拟合指数			系数显著性	
结果变量	预测变量	R	R^2	F	B	t
网络攻击行为		0.04	0.15	49.81**		
	性别				−0.31	−11.08**
	年龄				−0.04	−0.87
	年级				0.01	0.25
	公正世界信念				−0.22	−8.07**
自我控制		0.21	0.05	13.58**		
	性别				0.02	0.53
	年龄				0.07	1.49
	年级				−0.01	0.30
	公正世界信念				0.20	6.94**
网络攻击行为		0.46	0.21	61.68**		
	性别				−0.30	−11.36**
	年龄				−0.02	−0.48
	年级				0.01	0.17
	公正世界信念				−0.17	−6.27**
	自我控制				−0.26	−9.64**

注:* $p<0.05$;** $p<0.01$;*** $p<0.001$。

表7-3 总效应、直接效应和自我控制的中介效应分析表

	效应值	BootSE	BootCI 下限	BootCI 上限	相对效应值
总效应	−0.085	0.011	−0.105	−0.065	
直接效应	−0.066	0.010	−0.088	−0.044	77.65%
自我控制的中介效应	−0.020	0.003	−0.026	−0.013	23.53%

1. 自我控制的中介作用

公正世界信念负向预测大学生的网络攻击行为,验证了自我控制在公正世界信念与大学生网络攻击行为间的中介作用。结果表明,低水平公正世界信念者自控力较差,会频繁出现网络攻击行为。公正世界信念有助于人们更好地适应环境,促使人们以更加积极、更有意义的方式看待世界,从而笃定生活的价值和方向。一般来说,当人们面对压力性生活事件(或不公正待遇)时会产生紧张和焦虑,当个体主动采用认知控制资源重新评估情境后,对负性刺激诱发的愤怒、紧张等消极情绪会被抑制,进而减少攻击行为。公正世界信念水平高的个体即便处于危险情境中,也能有意识地避免受害者效应对理性归因的负面干扰,降低冲动性攻击的风险。公正世界信念水平低的个体,对坚持和实现长远目标的意愿较低,常局限于眼前利益,甚至为了即时满足而采取非理性的攻击行为。他们在网络社交时倾向于对刺激进行敌意性的反思与解释,易造成错误的注意偏向和认知偏差,引发网络攻击行为。由于低水平公正世界信念的个体对生活的控制感以及对他人的信任感都普遍较低,匿名性的网络社交在缺乏身体线索的条件下,增加了交往对象信息的模糊性,由此引发个体的不安和紧张感。当个体自我保护意识过于强烈且受到挑衅时,攻击倾向的想法和负性思维会被自动激活,易出现攻击行为甚至暴力行为等。

2. 性别的调节作用

根据一般攻击模型理论,为进一步探讨性别的调节作用,构建了一个有调节的中介模型,考察性别在公正世界信念与自我控制及网络攻击行为关系中的调节作用。研究发现,公正世界信念与性别的交互项,自我控制与性别对网络攻击行为的预测作用均显著($B=0.05,t=2.45,p<0.05$;$B=0.06,t=2.67,p<0.01$),结果表明:性别不仅在公正世界信念对网络攻击行为的直接预测中起调节作用,而且对间接效应起调节作用(见表7-4、表7-5)。

表 7-4 有调节的中介效应检验

回归方程(N=1136)		拟合指数			系数显著性	
结果变量	预测变量	R	R²	F	B	t
网络攻击行为		0.44	0.19	54.38**		
	性别				-0.31	-11.55**
	年龄				-0.03	-0.61
	年级				0.01	0.13
	自我控制				-0.55	-6.32**
	自我控制×性别				0.06	2.67**
网络攻击行为		0.47	0.22	53.35**		
	性别				-1.11	-11.36**
	年龄				-0.03	-0.61
	年级				0.02	0.42
	公正世界信念				-0.06	-6.10**
	自我控制				-0.10	-9.45**
	公正世界信念×性别				0.05	2.45*

注: * $p<0.05$; ** $p<0.01$; *** $p<0.001$。

表 7-5 性别差异对比表

性别	中介效应值	Boot 标准误	BootCI 下限	BootCI 上限
男生	-0.025	0.005	-0.034	-0.016
女生	-0.014	0.003	-0.020	-0.109
差异	0.010	0.004	0.003	0.019

为了清楚地说明交互项的实质,采用简单斜率检验对性别的调节作用进行分析。总体来看,男生网络攻击行为高于女生。当公正世界信念水平较低时,男生表现出更频繁的网络攻击行为(simple slope = -0.09, t = -6.08, $p<0.001$);当公正世界信念水平较高时,男生网络攻击发生率频率降

低(simple slope=-0.04,t=-3.06,p<0.01)。男生网络攻击行为发生率随公正世界信念水平的提高而呈显著下降趋势。自我控制对网络攻击行为的负向预测水平受到性别的调节并呈现逐渐增强的趋势。当自我控制能力较低时,男生网络攻击行为的频率要高于女生(simple slope=-0.13,t=-8.53,p<0.001);而自我控制能力较高时,男生网络攻击行为发生率的降低程度更显著(simple slope=-0.08,t=-5.42,p<0.001)。

与女生相比,男生网络攻击行为受公正世界信念水平的影响更明显。结果表明,男女生在网络攻击行为产生的认知机制存在差异性。与男性相比,女性更善于表达情感、释放情绪,对负性生活事件诱发的消极情绪进行自我调节。相关研究表明,与女性相比,男性在现实生活中遭遇的不公正事件越多,在使用网络时就越有可能采取报复行为。[①] 根据社会认知加工理论,网络环境能给遭遇负性事件的个体提供重获公正感的环境,弥补其在现实生活中的不信任感和失控感,缓解因不信任感及失控感而出现的不适。此外,性别在自我控制对个体的网络攻击行为影响中起调节作用。

四、研究的启示

首先,公正世界信念作为维系个体身心健康,避免对不公正事件进行误解误判后作出违规行为的保护性因素,能帮助青少年积极看待世界,增强青少年对生活的热爱和信心。因此,教师和家长应注重提高青少年公正世界信念感,帮助青少年形成正确的世界观、人生观和价值观,自觉遵守法律和规章制度。同时,社会要建立维护公正的约束机制,真正做到赏罚分明。其次,学校家庭和社会要积极倡导感恩教育,提高青少年人际交往中的互动性和公平感,增进人际信任,引导青少年避免通过责备、贬低他人行为等不当方式维护自我公正信念的假象。再次,不断提高青少年自控意识,鼓励青少

---

① S. N. Ansary, "Cyberbullying: Concepts, Theories, and Correlates Informing Evidence-based Best Practices for Prevention", *Aggression and Violent Behavior*, Vol. 50, (2020), pp. 1013-1022.

年在理性认识和评估压力情境中充分调动认知控制资源,降低冲动动机,减少攻击行为。最后,学校应注重普及心理健康教育知识,着重培养青少年人际交往技能,鼓励青少年向专业人员寻求心理援助。对遭受负性生活事件影响的青少年,通过团体辅导、认知矫正训练等方式引导青少年正确认识并积极应对压力性生活事件,有效避免青少年因错误解读和敌意反思而诱发出攻击行为。

第三节　利他人格和人际信任对青少年道德伪善影响

道德伪善(Moral Hypocrisy)被认为是个体道德行为与内在认知相违背的效应,是道德心理学与社会认知学相结合的研究领域。从 20 世纪末开始,心理学家们通过不断地思辨与实验去探究道德伪善的本质与其相关因素。近几年来,道德伪善的产生机制成为心理学与社会认知学的研究热点。人们希望从内部动力的角度剖析道德伪善,从而使道德教育在家庭、学校和社会中得到更好的完善。利他人格是指个体长此以往地为了他人的利益考虑并作出行动却不期望自己得到回报的人格特性(Penner & Finkelstein,1998)。研究发现,利他人格构成要素包括移情、接受社会责任、世界公平信念、内部控制和低利己主义等。利他人格与同理心存在密切关联,同理心强的人能够站在他人的角度思考问题,能够在日常生活中切身体会他人的感情,因而利他人格水平更高。罗特将人际信任定义为个体对他人在各个方面的期望,包括他人的言语、文字以及对个体的概括化陈述。利他人格和人际信任可以分别从个体的内在本身和人际关系两个角度揭示道德伪善的产生与变化,为道德伪善的产生机制研究提供理论和实证依据。

一、利他人格对道德伪善的影响

（一）利他人格与道德伪善行为的关系

1.研究目的

从个人层面的角度,探讨利他人格对道德伪善行为的影响。通过设置线上或者现实任务分配情境,依据不同利他人格水平被试者选择任务的差异分析,来探讨利他人格和道德伪善行为层面的关系。本实验采用线上和现场实验两种方式,自变量为利他人格水平,因变量则为被试者选择的有趣任务与枯燥任务。假设如下:

假设7-4:利他人格与道德伪善行为的发生有关。不同利他人格水平的道德伪善行为发生率不一致,低利他人格的道德伪善行为发生率更高。

假设7-5:不同利他人格对道德伪善行为的发生产生不同影响。低利他人格的道德伪善行为发生率显著高于高利他人格的道德伪善行为发生率。

2.研究方法

（1）研究对象

随机抽取上海、武汉、合肥、芜湖等高校大学生400人进行施测,其中芜湖高校问卷及实验通过现场收集数据,其他高校问卷及实验通过线上问卷和线上程序收集数据,取得有效问卷380份,回收有效率为95%。平均年龄为20+1.5岁,其中男生202人,女生178人。

（2）研究工具

采用由菲利普·拉什顿（Philippe Rushton）等编制的《利他主义自陈量表》,该量表调查被试者自评选出一年内作出的利他行为频率,通过分数相加得到被试者的利他人格水平分数。量表计分方式为李克特5点计分法,从1到5代表频次增多,共15个项目,分为4个维度。汤舒俊等在2011年将该量表翻译并引入国内,调查了408名大学生,对量表进行测量和修订。测得量表同质性系数为 0.851,分半信度为 0.873,表明量表的信效度良好。在此项研究中,量表的克隆巴赫 a 系数为 0.904,信度良好。

任务分配材料。对大卫·德特诺(David Desten)等研究中的任务分配实验进行了改编,任务分配的枯燥任务与有趣任务改编成更加适合中国大学生的任务。

表 7-6 显示,有趣任务和枯燥任务的难度没有差异($p>0.05$),而任务的枯燥程度差异显著($p<0.01$),即区分了任务的枯燥性又使任务难度保持一致。原有范式的枯燥任务是由心理旋转题构成,有趣任务则是一些调查问题。改编后的枯燥任务是抄写无意义单词或者在线上找出给定的无意义单词,有趣任务是一个迷宫题。并且对两项任务的难度和枯燥度进行了检验,两者任务难度没有差异($p>0.05$),有趣程度差异显著($p<0.05$)。

表 7-6　任务难度枯燥度检验

配对	M	SD	t	df	p
枯燥任务有趣程度 ——有趣任务有趣程度	2.06	1.37	3.89	32	0.000
枯燥任务难度 ——有趣任务难度	1.24	0.55	0.61	32	0.544

(3)研究程序

首先,调查被试者的利他人格水平,被试者在主试者的指导下填写利他人格自陈量表。其次,施行任务分配范式,请被试者阅读实验材料,指导语内容如下:下面将完成一个简短的游戏,你需要完成一项任务,有两种任务供你选择,当你选择其中一项任务后,另一项任务将自动分配给另一位与你搭配的陌生被试者。接下来你要给自己和你配对的游戏参与者分配任务,一个人完成枯燥任务,另一个人完成有趣任务。如果你完成的是有趣任务,那么他(她)完成的就是枯燥任务,如果你完成的是枯燥任务他(她)完成的则是有趣任

务。当然,抽签决定任务分配是最公平的,如果你想选择这种分配方式,可以
选择抽签选项并从面前的纸盒中抽签。现在由你为自己和另一位参与者分配
任务,你的选择结果只有自己知道,你会选择哪种分配方式:①抽签决定任务
分配;②直接给自己分配有趣任务。

抽签的过程采用单盲实验设计,抽签盒中只会出现枯燥任务,而被试者以
为抽签盒中的标签是随机出现的。

3.研究结果

对收集的问卷进行统一录入、编码和分析,发放了 400 份问卷,去除无效
问卷 20 份,有效问卷 380 份。

根据被试者利他人格水平测量的平均得分,筛选出平均值相差一个标准
差的高低组利他人格水平被试者各 55 名。低利他人格水平被试者(M =
29.400,SD = 4.206),高利他人格水平被试者(M = 64.636,SD = 6.969)。独立
样本 t 检验(t = 2.104,p<0.05)结果显示差异显著,即利他人格分组有效,高
低组被试者的利他人格水平有显著的差异。以筛选被试者样本测得《利他主
义自陈量表》一致性信度为 0.968。

(1)利他人格对道德伪善行为的影响

首先选出任务分配实验中,表示会采用公平方式分配任务的被试者,然后
对这些被试者真正选择的任务进行统计,统计结果如表 7-7 所示:

表 7-7　不同利他人格被试者任务选择

人格类型	任务选择		合计人数
	枯燥	有趣	
高利他人格	52	3	55
低利他人格	43	12	55
合计人数	95	15	110

从不同利他水平被试者的选择可以看出,不同利他水平的被试者在任务

分配实验中的选择有较大的差别。高利他水平的被试者组共有55人,其中有52人选择与任务分配意图相符合的任务,3人选择了有趣任务,与任务分配意图不相符合,产生了道德伪善的行为,占整组人数的5.45%;低利他水平的被试者组共有55人,有40人选择与任务分配意图相符合的任务,15人选择了有趣任务,与任务分配意图不相符合,产生了道德伪善行为,占整组人数的37.5%。结果表明,低利他人格水平被试者的道德伪善行为发生率高于高利他人格水平的被试者。

(2)不同利他水平被试者任务选择差异

对不同利他人格被试者任务选择结果进行卡方检验,以考察不同利他人格的道德伪善行为发生率是否有差异。结果显示,在任务分配实验中,不同利他水平的大学生作出的道德伪善行为发生率有显著差异,$\chi^2 = 9.565$,df=1,p<0.05。说明利他水平对道德伪善有显著的预测作用,不同利他水平大学生的道德伪善行为发生率有显著差异,与假设一致(见表7-8)。

表7-8 不同利他人格水平被试者任务选择卡方检验

	值	df	渐进 Sig.（双侧）	精确 Sig.（双侧）	精确 Sig.（单侧）
皮尔逊卡方	9.565[a]	1	0.002		
连续校正[b]	8.037	1	0.005		
似然比	10.303	1	0.001		
费舍的精确检验				0.004	0.002
线性和线性组合	9.478	1	0.002		
有效案例中的 N	110				

注:a.0单元格(0.0%)的期望计数少于5;最小期望计数为9.00;b.对2x2表计算。

实验证明,利他人格对大学生道德伪善行为产生影响,证实了实验1的假设。与较高利他人格的被试者相比,低利他人格的被试者在声称会公平选择的情况下给自己直接选择有趣任务的几率更大,并出现更多的道德伪善行为。

（二）利他人格对道德伪善判断的影响

1. 研究目的

从人际关系层面的角度,探讨利他人格对道德伪善判断的影响。通过两个道德情境考察大学生被试者对自己和他人的行为接受度,依据对自己和他人的接受度差异,考察被试者是否采用双标准判断自己和中性他人,产生道德伪善效应。实验采用2×2被试间设计,自变量为利他人格水平(高/低)、评价主体(自己/中性他人),因变量为处于两个情境中的行为接受度。假设如下:

假设7-6:无论在哪个道德情境中,不同利他人格水平被试者对自己和他人进行接受度判断时有所不同。

假设7-7:无论在哪个道德情境中,低利他人格水平被试者对他人的接受度判断更加苛刻,对自己更加宽容,接受度判断分离显著,产生道德伪善效应。而高利他人格被试者对他人没有比对自己更加苛刻,没有产生道德伪善效应。

2. 研究方法

随机抽取上海、武汉、合肥、芜湖等地区高校大学生400人进行施测,其中芜湖地区高校问卷及实验通过现场收集数据,其他地区高校问卷及实验通过线上问卷和线上程序收集数据,取得有效问卷380份,回收有效率为95%。平均年龄为20±1.5岁,其中男生为202人,女生为178人。

采用由拉什顿等编制的《利他主义自陈量表》,调查被试者自评选出一年内作出的利他行为频率,通过分数相加得到被试者的利他人格水平分数。全量表计分方式为李克特5点计分,从1到5代表频次增多,共15个项目,分为4个维度。

道德两难情境故事由两个道德两难情境构成,第一个两难情境是在一场考试中,考试很重要但有部分内容超纲了,监考老师没有在场,这时一位会作答的同学提出分享考试答案。第二个情境是在一个交通路口,某人开车去参加重要的会议,时间紧迫且没有很多车辆与行人通行,是否可以闯红灯行驶过去?

行为接受度判断的评定。让被试者分别对情境中的行为进行接受度打分,评价主体分别为自己和中性他人。采用李克特7点评分法,接受度分别从"完全不接受"到"完全接受"7个程度依次递增。

3.研究结果

根据被试者利他人格水平测量的平均得分,筛选出与平均值相差一个标准差的高低组利他人格水平被试者各55名。低利他人格水平被试者($M = 29.400, SD = 4.206$),高利他人格水平被试者($M = 64.636, SD = 6.969$)。对所得数据独立样本t检验($t = 2.104, p < 0.05$)后结果显示,差异显著,即利他人格分组有效,高低组被试者的利他人格水平有显著的差异。以筛选被试者样本测得《利他主义自陈量表》一致性信度为0.968。

(1)不同利他人格个体的道德接受度

从380名有效被试者中随机抽取55名被试者作为对照组。低利他水平的被试者评价作弊情境的他人接受度平均值为3.36($M = 3.36, SD = 1.19$),对自己行为接受度为3.56($M = 3.56, SD = 1.34$);评论交通违规情境的他人接受度平均值为2.82($M = 2.82, SD = 1.62$),自己接受度为3.33($M = 3.33, SD = 1.55$)。对照组的被试者评价作弊情境的他人接受度平均值为3.8($M = 3.8, SD = 0.85$),对自己行为接受度为3.78($M = 3.78, SD = 0.94$);评论交通违规情境的他人接受度平均值为3.94($M = 3.94, SD = 1.03$),自己接受度为2.67($M = 3.78, SD = 1.11$)。高利他水平的被试者评价作弊情境的他人接受度平均值为4.73($M = 4.73, SD = 1.6$),自己接受度为3.76($M = 3.76, SD = 1.86$);评论交通违规情境的他人接受度平均值为3.96($M = 3.96, SD = 1.68$),自己接受度为3.15($M = 3.15, SD = 1.90$)。

(2)利他人格水平对道德伪善的影响

从表7-9中的结果可以看出,在两种情境下,不同利他水平被试者行为接受度判断表现出差异。对低利他水平与对照组被试者的行为接受度分别进行独立样本 t 检验,对他人的评价($t_1 = -2.21$, $p_1 = 0.029$; $t_2 = -4.36$, $p_2 = 0.000$),对自己的评价($t_1 = -0.99$, $p_1 = 0.325$; $t_2 = -1.34$, $p_2 = 0.182$)。结果表明,在两种情境中,低利他水平被试者对自己的接受度判断与对照组无差异,而对他人的评价与对照组差异显著,对他人要求比较苛刻,存在"双标准"的评价方式,出现了明显的道德伪善效应。

表 7-9　低利他水平个体与对照组两种情境中接受度判断的独立样本 t 检验

		作弊情境				交通违规情境			
		M	SD	t	p	M	SD	t	p
对他人评价	低利他水平	3.36	1.19	-2.21	0.029	2.82	1.62	4.36	0.000
	对照组	3.8	0.85			3.94	1.03		
对自己评价	低利他水平	3.56	1.34	-0.99	0.325	3.33	1.55	-1.34	0.182
	对照组	3.78	0.94			3.67	1.11		

对高利他人格水平与对照组被试者的行为接受度分别进行独立样本 t 检验,对他人的评价($t_1 = 3.79$, $p_1 = 0.000$; $t_2 = 0.07$, $p_2 = 0.945$),对自己的评价($t_1 = -0.07$, $p_1 = -0.948$; $t_2 = -1.78$, $p_2 = 0.078$),结果表明,在交通违规情境中,高利他人格水平被试者对自己和他人的评价与对照组无差异,在作弊情境中,高利他人格水平被试者对自己的评价与对照组无差异,对他人的评价与对照组差异显著,这表明高利他人格水平的被试者对他人要求更加宽松,对自己更加严格(见表 7-10)。

表 7-10　高利他水平个体与对照组两种情境中接受度判断的独立样本 t 检验

		作弊情境				交通违规情境			
		M	SD	t	p	M	SD	t	p
对他人评价	高利他水平	4.73	1.60	3.79	0.000	3.96	1.68	0.07	0.945
	对照组	3.80	0.85			3.94	1.03		

续表

		作弊情境				交通违规情境			
		M	SD	t	p	M	SD	t	p
对自己评价	高利他水平	3.76	1.86	-0.07	0.948	3.25	1.90	-1.78	0.078
	对照组	3.78	0.94			3.67	1.11		

不同利他人格水平大学生对自己和中性他人的道德接受度判断表现出显著差异。低利他水平被试者对他人明显苛刻,不道德行为接受度判断依据评价主体的不同存在差异,道德判断双标准,呈现明显的道德伪善效应。高利他人格水平被试者对自己和中性他人不道德行为进行接受度判断时,对他人要求更加宽容,没有表现出道德伪善,与研究假设相符。

二、人际信任对道德伪善影响研究

(一) 人际信任对道德伪善的影响

1.研究目的

从个人层面的角度探讨人际信任对道德伪善行为的影响。本实验采用线上或现场实验两种方式,自变量为人际信任水平,因变量则为被试者选择的有趣任务与枯燥任务。假设如下:

假设7-8:人际信任与道德伪善行为的发生有关。不同人际信任水平的道德伪善行为发生率不一致,低人际信任的道德伪善行为发生率更高。

假设7-9:不同人际信任对道德伪善行为的发生产生影响。低人际信任的道德伪善行为发生率显著高于高人际信任的道德伪善行为发生率。

2.研究方法

随机抽取上海、武汉、合肥、芜湖等地区高校大学生400人进行施测,其中芜湖地区高校问卷及实验通过现场收集数据,其他高校问卷及实验通过线上问卷和线上程序收集数据,取得有效问卷380份,回收有效率为95%。平均年龄为 20±1.5 岁,其中男生 202 人,女生 178 人。

人际信任量表(ITS)。人际信任量表由朱利安·罗特(Julian Rotter)编写,能够预测个体对他人的信任程度,预测内容包括信任他人的言语行为、承诺义务等。量表中项目包括了受测者对不同职业人员的信任程度,以及对于所处社会的未来期望如何。此量表共 25 个项目,采用 5 分对称评分法,1—5 分,得分值越高,人际信任度越高。量表包括对家人或同伴的信任以及对无关他人的信任两个因子。本次研究量表的克隆巴赫 a 系数为 0.792。

从表 7-11 中看出,有趣任务和枯燥任务的难度没有差异(p>0.05),而任务的枯燥程度差异显著(p<0.01),既区分了任务的枯燥性又使任务难度保持一致。原有范式的枯燥任务是由心理旋转题构成,有趣任务则是一些调查问题。改编后的枯燥任务是抄写无意义单词或者在线上找出给定的无意义单词,有趣任务是一个迷宫题。并且对两项任务的难度和枯燥度进行了检验,两者任务难度没有差异(p>0.05),有趣程度差异显著(p<0.05),很好地做了区分。

表 7-11 任务难度枯燥度检验

配对	M	SD	t	df	p
枯燥任务有趣程度 ——有趣任务有趣程度	2.059	1.369	3.892	32	0.000
枯燥任务难度 ——有趣任务难度	1.235	0.554	0.614	32	0.544

3. 研究结果

根据人际信任分数按照从高到低的顺序排列,按照前后 27% 的标准筛选出高低组人际信任水平被试者各 103 名。高人际信任水平被试者(M=29.19,SD=1.89)和低人际信任水平被试者(M=19.10,SD=1.58)。对两组被试者的人际信任分数进行独立样本 t 检验(t=41.526,p<0.05)后结果显示,差异显著,即人

际信任分组有效,高低组被试者的人际信任水平有显著的差异。以筛选被试者样本测得《人际信任量表》一致性信度为 0.896,信度良好。

(1)人际信任对道德伪善行为的影响

首先选出任务分配实验中表示会采用公平方式分配任务的被试者,然后对这些被试者真正选择的任务进行统计,统计结果见表 7-12:

表 7-12　不同人际信任被试者任务选择

	任务选择		
	枯燥	有趣	合计人数
高人际信任	93	10	103
低人际信任	76	27	103
合计人数	169	37	206

从不同人际信任被试者的选择中可以看出,不同人际信任的被试者在任务分配实验中的选择有较大的差别。高人际信任被试者组中共有 103 人,有 93 人选择与任务分配意图相符合的任务,有 10 人选择了有趣任务,与任务分配意图不相符合,表现出道德伪善的行为,占整组人数的 10%;低人际信任被试者组中共有 103 人,有 76 人选择与任务分配意图相符合的任务,有 27 人选择了有趣任务,与任务分配意图不相符合,表现出道德伪善行为,占整组人数的 26%。低人际信任水平被试者的道德伪善行为发生率高于高人际信任水平的被试者。

(2)不同人际信任水平被试者任务选择差异

对不同人际信任被试者任务选择结果进行卡方检验,以考察不同人际信任的道德伪善行为发生率是否有差异。结果显示,在任务分配实验中,不同人际信任的大学生作出的道德伪善行为发生率有显著差异,$\chi^2 = 9.521$,$df=1$,$p<0.05$。说明人际信任对道德伪善有显著的预测作用,不同人际信任大学生的道德伪善行为发生率有显著差异,与假设一致(见表 7-13)。

表 7-13　不同人际信任水平被试者任务选择卡方检验

	值	df	渐进 Sig.（双侧）	精确 Sig.（双侧）	精确 Sig.（单侧）
Pearson 卡方	9.521[a]	1	0.002		
连续校正[b]	8.434	1	0.004		
似然比	9.825	1	0.002		
Fisher 的精确检验				0.003	0.002
线性和线性组合	9.475	1	0.002		
有效案例中的 N	206				

注:a.0 单元格(0.0%)的期望计数少于 5;最小期望计数为 9.00;b.仅对 2×2 表计算。

研究表明,人际信任对大学生道德伪善行为产生影响,证实了实验假设。相比较高人际信任被试者,低人际信任的大学生被试者在声称会在公平选择的情况下给自己直接选择有趣任务的几率更大,表现出了更多的道德伪善效应。

（二）人际信任对道德伪善判断的影响

1. 研究目的

从人际关系层面的角度探讨人际信任对道德伪善判断的影响,通过两个道德情境考察大学生被试者对自己和他人的行为接受度,依据对自己和他人的接受度差异,考察被试者是否采用双标准判断自己和中性他人,产生道德伪善效应。实验采用 2×2 被试间设计,自变量为人际信任水平(高/低)、评价主体(自己/中性他人),因变量为处于两个情境中的行为接受度。假设如下:

假设 7-10:无论在哪个道德情境中,不同人际信任水平被试者对自己和他人进行接受度判断时有所不同。

假设 7-11:无论在哪个道德情境中,低人际信任水平被试者对他人的接受度判断更加苛刻,对自己更加宽容,接受度判断分离显著,产生道德伪善效应;而高人际信任被试者对他人没有比对自己更加苛刻,没有产生道德伪善效应。

2.研究方法

随机抽取上海、武汉、合肥、芜湖等高校大学生 400 人施测,其中芜湖高校问卷及实验通过现场收集数据,其他高校问卷及实验通过线上问卷和线上程序收集数据,取得有效问卷 380 份,回收有效率为 95%。平均年龄为 20±1.5 岁,其中男生 202 人,女生 178 人。

人际信任量表(ITS)。人际信任量表由罗特编写,能够预测个体对他人的信任程度,预测内容包括信任他人的言语行为、承诺义务等。量表中项目包括了受测者对不同职业人员的信任程度,以及对于所处社会的未来期望如何。此量表共 25 个项目,采用 5 分对称评分法,1—5 分,得分值越高,人际信任度越高。量表包括对家人或同伴的信任以及对无关他人的信任两个因子。本次研究量表的克隆巴赫 a 系数为 0.792。

道德两难情境故事。基于拉默斯(Lammers)等的研究,由两个道德两难情境构成,第一个两难情境是一场考试中,考试很重要但内容有部分超纲了,监考老师没有在场,这时一位会作答同学提出分享考试答案。第二个情境是在一个交通路口,某人开车去参加重要的会议,时间紧迫且没有很多车辆与行人通行,是否可以闯红灯行驶过去。

行为接受度判断的评定。让被试者依据评价主体不同,分别进行道德接受度判断。采用 7 点评分,接受度分别从"完全不接受"到"完全接受"依次递增。

3.研究结果

根据被试者人际信任测量的得分,以人际信任分数前后 27% 的分数作为标准,将被试者分别划为低人际信任水平和高人际信任水平。以筛选被试者样本测得《人际信任量表》一致性信度为 0.896。

(1)不同人际信任个体的道德接受度

从 380 名有效被试者中随机抽取 103 名被试者作为对照组。低人际信任的被试者评价作弊情境的他人接受度平均值为 30(M = 3.30, SD = 1.53),自己接受度为 3.63(M=3.63,SD=1.46);评论交通违规情境的他人接受度平均值为 3.02(M=3.02,SD=1.46),自己接受度为 3.08(M=3.08,SD=1.52)。对照组的被试者评价作弊情境的他人接受度平均值为 3.64(M=3.64,SD=1.41),自己接受度为 3.58(M=3.58,SD=1.56);评论交通违规情境的他人接受度平均值为 3.48(M=3.48,SD=1.56),自己接受度为 2.90(M=2.90,SD=1.56)。高人际信任的被试者评价作弊情境的他人接受度平均值为 3.66(M=3.66,SD=1.81),自己接受度为 3.37(M=3.44,SD=1.94);评论交通违规情境的他人接受度平均值为 3.35(M=3.35,SD=1.73),自己接受度为 2.74(M=2.74,SD=1.94)。

(2)人际信任水平对道德伪善的影响

从表 7-14 中结果可以看出,在两种情境下,不同人际信任被试者行为接受度判断表现出差异。对低人际信任水平与对照组被试者的行为接受度分别进行独立样本 t 检验,对他人的评价($t_1=-1.89$,$p_1=0.060$;$t_2=-2.17$,$p_2=0.031$),对自己的评价($t_1=0.23$,$p_1=0.817$;$t_2=0.816$,$p_2=0.416$)。结果表明,无论是作弊情境还是交通违规情境中,低人际信任水平被试者对自己的评价与对照组无差异,而在交通违规情境中对他人的评价与对照组差异显著,对他人要求比较苛刻,存在"双标准"的评价方式,出现了明显的道德伪善效应。

表 7-14　低信任水平个体与对照组两种情境中道德
接受度判断的独立样本 t 检验

		作弊情境				交通违规情境			
		M	SD	t	p	M	SD	t	p
对他人评价	低信任水平	3.30	1.15	-1.89	0.060	3.02	1.46	-2.17	0.031
	对照组	3.64	1.41			3.48	1.56		
对自己评价	低信任水平	3.63	1.46	0.23	0.817	3.08	1.52	0.816	0.416
	对照组	3.58	1.56			2.90	1.56		

对高信任水平与对照组的被试者在自己和中性他人两种维度下的接受度分别进行独立样本 t 检验,对他人的评价($t_1 = 0.09$, $p_1 = 0.929$; $t_2 = -0.55$, $p_2 = 0.584$),对自己的评价($t_1 = -0.92$, $p_1 = 0.356$; $t_2 = -0.67$, $p_2 = 0.501$)。结果表明,无论在作弊情境还是交通违规情境中,高利他水平被试者对自己和他人的评价与对照组无差异,这表明高利他人格的被试者对自己和他人的道德要求没有差异,没有出现明显的道德伪善效应(见表7-15)。

表 7-15　高信任水平个体与对照组两种情境中道德接受度判断的独立样本 t 检验

		作弊情境				交通违规情境			
		M	SD	t	p	M	SD	t	p
对他人评价	高信任水平	3.66	1.70	0.09	0.929	3.35	1.73	-0.55	0.584
	对照组	3.64	1.41			3.48	1.56		
对自己评价	高信任水平	3.37	1.75	-0.92	0.356	2.74	1.94	-0.67	0.501
	对照组	3.58	1.56			2.90	1.56		

由此可见,不同人际信任水平大学生对自己和中性他人的接受度判断表现出显著差异。低人际信任水平被试者对他人明显苛刻,不道德行为接受度判断依据评价主体的不同有所差异,道德判断双标准,呈现明显的道德伪善效应。而高人际信任水平被试者对自己和中性他人不道德行为进行接受度判断时,接受度差异不明显,没有呈现道德伪善效应,与研究假设相符。

三、利他人格、人际信任对道德伪善影响研究

(一) 利他人格、人际信任对道德伪善行为的影响

1. 研究目的

从个人层面的角度探讨利他人格和人际信任对道德伪善行为的交互影响。通过设置线上和现实任务分配情境,依据利他人格水平、人际信任水平将

被试者分为 4 组,再进行被试者选择任务的差异分析,探讨利他人格和人际信任在道德伪善行为层面的关系。实验采用线上和现场实验两种方式,自变量为利他人格水平、人际信任水平,因变量为被试者选择的有趣任务与枯燥任务。假设如下:

假设 7-12:利他人格和人际信任与道德伪善行为的发生有关。不同利他人格水平在人际信任水平分组下,道德伪善行为发生概率有所不同。

假设 7-13:利他人格、人际信任共同对道德伪善行为的发生产生影响。当某一变量水平较低时,被试者的道德伪善行为发生率显著更高。

2. 研究方法

随机抽取上海、武汉、合肥、芜湖等地区高校大学生 400 人进行施测,其中芜湖地区高校问卷及实验通过现场收集数据,其他高校的调查及实验通过线上问卷和线上程序收集数据,取得有效问卷 380 份,回收有效率为 95%。平均年龄为 20±1.5 岁,其中男生 202 人,女生 178 人。

采用由拉什顿等编制的《利他主义自陈量表》,该量表调查了被试者自评选出一年内作出的利他行为频率,通过分数相加得到被试者的利他人格水平分数。全量表计分方式为李克特 5 点计分,从 1 到 5 代表频次增多,共 15 个项目,分为 4 个维度。本次研究量表的克隆巴赫 a 系数为 0.904。

采用罗特编制的人际信任量表(ITS),该量表能够预测个体对他人的信任程度,预测内容包括信任他人的言语行为、承诺义务等。量表中项目囊括了受测者对不同职业人员的信任程度,以及对于所处社会的未来期望如何。此量表共 25 个项目,采用 5 分对称评分法,1—5 分,得分值越高,人际信任度越高。量表包括对家人或同伴的信任以及对无关他人的信任两个因子。本次研究量表的克隆巴赫 a 系数为 0.792。

任务分配材料。对德特诺等研究中的任务分配实验进行了改编,任务分配的枯燥任务与有趣任务改编成更加适合中国大学生的任务。

从表 7-16 中看出,有趣任务和枯燥任务的难度没有差异(p>0.05),而任务的枯燥程度差异显著(p<0.01),既区分了任务的枯燥性又使任务难度保持一致。原有范式的枯燥任务是由心理旋转题构成,有趣任务则是一些调查问题。改编后的枯燥任务是抄写无意义单词或者在线上找出给定的无意义单词,有趣任务是一个迷宫题。并且对两项任务的难度和枯燥度进行了检验,两者任务难度没有差异(p>0.05),有趣程度差异显著(p<0.05),很好地做了区分。

表7-16　任务难度枯燥度检验

配对	M	SD	t	df	p
枯燥任务有趣程度 ——有趣任务有趣程度	2.059	1.369	3.892	32	0.000
枯燥任务难度 ——有趣任务难度	1.235	0.554	0.614	32	0.544

3.研究结果

　　根据被试者利他人格水平测量的平均得分,筛选出平均值相差一个标准差的高低组利他人格水平被试者各55名。低利他人格水平被试者(M=29.400,SD=4.206),高利他人格水平被试者(M=64.636,SD=6.969)。对所得数据独立样本t检验(t=2.104,p<0.05)结果显示,差异显著,即利他人格分组有效,高低组被试者的利他人格水平有显著的差异。以筛选被试者样本测得量表的一致性信度为0.968。

　　根据人际信任分数按照从高到低的顺序排列,按照前后27%的标准筛选出高低组人际信任水平被试者各103名。高人际信任水平被试者(M=29.19,SD=1.89)和低人际信任水平被试者(M=19.10,SD=1.58)。对两组被试者的人际信任分数进行独立样本t检验(t=41.526,p<0.05)结果显示,差异显著,即人际信任分组有效,高低组被试者的人际信任水平有显著差异。以筛选被试者样本测得《人际信任量表》一致性信度为0.896,信度良好。从全部数据中筛选出已有分组的交叉部分,分为四组:低人际信任低利他人格组、低人际信任高

利他人格组、高人际信任低利他人格组和高人际信任高利他人格组。

（1）不同利他人格被试者在两种信任水平下对道德伪善行为的影响

不同利他人格被试者在不同人际信任水平下对任务的选择结果显示：高利他人格被试者组中选择有趣任务的有 6 人，明显少于低利他人格被试者组中选择有趣任务的人数 23 人。同一利他人格水平组中，无论利他人格水平的高低，低人际信任水平的被试者选择有趣任务的人数都高于高信任水平的被试者。具体来说，高人际信任水平下，选择有趣任务即发生道德伪善行为的被试者有 5 人；低人际信任水平下，选择有趣任务即发生道德伪善行为的被试者有 24 人。人际信任水平在不同利他人格水平被试者上体现出的影响效应。

（2）信任水平的伪善行为在不同利他人格个体中的差异

对四组被试者的任务选择结果进行了卡方检验结果显示：在低人际信任水平下，不同利他水平的大学生作出的道德伪善行为发生率有显著差异，$\chi^2 = 6.768$，$df = 1$，$p < 0.05$（见表 7-17）。在低人际信任水平下，高低利他人格水平被试者在任务选择中都表现出较高的伪善行为，选择了有趣任务；高人际信任水平下，高低利他人格水平被试者在任务选择中道德伪善行为发生率较低。

表 7-17　不同利他人格个体在两种信任水平下任务选择卡方检验

	值	df	渐进 Sig.（双侧）	精确 Sig.（双侧）	精确 Sig.（单侧）
皮尔逊卡方	6.768[a]	1	0.009		
连续校正[b]	4.286	1	0.038		
似然比	6.356	1	0.012		
费舍的精确检验				0.022	0.022
线性和线性组合	6.535	1	0.011		
有效案例中的 N	29				

注：a. 0 单元格（0.0%）的期望计数少于 5；最小期望计数为 9.00；b. 仅对 2×2 表计算。

由此可见，人际信任水平能够对大学生道德伪善行为产生影响，证实了实验假设。低人际信任组的大学生在公平选择的情况下给自己直接选择有趣任务的概率更大,表现出更多的道德伪善行为。

(二) 利他人格、人际信任对道德伪善判断的影响

1.研究目的

通过两个道德情境考察大学生被试者对自己和他人的行为接受度,依据对自己和他人的接受度差异,考察被试者是否采用双标准判断自己和中性他人,产生道德伪善效应。实验采用2×2×2的被试间设计,自变量为利他人格水平(高/低)、人际信任水平(高/低)、评价主体(自己/中性他人),因变量为处于两个情境中的行为接受度。假设如下:

假设7-14:无论在哪个情境中,不同利他人格水平、不同人际信任水平被试者对自己和他人进行接受度判断时有所不同。

假设7-15:利他人格和人际信任水平共同影响个体在情境中的道德接受度判断,并且利他人格和人际信任之间存在对因变量的交互作用。

2.研究方法

随机抽取上海、武汉、合肥、芜湖等地区高校大学生400人施测,其中芜湖高校问卷及实验通过现场收集数据,其他高校的调查及实验通过线上问卷和线上程序收集数据,取得有效问卷380份,回收有效率为95%。平均年龄为20±1.5岁,其中,男生202人,女生178人。

采用由拉什顿等编制的《利他主义自陈量表》,量表计分方式为李克特5点计分,从1到5代表频次增多,共15个项目,分为4个维度。本次研究中量表的克隆巴赫系数为0.904。

采用由罗特编制的《人际信任量表》(ITS),该量表能够预测个体对他人的信任程度,预测内容包括信任他人的言语行为、承诺义务等。量表中项目包括了受测者对不同职业人员的信任程度,以及对于所处社会的未来期望如何。此量表共25个项目,采用5分对称评分法,1—5分,得分值越高,人际信任度

越高。量表包括对家人或同伴的信任以及对无关他人的信任两个因子。本次研究量表的克隆巴赫系数为 0.792。

道德两难情境故事。基于拉默斯等的研究,由两个道德两难情境构成,第一个两难情境是一场考试中,考试很重要的内容有部分超纲了,监考老师没有在场,这时一位会写的同学提出分享考试答案。第二个情境是在一个交通路口,一个人开车去参加重要的会议,时间紧迫且没有很多车辆与行人通行,是否可以闯红灯行驶过去。

行为接受度判断的评定。让被试者依据评价主体不同,分别进行道德接受度判断。采用 7 点评分法,接受度分别从"完全不接受"到"完全接受"7 个程度依次递增。

3. 研究结果

根据被试者利他人格水平测量的平均得分,筛选出与平均值相差一个标准差的高低组利他人格水平被试者各 55 名。低利他人格水平被试者(M = 29.400, SD = 4.206),高利他人格水平被试者(M = 64.636, SD = 6.969)。对所得数据独立样本 t 检验(t = 2.104, p < 0.05)结果显示,差异显著,即利他人格分组有效,高低组被试者的利他人格水平有显著的差异。以筛选被试者样本测得量表的一致性信度为 0.968。

根据人际信任分数按照从高到低的顺序排列,按照前后 27% 的标准筛选出高低组人际信任水平被试者各 103 名。高人际信任水平被试者(M = 29.19, SD = 1.89)和低人际信任水平被试者(M = 19.10, SD = 1.58)。对两组被试者的人际信任分数进行独立样本 t 检验(t = 41.526, p < 0.05)后结果显示,差异显著,即人际信任分组有效,高低组被试者的人际信任水平有显著的差异。以筛选被试者样本测得《人际信任量表》一致性信度为 0.896,信度良好。

(1)不同利他人格水平与不同人际信任水平个体的道德接受度

在两种道德两难情境下,不同利他人格个体两种人际信任水平(高/低)下对两种对象(自己/中性他人)不道德行为接受度的平均值和标准差见表 7-18。

表 7-18 不同利他人格个体在两种信任水平下
接受度判断的平均值和标准差

| | 作弊情境评价对象 | | | | 交通违规情境评价对象 | | | |
| | 他人 | | 自己 | | 他人 | | 自己 | |
	M	SD	M	SD	M	SD	M	SD
高利他低信任	3.84	1.27	5.61	1.28	3.39	1.38	3.48	2.05
高利他高信任	3.35	1.40	3.84	1.46	3.35	1.40	2.77	1.23
低利他低信任	3.79	0.19	5.23	1.59	3.62	1.80	3.23	1.88
低利他高信任	3.36	1.65	4.73	1.65	3.36	1.61	2.13	1.39

（2）利他人格水平、人际信任对道德判断的影响

为了研究利他人格、人际信任水平对道德伪善的影响,以利他人格、人际信任、实验组对照组为自变量,两个两难情境中(他人/自己)不道德行为接受度为因变量,采用 2×2×2 的方差分析。方差齐性检验(Leven's Test)的结果为 $(F = 1.141, p = 0.338)$、$(F = 0.649, p = 0.715)$、$(F = 0.358, p = 0.926)$ 和 $(F = 2.044, p = 0.050)$ 结果见表 7-19。

表 7-19 利他人格与人际信任两种情境中接受度判断的方差分析

变异来源	因变量	df	均方	F	p
高低利他人格	作弊情境他人接受度	1	1.124	0.509	0.476
	作弊情境自己接受度	1	0.015	0.006	0.936
	交通情境他人接受度	1	0.017	0.007	0.932
	交通情境自己接受度	1	0.948	0.349	0.555
高低人际信任	作弊情境他人接受度	1	0.454	0.205	0.651
	作弊情境自己接受度	1	3.981	1.640	0.202
	交通情境他人接受度	1	0.457	0.193	0.661
	交通情境自己接受度	1	0.881	0.324	0.570

变异来源	因变量	df	均方	F	p
是否对照组	作弊情境他人接受度	1	0.051	0.023	0.879
	作弊情境自己接受度	1	113.270	46.655	0.000
	交通情境他人接受度	1	0.082	0.035	0.853
	交通情境自己接受度	1	3.052	1.123	0.290
高低利他人格 * 高低人际信任	作弊情境他人接受度	1	1.607	0.727	0.395
	作弊情境自己接受度	1	27.023	11.131	0.001
	交通情境他人接受度	1	5.174	2.187	0.140
	交通情境自己接受度	1	8.007	2.947	0.087
高低利他人格 * 是否对照组	作弊情境他人接受度	1	0.328	0.149	0.700
	作弊情境自己接受度	1	19.033	7.839	0.006
	交通情境他人接受度	1	0.943	0.399	0.528
	交通情境自己接受度	1	0.241	0.089	0.766
高低人际信任 * 是否对照组	作弊情境他人接受度	1	4.852	2.196	0.140
	作弊情境自己接受度	1	13.115	5.402	0.021
	交通情境他人接受度	1	2.827	1.195	0.275
	交通情境自己接受度	1	7.710	2.838	0.093
高低利他人格 * 高低人际信任 * 是否对照组	作弊情境他人接受度	1	0.516	0.234	0.629
	作弊情境自己接受度	1	3.046	1.254	0.264
	交通情境他人接受度	1	9.312	3.936	0.048
	交通情境自己接受度	1	2.312	0.851	0.357

　　研究结果显示(见图 7-2、图 7-3、图 7-4、图 7-5),利他人格与人际信任水平在作弊情境自己接受度判断中的交互作用显著(p<0.05)。同时结果显示,利他人格和人际信任的交互作用显著,即利他人格和人际信任水平共同影响个体的道德接受度。为了分析两自变量具体是如何影响伪善判断的,在两种情境中实行进一步的简单效应分析。结果显示,在对他人不道德行为的判

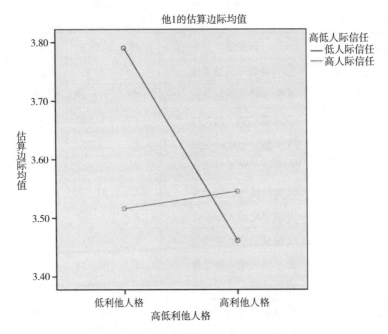

图7-2　作弊情境他人接受度中利他人格与人际信任水平交互作用

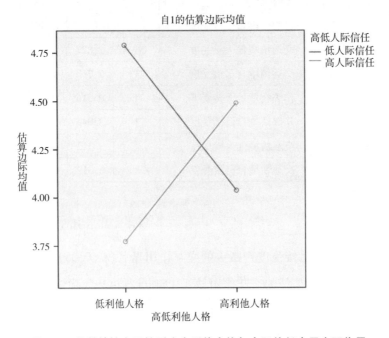

图7-3　作弊情境自己接受度中利他人格与人际信任水平交互作用

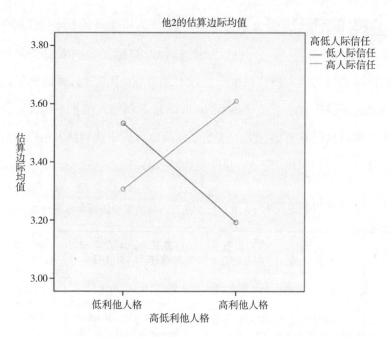

图 7-4　交通违规情境他人接受度中利他人格与人际信任水平交互作用

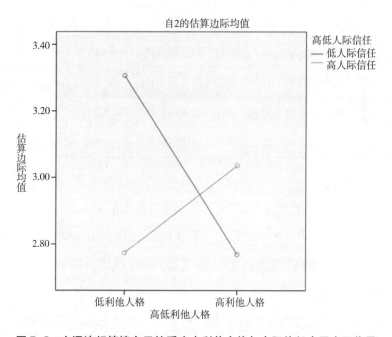

图 7-5　交通违规情境自己接受度中利他人格与人际信任水平交互作用

断中,不论是作弊情境还是交通情境,高低利他人格在高低人际信任水平上都没有显著差异(p>0.05)。在对自己不道德行为的判断中,无论在作弊情境还是交通情境上高利他人格在两水平上没有差异(p>0.05)。而低利他人格水平在高低人际信任水平上差异显著(p<0.05),低利他人格水平低人际信任水平的被试者对自己不道德行为的接受度判断显著高于低利他人格高人际信任水平的被试者在相同情境下的判断(见表7-20)。

表 7-20 利他人格与人际信任水平在两种情境中的简单效应分析

情境	高低利他人格	(I)高低人际信任	(J)高低人际信任	均值差值(I-J)	标准误差	p
作弊情境他人接受度	低利他人格	低人际信任	高人际信任	0.274	0.266	0.304
	高利他人格	低人际信任	高人际信任	−0.084	0.324	0.796
作弊情境自己接受度	低利他人格	低人际信任	高人际信任	1.016*	0.315	0.001
	高利他人格	低人际信任	高人际信任	−0.452	0.382	0.237
交通情境他人接受度	低利他人格	低人际信任	高人际信任	0.226	0.277	0.416
	高利他人格	低人际信任	高人际信任	−0.417	0.336	0.216
交通情境自己接受度	低利他人格	低人际信任	高人际信任	0.532*	0.296	0.043
	高利他人格	低人际信任	高人际信任	−0.267	0.359	0.458

由此可见,不同利他人格水平、不同人际信任水平的大学生对自己和他人的接受度判断影响表现出交互作用。低人际信任低利他人格水平的被试者对自己的接受度更高,对他人的评价更加苛刻,道德判断双标准,呈现明显的道德伪善效应。而高人际信任水平下的被试者对自己和他人的接受度判断则没有显著差异,判断标准相一致,没有呈现道德伪善效应,与研究假设相符。

四、利他人格和人际信任水平对道德伪善的影响

（一）利他人格和人际信任水平对道德伪善的影响

研究考察了利他人格和人际信任水平对道德伪善行为的影响,低利他人格被试者相比高利他人格被试者在伪善任务实验中产生了更多的伪善行为,即有更多的被试者选择了积极任务。巴特森等发现利他人格中包含的自尊、责任感和移情的三个因素对个体的道德行为产生影响,使个体作出道德行为,高利他人格特质的被试者在实验情境中为了维护人格和行为的一致性,没有直接给自己分配积极任务,避免了道德伪善行为。有研究发现利他人格特质更高的个体更愿意作出助人行为,更好地感知到自己与对方的距离更近,这能够解释高利他人格特质的被试者更加倾向于用公平的方式分配任务。

人际信任水平也会影响个体的道德伪善行为,在实验中观察高低人际信任分组的被试者作出的任务分配,结果表明,低人际信任被试者相比高人际信任被试者在伪善任务实验中产生了更多的伪善行为,即有更多的人数选择了积极任务,差异显著。加拿大心理学者伦佩尔(Rempel)等区分了人际信任的三个构成要素,分别为可预测性、可依靠性和信赖。这三种要素决定了个体对他人的信任程度,当个体充分信任他人时,会将自己与他人放在平等的位置,在任务分配实验中更加倾向于用公平的方式分配任务。卢曼(Luman)认为社会关系是信任的本质,信任是建立在相应的规则系统中的,实验中给出了明确的规则,这可以解释为什么在相同规则中,高人际信任水平的被试者能够避免道德伪善行为。

（二）利他人格和人际信任水平对道德伪善判断的影响

有学者认为个体在作出道德判断时,对自己与他人的判断标准不一致即为道德伪善。通过道德两难情境范式来检验被试者对自己和中性他人的道德

判断标准是否一致,发现在作弊情境中和交通违规情境中,低利他人格的被试者对自己的不道德行为更加接受,而对他人的道德要求更加严苛。也有国外学者在著作中为利他主义建立了三个标准,分别为利他主义、移情作用和道德判断。可见利他人格与道德判断关系紧密。有许多研究表明道德判断与利他行为有关,道德判断水平越成熟,作出利他行为的可能性就越大。因此,在道德两难情境中,高利他人格被试者的道德伪善效应显著低于低利他人格被试者。

人际信任水平也会影响个体的道德判断,实验中发现低人际信任组被试者在交通违规情境中对他人的要求比较严格,对自己的要求与对照组无差异,出现了明显的道德伪善效应。国外研究者发现,人际信任较低的个体具有较高的攻击行为倾向,但也有研究者在实验中发现人际信任较高的个体具有较高的问题解决能力,因为他们拥有更好的交流能力,高人际信任水平的被试者善于交换视角思考问题,倾向于对自己和他人采用相同的道德判断标准。

(三) 利他人格与人际信任对道德伪善的共同影响

研究发现,不同利他水平的被试者在人际信任水平下的选择有显著差异。低人际信任水平的被试者,无论其利他人格水平如何都作出了较多的道德伪善行为,而高人际信任水平的被试者作出的道德伪善行为较少。王绍光对人际信任的影响因素进行了讨论,认为早期经验对人际信任的发展有着至关重要的作用。而利他人格的形成也与个体的早期经验有关,因此人际信任与利他人格对道德伪善行为产生了交互影响。当个体不信任他人时,更倾向于只考虑自己的利益,并且没有考虑作出的行为是否利于不信任的他人。

随后在两个道德情境的判断中,进一步研究利他人格水平、人际信任对道德判断的影响,以利他人格、人际信任、实验组对照组为自变量,两个两难情境中(他人/自己)不道德行为接受度为因变量,采用 2×2×2 的方差分析。结果发现,两种情境上低利他人格水平在高低人际信任水平上差异显著,低利他低人际信任水平的被试者对自己不道德行为的接受度判断显著高于低利他高人际信任水平被试者在相同情境下的判断,对自己要求比较宽容。班杜拉提出了道德推脱的概念,个体在归因时采用某种特定倾向的认知,使得自己在行为事件中担任较小的责任,承担较小的行为后果。当涉及对自身道德判断时,高利他人格的被试者对于自己和他人的评价标准没有显著差异,而低利他低信任的个体符合道德推脱效应,替自己辩解并且对自己更加宽容。

低利他人格水平被试者相较于高利他人格水平被试者给自己选择了更多的积极任务,道德伪善行为表现明显;在两种道德情境中,低利他人格水平被试者对他人的接受度相较对照组较低,而对自己的接受度与对照组没有显著差异,出现道德伪善效应。利他人格对道德伪善效应影响显著。

低人际信任水平被试者相较于高利他人格水平被试者给自己选择了更多的积极任务,道德伪善行为表现明显;在交通违规情境中,低人际信任水平被试者对他人的接受度相较对照组较低,而对自己的接受度与对照组没有显著差异,出现道德伪善效应。人际信任对道德伪善效应影响显著。

利他人格水平和人际信任水平共同影响被试者的道德伪善效应,交互作用显著。低利他人格水平在高低人际信任水平上差异显著,低利他低人际信任水平的被试者对自己不道德行为的接受度判断显著高于低利他高人际信任水平被试者在相同情境下的判断。

第四节　青少年道德人格发展的对策与建议

网络道德素养是互联网社会中青少年形成正确的世界观、人生观和价值观教育的重要内容,是核心素养的有机组成部分。加强网络德育的中心要点是加强青少年网络道德素养教育,强调青少年应具备的网络素质、道德规范和"公共德性",自觉遵循网络社会发展的客观规律和网络信息伦理道德,规范自身网络行为与活动,理性地运用网络信息为自身和社会的发展服务。

一、增强道德主体意识,塑造青少年健康道德人格

青少年道德人格的培养与塑造,应强调外部因素与内在因素的统一,注重微观、中观和宏观层面的建设。

(一) 增强青少年主体意识,提高青少年道德人格自我教育

教育的最高境界是使受教育者具备自我教育的能力。由于互联网具有匿名性和虚拟性,网民在其中获得了更多的"自由",主观能动性发挥着主导作用。因此,提升青少年的自我教育能力是网络道德学习有效开展的必要条件。在实际生活中,可以从以下几方面来提高青少年的自我教育能力,塑造健全的道德人格。第一,学会慎独。"慎独"作为儒学伦理的重要修身内容,指道德主体在个人独处时,能自觉地严格要求自己,审慎地对待自己的言行,以避免违背道德准则的欲念和行为发生,从而达到内外兼修的理想境界。在慎独中,道德主体具有独立的主体意识,在没有外在监督或外在压力的情况下能主动地对其内心情况进行自我约束、自我调控、自我支配,充分发挥自身修养的潜力,坚持自己的道德信念,自觉按社会的道德要求行事。尤其是在网络空间中,青少年需要时刻谨记慎独二字的内涵及行为要求。第二,时常内省。青少年要经常对照、检查自己的思想和言行,应当对自己不合乎道德标准的做法有悔悟之心,及时加以改正。不仅要勤学,还要内省。思索人生意义,履行社会责任,既要不断进取,又要顺乎自然,为所当为。用正确的道德原则和规范,不断清洗、修正错误的道德观念,成为一个符合时代精神的有道德的人。

(二) 改进和转变德育模式,加强青少年道德价值观教育

学校应转变传统的德育管理模式,坚持以养成教育、感恩教育、磨炼教育、心理健康教育和学生自我教育为依托,着力培养学生良好的行为习惯、学习习

惯和生活习惯。

价值观教育与时代精神相通。"道德教育就是要用一定价值观念体系来影响受教育者并使其在受教育者身上沉淀下来"。所以,在道德人格的养成中要十分重视价值观的引导和教育。引导当代青少年正确寻找人类的精神家园,不能流于对理论的空洞宣讲,否则将难以达到预期的效果;应直面青少年具体的人生问题,关注青少年最为迫切的现实需要,培养他们处理现实生活中各种矛盾的道德智慧和能力,使道德信念在青少年心中真正扎下根来。

(三) 营造和谐道德氛围,促进青少年健全道德人格生成

社会环境的熏陶、家庭教育、学校教育以及文化的建设可以促进青少年健全道德人格的生成。因此,应整治社会文化环境,营造良好的校园文化环境,构建和谐的家庭环境;建构以家庭教育为基础、学校教育为主体、社会教育为氛围的"三位一体"的道德教育体系,培养青少年健全的道德人格。具体措施如下:第一,整治社会文化环境。随着文化全球化进程的加快,我国当前的社会文化环境良莠不齐,不利于青少年健全道德人格的形成。因此,应加强对媒体文化的引导和调控,监督社会舆论,加强对网络文化的监管,完善网络道德规范。第二,营造良好的校园文化环境。由于青少年的大部分生活都是在校园内进行的,因此,塑造青少年健全道德人格的重要途径就是对大学健康文化氛围的营造。校园文化是生长、发展在学校教育环境中的、潜移默化的教育作用因素。高校应注重校园文化环境的建设和管理,优化学校文化环境,包括建筑外观和绿化、教室和学生宿舍布局等,同时抓好校风、学风和班风建设,充分发挥校园文化隐性教育的功能和整体育人效应。第三,构建和谐的家庭环境。由于家庭教育的启蒙性,父母的一言一行都会在不知不觉中影响青少年的生活和成长。家庭教育可以随时随地进行,大部分人都是通过父母的言行接受社会规范。可以说,家庭教育对青少年道德人格的影响是潜移默化的和持久的,和谐的家庭环境就是父母与孩子建立平等良好的关系。关心孩子,既不过

分娇纵和溺爱孩子，又不过分苛求孩子。只有构建和谐的家庭环境，青少年道德人格才能健康发展。

二、注重网络德育工作实效性，促进青少年道德人格发展

（一）营造清朗网络环境，优化青少年网络道德素养教育环境

《2016年世界互联网发展乌镇报告》中提出一个更为关键的问题——儿童在线保护。报告指出，国际社会持续致力于儿童在线保护。国际社会高度重视有害信息对未成年人的影响，制订行动计划，打击网上儿童色情，治理网络欺凌等。清朗网络环境的营造，如建立未成年人绿色上网空间，禁止年龄过小的儿童进入成年人的游戏平台，还可以通过在后台监测数据，对青少年上网的动向及时采取措施。公共场所也需要采取避免青少年接触不良信息的有效措施。加强网站的平台责任，将互联网服务提供商的管理办法进一步细化，区分节假日和其他时间，对网络游戏的时段时长加以限定，开展网游账号实名注册等。

（二）挖掘网络德育资源，丰富青少年网络道德素养教育内容

首先，学校要重视自身的网络空间建设，确保学生绿色健康上网，合理化地使用网络，同时开展有联系性的教育活动，使得学生所具有的信息辨别、判断以及选择能力不断提升，网络道德理念、道德责任感以及自律能力有所加强。其次，教师要确保所选择的网络德育信息资源的真实性，避免网络舆情反转事件对青少年道德判断的负面影响，并引导学生对道德事件理性分析和思考，从而习得权衡与判断美丑、好坏、是非的评价准绳。最后，网络文化的多元价值环境使得事实本身变得更加复杂，可以利用校园官网、贴吧、微信公众号等建立网络道德的宣传窗口，共创有益于未成年人健康成长的互联网空间，引导正确的舆论导向。教育学生文明、安全、健康上网，帮助学生培养自我控制

和自我管理能力,提高青少年网络自我责任感的教育。

（三）发挥头部群体模范带头作用,提升网络道德素养教育服务水平

应重视网络立法,推动过滤软件开发和强制性使用,以实现从源头进行有效筛查,过滤掉对儿童青少年不良的信息。要大力弘扬社会主义核心价值观,弘扬主旋律、传播正能量,挖掘中华优秀传统文化、弘扬红色革命文化、建设社会主义先进文化,不断巩固壮大主流思想舆论,提高新闻舆论传播力、引导力、影响力、公信力,为奋进新时代、同心共筑中国梦凝聚强大精神力量。

（四）健全网络管理体制,构筑网络道德素养协同教育机制

一是建立政府监管、企业履责、社会监督、学校引导、家庭约束、司法保护的多元参与、协同共治的未成年人网络保护工作模式,并形成网络教育监测评估长效机制,确保网络教育公益性和育人属性。二是坚持正确舆论导向,构建各方参与的共同治理新格局。凝聚全社会的力量,合力构建科学有效的治理体系。依法加强网络空间治理,综合运用法律手段、技术手段和管理手段对网站、微博、微信、论坛、APP 等网络传播平台,从源头上加强管理。要加强过滤、分类技术应用,对网络舆论话题、内容、方式进行科学分类与持续追踪。通畅表达、反馈渠道,对具体问题及时研判、回应与解决。积极参与未成年人网络保护相关法律法规的制定,加强未成年人个人信息网络保护,行业规范和标准制定。三是构建网络环境保护长效机制。要努力汇聚起教育系统和社会各方的更大合力,深化社会主义思想道德建设,让社会和谐稳定建立在较高道德水平上。加强社会主义核心价值观教育,帮助青少年牢固树立正确的祖国观、民族观、文化观、历史观,要牢牢把握舆论主动权和主导权,在青少年中筑牢中华民族共同体意识的最大增量。四是学校要发挥对于青少年主流价值观念的教育引导功能。促使青少年自身价值观念与社会主流价值观念和谐一致,以弥合青少年在道德价值观念上的冲突和矛盾,用社会主义核心价值观体系引领青少年的价值定位与价值选择。五是发挥家庭教育功能。家长除了平时要重视培养未成人的适应能力、耐挫力、自信心、好奇心和探索精神之外,还要帮助孩子明确上网以学习知识为目的,安排足够时间让他们参与社会活动,控制上网时间,加密锁定不良网站,防止上网成瘾。

第八章　青少年网络道德
学习模式建构

　　2019 年 1 月,国家互联网信息办公室针对网络出现的各种生态问题和有害信息等情况,开启了网络生态治理专项行动,对各种互联网平台中的低俗庸俗、暴力血腥、网络谣言等负面信息进行全面整治,表明了国家治理网络的决心。① 第 49 次互联网状况统计报告显示,截至 2021 年 12 月,我国网民规模达 10.32 亿,较 2020 年 12 月增长 4296 万,其中手机网民规模达 10.29 亿,10—19 岁网民群体占比为 13.3%,随着人们对信息需求的急剧增加,可以预见每一年的网络用户也会出现大幅增长。

　　网络作为一把双刃剑,帮助青少年更便捷地获取信息的同时,也增大了青少年道德问题出现的概率,因此如何有效地使道德规范在生活中发挥作用是当前青少年网络德育工作面临的主要问题。青春期的道德发展存在三个特点:第一,青少年已经可以意识到对于正确或错误的判断是基于公正或智慧,而非遵循强者的附加意志;第二,青少年能够理解社会道德或社会宗教规则的差异,具备从独特视角出发理解事物的能力;第三,青少年所体验到的道德行为冲突是基于其对于道德问题的观点或思考,需要符合道德标准和道德思维。

可见,青少年具备将道德准则内化为自己的道德行为规范,凭借自身道德意识来约束道德行为的能力。

青少年的道德习得会受到诸多因素(如同伴交互、父母约束等)的影响,其中网络信息媒介尤为重要。纵观现实客观世界和网络虚拟世界,青少年的道德行为(表现)存在共通性和差异性。要想使其作用机制清晰化,重要的是要密切关注行为的载体属性。当前,网络行为载体正步入大众视野,身处网络环境内的青少年表现出更多的网络道德行为(亲社会行为)和网络不道德行为(攻击行为),外在的环境因素和内在的心理因素共同导致了这些行为的发生,更需要聚焦的是心理机制。同时,网络心理学和道德心理学的兴起和蓬勃发展为揭示网络行为提供了理论遵循和实践指导。

第一节　网络安全与健康网络行为

网络(互联网)安全涉及一系列与网络用户身心健康有关的直接或间接问题,也被称为"线上安全""数字安全""电子安全"。这一概念常涉及个体在网络上面临的风险以及如何采用有效的方式方法保护他们自身免受这些风险的侵扰。[①] 鉴于青少年是网络信息媒介上最活跃的用户群体,当下多数研究都聚焦到青少年的网络安全。与成年人相比较,青少年更多寻求短期收益和回报而非长期,这就使得该群体具备更高的参与风险行为的倾向。值得注意的是,随着网络信息技术的不断发展,网络设备日益变得易于携带,青少年更容易作出在独处的密闭空间内使用笔记本电脑、智能手机和平板电脑等设备的选择,这意味着青少年的网络行为会较少受到来自父母的监管。因此,网络在带给青少年海量的有效信息和机会的同时,也会使得青少年群体遭受多重风险。

---

① Kimpe, L., Walrave, M., Ponnet, K., & Ouytsel, J., "Internet Safety", *The International Encyclopedia of Media Literacy*, (May 2019), pp. 1–11.

一、网络安全

多年来,不同学科(传播学、心理学、法学)研究者、教育工作者、媒体工作者和政府机构人员对人们每天在网上面临的风险这一问题表示了关切,倡导采取适当的干预措施以尽量减少在线活动可能对儿童和青少年造成的伤害。然而,一些学者对网络安全的担忧贴上"道德恐慌"的标签,认为网络并没有像大众所普遍认为的那样会带来巨大风险,即使存在风险也是可以采取相应措施避免所带来的负向结果和危害。当然,不可否认的是存在被网络危害的现实情况,因此需要采取有效、客观且符合实际的方式方法来让青少年免受伤害。

值得注意的是,在线风险的分类是依据不同的标准划分,主要体现在:第一,基于欧洲儿童在线项目框架体系,明确区分和界定了在线侵略(攻击)风险、在线性风险、在线商业风险和在线价值相关风险;[①]第二,将在线风险明确区分为两类:一是与在线内容相关风险,二是在线接触相关风险。[②] 在线接触风险认为,在施害者和受害者之间存在直接或互动式的联结,反之,个体在面临在线内容风险时这类联结是不存在或不太明显的。某些类别的风险是存在重叠现象的,如攻击性在线内容风险和在线价值风险。且一些风险可能会同时发生在某些特定的在线网络环境中(如仇恨言论可能导致网络欺凌)。

(一) 攻击风险

网络本身所具有的自由和匿名性特征会以传播不良信息、图像或图片

---

① Livingstone, S., Haddon, L., Görzig, A., & Ólafsson, K., "Risks and Safety on the Internet: The Perspective of European Children, Full Findings", January 2011, Retrieved from http://www.lse.ac.uk/media-and-communications /assets/documents/research/eu-kids-online/reports/D4FullFindings.pdf.

② Youth Protection Roundtable, "Youth Protection Roundtable Tool kit. EC Safer Internet Programme", 2009, Retrieved from http://www.yprt.eu/yprt/content/sections/index.cfm/secid.11.

和视频的方式来伤害他人。虽然存在很多类型的网络攻击形式(如直接或间接骚扰),但常用网络欺凌(CB)来统称这些网络攻击形式。网络欺凌常被界定为个人或团体通过互联网或其他数字技术对受害者实施的侵略或残忍行为。① 虽然网络使用者遍布各个年龄,每个人都可能成为网络欺凌的受害者,但由于儿童与青少年的可塑性和不成熟性,吸引了更多研究者的目光。② 有研究表明,大约20%—40%的青少年至少遭受过一次网络欺凌,同时在过去十年内,网络受欺负者的数量显著增加。这并不令人惊讶,因为青少年日益成为社交媒体和网络的活跃用户。青少年逐渐将网络生活视为参与社会生活的重要组成部分。网络欺凌受害者的增加应被视为是欺凌环境的转变或扩大的结果,而非欺凌实施者增加的结果。大多数网络欺凌受害者都会受到网络欺凌经历的消极影响。根据欺凌的频率、时长和欺凌行为的严重程度,有过网络受欺负经历的青少年更易出现心理问题(如抑郁、社交焦虑)、情感障碍(如分离)和学业问题(如成绩下降、缺勤增加)。同时,网络欺凌不利于和谐校园氛围的营造。与线下欺凌相比,网络欺凌可能造成更严重的危害,因为它很容易匿名发生,可能会被更广泛的受众所关注。

网络欺凌的一种特殊形式是网络跟踪或个体使用电子设备开展重复性和无法满足的追求。跟踪者可以使用数据媒介技术来收集受害者的信息,并借此与他/她产生联系。与现实跟踪相比,网络跟踪很少被大众所熟知,但网络跟踪受害者仍可能遭受各种心理问题(如内心的不安、愤怒、沮丧)和社会问题(如对他人产生不信任)。一项研究表明,6.3%的人声称是网络跟踪受害

---

① Tokunaga,R.S.,"Following You Home from School:A Critical Review and Synthesis of Research on Cyberbullying Victimization", *Computers in Human Behavior*, Vol. 26, No. 3(May 2010), pp. 277-287.

② Jones,L.M.,Mitchell,K.J.,& Finkelhor,D.,"Trends in Youth Internet Victimization:Findings from Three Youth Internet Safety Surveys 2000-2010", *Journal of Adolescent Health*, Vol. 50, No. 2 (February 2012),pp. 179-186.

者,且至少遭受过两周的网络跟踪。① 除了人际形式的攻击以外,青少年可能会面临暴力内容。在这种情况下,攻击消息不是直接指向用户的,而是在娱乐形式中显示(如游戏),这些暴力和凶杀的图像、视频或文本可能是对现实的描绘。研究表明,无论是从短期还是长期来看,暴力电子游戏都与侵略有关。② 因此,其他类型的网络暴力和攻击行为或网络暴力和激进意识形态之间也存在同样的联系。

对于网络攻击行为的产生,有以下几种理论解释。弗洛伊德的"本能理论"认为人对他人的攻击行为是源于自身的死本能,是天生的和不可避免的。死本能是一种对自我破坏的倾向,当生本能处于弱势时,死本能就会与其抗衡,进而导致侵犯行为的发生。约翰·鲍尔比的"依恋理论"认为婴幼儿时期形成的依恋类型能够在很大程度上影响个体青少年时期对人际关系的应对方式。回避型依恋和焦虑—反抗型依恋儿童更有可能发展成为网络欺凌/网络受欺凌者。根据班杜拉的"社会学习理论",网络欺凌行为可能是通过观察学习形成的。如果青少年在网络世界经常看到其他人进行网络欺负行为,那么在模仿学习的作用下,个体就有可能习得这一行为。"网络去抑制效应"指出由于虚拟的网络空间具有一定的匿名性,青少年很容易放松对自己的控制与要求,在网上会更诚实坦率地表达自我,较少进行自我监控,其"本我"会更多表现出来,会在网络上表达一些面对面不敢说的话,可能会产生网络攻击行为。"力量根源理论"认为网络空间造成了个体间权力的不平等,而这才是欺凌行为产生的最根本因素。

网络空间采取匿名的形式,一方面有助于引导更开放的交流与互动,但另

---

① Dreβing, H., Bailer, J., Anders, A., Wagner, H., & Gallas, C., "Cyberstalking in a Large Sample of Social Network Users: Prevalence, Characteristics, and Impact upon Victims", *Cyberpsychology, Behavior, and Social Networking*, Vol. 17, No. 2(October 2013), pp. 61–67.

② Willoughby, T., Adachi, P.J., & Good, M., "A Longitudinal Study of the Association between Violent Video Game Play and Aggression among Adolescents", *Developmental Psychology*, Vol. 48, No. 4 (October 2011), pp. 1044–1057.

一方面也会被青少年利用来宣泄自己的负面情绪而不用承担相应的责任,这就意味着网络的匿名性会降低个体对自己的道德认知和道德约束力,从而导致网络不道德行为的发生。

(二) 价值相关风险

价值相关风险常与有害的内容和不可信的信息有关,这些信息可以很容易地在网上找到,并可能对个体(他或她)、群体或整个社会所固有价值观产生负面影响。例如,有许多关于自杀和非自杀性自我伤害的网站,分别描述和讨论了结束自己生命和造成自我伤害的不同方法。这些网站很容易被访问,然而,大多数并没有明确鼓励有害行为,而是使用中性语气,①有些人甚至在网站上寻求帮助。当弱势群体面对有关非默认情况下的自杀方法或自伤的信息时,可能会受到威胁。② 有研究指出与自杀相关的网络使用可能会增长自杀想法。这意味着处理自杀和非自杀性自我伤害的方法和建议可能会导致破坏性思维的增加或增强伤害性行为。然而,这一结果也可能表明互联网可被用作在产生自杀意念或自我伤害倾向时寻求帮助的工具。这些网站可以为寻求帮助的个人提供一个虚拟空间,在那里他们可以互相给予情感支持。可见当青少年积极主动融入这类社交网站时,这些网站给他们带来的影响是双重的,甚至有时完全是有害的。

互联网也被暴力意识形态团体用来传播仇恨的攻击性信息。在这些群体中,有一套共同的信念认为暴力是一种正当的交流方式,用以实现小组目标。他们的仇恨往往是针对不同种族、宗教或性取向的人。一些青少年为了寻求身份认同和归属感,会积极主动融入该群体内并作出更多网络暴力行为。令

---

① Lewis, S.P., & Knoll, A.K., "Do it Yourself: Examination of Self-injury First Aid Tips on You-Tube", *Cyberpsychology, Behavior, and Social Networking*, Vol. 18, No. 5(May 2015), pp. 301-304.

② Mok, K., Ross, A.M., Jorm, A.F., & Pirkis, J., "An Analysis of the Content and Availability of Information on Suicide Methods Online", *Journal of Consumer Health on the Internet*, Vol. 20, No.(1-2) (April 2016), pp. 41-51.

人担忧的是,有 67.4% 的 15 至 18 岁的芬兰人和 65.4% 的 18 至 36 岁的美国人常常会接触到暴力材料。①

(三)　商业风险

企业和其他商业行为者开发了几种从互联网用户处获取个人数据的方法。例如,网络饼干是网络跟踪和信息收集工具,用于将特定网站访问用户数据进行保存。一方面,这些数据可用以设置个性化广告和其他内容,这使得它们更迎合消费者的需求。另一方面,这种数据往往是以不透明的方式收集的。一个值得关注的地方在于这些社交网站常从青少年的用户记录中收集个人数据信息,由于儿童和青少年会对家庭购买行为产生影响,而且往往有自己的零用钱可花,因此他们对广告商来说是一个有吸引力的群体。青少年热衷于互联网,这使得商业行为者很容易在网上瞄准他们并收集他们的个人细节信息。然而,青少年并不能够正确评估他们是否正在消费广告,以及他们的个人数据是否正被收集,特别是当他们面临繁杂的营销内容和娱乐内容时,如"广告游戏"或包含品牌传播的网络游戏。因为这些游戏的说服意图不那么明显,并且表现形式新颖,所以人们更容易受到商业信息的影响。

如果不谨慎管理个人数据,可能会产生不必要的后果。例如,一个人可能会收到垃圾邮件,这可以定义为所有未经请求的电子邮件通信、广告、欺诈信息。后者可能是钓鱼攻击的一部分,其中不诚实的个人或犯罪组织经常假装是一个受信任的公司试图收集个人财务信息(例如个人账号密码、信用卡号码),如果互联网用户陷入这个骗局,这可能导致身份识别以及大量金钱的损失等问题。

互联网用户自身行为可能直接造成的一些商业风险。其中之一是使用非

---

① Costello, M., Hawdon, J., Ratliff, T., & Grantham, T., "Who Views Online Extremism? Individual Attributes Leading to Exposure", *Computers in Human Behavior*, Vol. 63 (October 2016), pp. 311-320.

法复制的软件和媒体文件,即非法下载有版权的音乐、电影、游戏或电子书。虽然这些侵犯版权行为对个人创作者和创意产业的经济状况产生了负面影响,但有些人仍认为非法下载、共享是一种可接受的做法。从理论上讲,数字盗版是一种犯罪,侵犯版权者有可能被罚款甚至监禁。

此外,赌博网站可能对他们的用户产生负面影响。博彩业包括所有形式的赌博都会受互联网的影响,由于在线赌徒不容易接触,大多数研究使用有目的抽样策略来收集信息。英国的一项调查显示,在一年内 14% 的青少年有可能使用在线赌博方法。[①] 这可能是因为一些网站不要求提供用户的年龄。此外,研究表明,与不使用互联网赌博的人相比,使用互联网赌博的人出现问题赌博的可能性更大。在实践中,问题赌博会产生一些消极的后果,如引起财务问题、导致人际关系和心理健康问题(如压力、焦虑)等。

二、健康网络行为

网络安全催生了青少年产生相应的网络行为,主要表现为两方面,即健康网络行为和不健康网络行为。大量研究表明,如果一个青少年正在参与一种健康风险行为,他们更有可能参与额外的健康风险行为,例如,吸烟与饮酒相关。网络风险行为也不例外,参与一种风险行为的学生很可能会参与其他的网络风险行为。而几种危险行为的聚集可能会将脆弱的青少年置于危险之中,并对他们以后的发展产生危害。

儿童青少年越来越被认为是通过互联网参与电子商务或电子广告的活跃消费者。对游戏的关注在 10—12 岁的青少年中占主导地位,并在这个年龄之后减少。从 11 岁开始,社交网络的重点就转移到聊天、社交网络和商业用途上。13 岁以后,社交网络主导了所有类型的互联网使用。在这种情况下,

---

① Wardle, H., Moody, A., Griffiths, M., Orford, J., & Volberg, R., "Defining the Online Gambler and Patterns of Behavior Integration: Evidence from the British Gambling Prevalence Survey 2010", *International Gambling Studies*, Vol. 11, No. 3 (November 2011), pp. 339–356.

孩子们依靠父母的支持来支付网络费用。除了年龄,互联网的使用也存在性别差异。男孩往往更关注游戏和娱乐相关的活动;女孩往往是为了社交和聊天。父母往往会因为男孩子访问色情网站而训斥他们,女孩子则会因为花太多时间在电脑上而遭到训斥。①

作为青少年休闲活动的一部分,网络游戏已经变得越来越重要。虽然大多数人以健康的方式使用这些游戏,但流行病学研究表明,青少年的网络行为可能会影响他们的心理健康,有些人出现了过度使用和与物质成瘾有关的症状。还有研究发现,网络游戏障碍与神经质程度高、自觉性降低、外向性低有关。②

总的来说,网络使用的程度与心理健康呈负相关,但具体的网络活动在影响心理健康的程度和方向上存在差异。上网的后果(尤其是睡眠不足和无法上网时的戒断)似乎比具体活动本身更能预测心理健康结果。为减少互联网使用对心理健康的负面影响,采取干预措施时应针对其负面影响,而不是互联网使用本身。例如,与其减少花在某项活动上的时间,不如把重点放在确保活动不影响睡眠上。

然而,不健康的上网行为不能简单地等同于高强度或频繁上网。首先,尽管上网时间与心理健康呈负相关,但与一些活动,如学习是正相关的。其次,在考虑了使用互联网的感知后果后,上网时间并不是影响心理健康的独立风险因素,这强调了使用互联网本质上并不是有害的。即使涉及特定的活动,比如游戏,这种关系也可能很复杂。研究证实,游戏对心理健康有负面影响,而在有些研究中,游戏对心理健康的影响是积极的。当游戏被使

---

① Dowdell, E., Burgess, A., & Cavanaugh, D., "Clustering of Internet Risk Behaviors in a Middle School Student Population", *Journal of School Health*, Vol. 79, No. 119(November 2009), pp. 547-553.

② Müller, K.W., Beutel, M.E., Egloff, B.K., & Wölfling, "Investigating Risk Factors for Internet Gaming Disorder: A Comparison of Patients with Addictive Gaming, Pathological Gamblers and Healthy Controls Regarding the Big Five Personality Traits", *European Addiction Research*, Vol. 20, No. 3(March 2014), pp. 129-136.

用到一定程度时,它可能具有一些保护性的属性,但当过度使用时,会产生较大的负面影响。那些经历了更多痛苦的人更倾向于将互联网作为一种工具来处理他们的问题,但令人失望的现实可能反过来恶化先前存在的心理健康问题。

在日常行为上男生比女生更容易出现不良行为,在网络使用方面也是如此。一方面,这一发现可能与中国人对男孩的教育成就有更高的期望有关,男孩往往比女孩得到更多的机会和资源。男孩相比于女孩有更多接触网络的机会,因此更有可能会出现网络使用不良问题。另一方面,大量使用互联网似乎也与亲社会的互联网使用有关。这可能是因为学生在日常行为与网络行为间存在着一致的连贯性,积极的日常行为会使得网络行为更积极,消极的日常行为也会导致网络行为更消极。一般来说,亲社会青少年在使用网络时比反社会青少年更亲社会。使用互联网是一种日常社会行为,人们在网络上的行为模式与现实生活中的行为模式有一定的相似性。因此,在学校教育中也应该注意与网络行为相关的情感和人际关系。

青少年健康上网行为的核心为"有益的"和"控制的",如果青少年能够从外控到内控形成有节制的上网行为,并对学习、生活和身心发展健康产生有益的结果,那么可以称其上网行为是健康上网行为。据此可以将青少年健康上网行为划分为四种,即"健康型""成长型""满足型"和"边缘型",这四种类型各有不同,但又存在着一定的相似性与重叠性。网络成瘾与健康上网行为之间并不是"非此即彼"的关系,也没有清晰明确的界限。换句话说,网络成瘾与健康网络行为是分别位于网络行为连续体的两端,每一个青少年都在这个连续体上有着属于自己的位置。因此,青少年的网络成瘾与健康网络行为之间的差别实质上是程度的差别,那么研究影响青少年网络行为的因素就显得极为重要。影响青少年健康上网行为的因素可以概括为外部因素和内部因素,其中外部因素包括家长、同伴、社会、教师和学校等,而内部因素又包括人格因素(自制力、性格和自信心等)和认知因素(态度、目标、兴趣等)。这些影响因素对青少年健康上网行为产生不同影响。人格因素对青少年健康上网行为产生直接影响，认知因素通过人格因素对青少年健康上网行为产生影响，外部因素又通过认知因素继而影响青少年健康上网行为。

　　现有四类促进青少年健康使用互联网的方法：宣传活动、使用互联网过滤软件、家长监督策略和通过学校开展的活动。第一，宣传活动：使互联网成为一个更安全的地方一直是国际关注的主要焦点（欧洲委员会，2009）。[1] 从2009年到2013年，重点在于实现以下目标：培养儿童、家长和教师对网络安全行为的认识；建立全国联络点，举报网上非法或有害内容；推广自我规管措施；鼓励儿童为自己建立一个更安全的互联网环境；促进儿童和青少年获取安全使用互联网相关知识，并促进相关合作研究。第二，过滤软件：目前使用的过滤软件主要有三种类型：包含（基于安全或"白色"页面）、排除（基于不安全或"黑色"页面）和内容过滤软件（关注网页的即时扫描）。教育部提倡使用这些工具，并将其与实现互联网关键使用相关的课程目标相结合。"要注意的是，就像在家里上网一样，过滤等技术工具可以让孩子更安全地上网，但它们不能取代教育孩子安全、负责任地使用互联网。"第三，父母的监督：两种类型的策略（限制性调解和主动调解）。[2] 限制性调解意味着互联网使用规则的定义。主动调解与实际互联网使用有关，父母采取积极的姿态，与孩子谈论互联网的使用，或检查电脑屏幕。主动和限制性的调解都有助于降低高风险在线联系的机会（如传递个人信息）。因此，他们倾向于把主动调解和限制性调解的结合称为"选择性调解"。放任自流是最不有效的方式。但是，父母控制并不是一个明确的解决办法，因为互联网并不局限于家庭环境。第四，通过学校开展的活动：学校在促进互联网安全使用方面发挥着重要作用。许多国家可

　　[1]　Valcke, M., De Wever, B., Van Keer, H., & Schellens, T., "Long-term Study of Safe Internet Use of Young Children", *Computers & Education*, Vol. 57, No. 1(August 2011), pp. 1292–1305.

　　[2]　Lwin, M. O., Stanaland, A., & Miyazaki, A., "Protecting Children's Privacy Online: How Parental Mediation Strategies Affect Website Safeguard Effectiveness", *Journal of Retailing*, Vol. 84, No. 2(June 2008), pp. 205–217.

以重复开展立法行动,迫使学校安装过滤软件和采取互联网使用规则。然而,并不是所有的学校都采用同样严格的方法。除了规定之外,学校还可以发挥积极作用,向孩子们介绍更安全的互联网使用方法。

在个人互联网的使用过程中,娱乐导向的使用和更具功能性的使用间需要达到平衡。除了互联网的个人使用之外,很大一部分与社交使用有关,这可能会引入最关键类型的不安全互联网行为。尽管不安全的互联网使用有所下降,但提高防范意识仍然是极为关键的。从发展心理学的角度来看,社交网站提供了宝贵的展现自我、学习、建立广泛的人际关系、管理隐私和亲密关系的机会,但它们也产生了风险。在此背景下,许多研究关注网络养育方式,指出了制定明确规则(控制)的重要性。在澳大利亚的一项研究中发现,父母与孩子讨论网络安全,使青少年的网络安全意识更强。对于那些非常专注于网络社交使用的青少年来说,父母的监督不足以降低网络隐私风险。[1] 较低的文化水平似乎导致了更强的父母监督,相比之下,网络素养较高的父母似乎信任他们的孩子,而且几乎不规范网络使用。促进青少年健康使用互联网应该采取包括孩子、家长和学校在内的整体方法,也就是说"学校、社区和家庭之间的协调反应对于孩子们建设性、安全和合理地使用互联网是至关重要的"。

目前已有研究提出诸多假设用以解释线上世界和线下世界的内在逻辑关系。"富者更富"假说指出具有较高外向性的个体或在社会环境中更舒适的个人将更有可能使用互联网来扩展他们的社交网络和增强他们友谊的质量。[2] 根据这一假设,具有外向性的个体或已经具有较强社交能力的个体会

---

[1] Fleming, M., Greentree, S., Cocotti-Muller, D., Elias, K., & Morrison, S., "Safety in Cyberspace-adolescents' Safety and Exposure Online", *Youth Society*, Vol. 38, No. 2 (December 2006), pp. 135–154.

[2] Peter, J., Valkenburg, P.M., & Schouten, A.P., "Developing a Model of Adolescent Friendship Formation on the Internet", *Cyberpsychology & Behavior*, Vol. 8, No. 5 (November 2005), pp. 423–430.

更愿意分享他们的快乐并在网络上寻求帮助,从而通过网络空间获得额外的社会支持和更高的生活满意度。[①] 更进一步来说,相较于感知现实世界很失败的人,那些报告自身在现实世界中取得巨大成功的网络游戏玩家更有可能以健康的方式来玩类似魔兽世界的游戏。[②] 相反,"穷者更穷"假说指出内向、高水平的社交焦虑、匮乏的社交技能和自信较差的个体更有可能使用网络去逃避现实生活中遇到的问题,进而产生负向结果。

社会补偿假说指出在使用网络过程中具有较高社交焦虑或低水平社会支持的个体将比那些具有高社交焦虑但不使用网络的个体拥有更大的幸福感。根据这一假设,由于缺乏非语言的线索导致自我披露的风险降低,网络匿名性为个体提供了一个更舒适的社会境况。更进一步来说,网络可能为一些人提供了更多的机会用以获得社会支持、探索他们的自我认同和社会身份、提升他们的社交能力和具备更多的机会利用网络复制资源。根据以上假设可以看出互联网的使用可能会根据个体差异产生积极或消极的影响。鉴于上述两种假设都存在一些支持证据,重要的是理解并确定影响"富人变得更富""穷人变得更穷""穷人变得更富""富人变得更穷"的因素。

现实社会和网络社会的道德规范具有同质性和同构性,不能把网络社会和现实社会隔离开来,无论在虚拟场域还是现实场域,平等原则、尊重原则、平等原则、共享原则等道德一般原则都是道德主体必须遵循的原则。针对不健康的网络行为,已有研究提出线上和线下整合性假说,为构建和谐和平衡的网络使用提供理论框架。线上线下整合观念认为这种整合将创造协同效应,整

---

① Khan, S., Gagné, M., Yang, L., and Shapka, J., "Exploring the Relationship between Adolescents' Self-concept and Their Offline and Online Social Worlds", *Computer in Human Behavior*, Vol. 55(February 2016), pp. 940-945.

② Snodgrass, J.G., Lacy, M.G., Dengah, H.J.F.II, & Fagan, J., "Cultural Consonance and Mental Wellness in the World of Warcraft: Online Games as Cognitive Technologies of 'Absorption-immersion'", *Cognitive Technology*, Vol. 16, No. 1(January 2011), pp. 11-23.

合线上和线下生活将导致更加充分的发展。① 这种整合视角强调将一个人的现实世界和网络世界构建得更加和谐和平衡,也就是说,生活在一个更大的整合世界比生活在两个孤立的世界要好。该假设指出通过人们在线网络世界或线下现实世界和谐统一的整合可以实现更健康的网络使用模式。已有研究指出采用策略可维持网络世界和现实世界的和谐(前三种策略主要涉及领域整合,后三者主要涉及原则整合):一是自我认同整合,强调认知自我评价的平衡,并在网络世界和现实世界中保持行为自我呈现的一致性;二是人际关系整合,强调关系整合将线上交流视为面对面现实世界交流的一种补充形式,更倾向于与非匿名性和已知的朋友进行线上交流;三是社会功能整合,强调与他们所生活的环境产生交互,以及在该环境中所履行的角色或作用。② 同时需要遵循四大线上或线下整合原则:一是沟通原则,建议人们将他们线上的感觉、活动和朋友引入到现实世界,反之亦然。这就意味着要实现两个世界自由和公开地交换信息;二是转换原则,注意到一个世界能够为另一个世界的发展提供新资源;三是一致性原则,主要涉及身份或认同、同等评价、互补目标以及其他方面的相似性;四是线下第一原则,强调过度脱离现实世界的人可能容易遭受身心障碍。当人类在网络世界和现实世界有限资源内产生竞争时,建立优先级是十分重要的(见图8-1)。

目前,青少年的网络使用问题引发了广大家长、学校乃至整个社会的关注,其中如何让互联网充分发挥其优势并避免不良影响更是重中之重。从生态系统理论的角度来看,个体的身心发展是学校、家庭、社会等多方面环境因素相互作用、共同影响的结果,青少年个体发展的完整生态系统分为微系统、

---

① Lin,X.,Su,W.,& Potenza,M.N.,"Development of an Online and Offline Integration Hypothesis for Healthy Internet Use:Theory and Preliminary Evidence",*Frontiers in Psychology*,Vol.9(April 2018),p.492.

② Weissman,M.M.," The Assessment of Social Adjustment:A Review of Techniques",*Archives of General Psychiatry*,Vol.32,No.8(April 1975),pp.357-365.

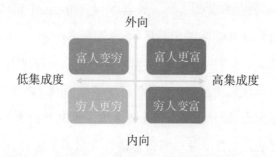

图 8-1　在线世界和现实世界有限资源竞争优先级模型

中系统、外系统、宏系统和时间系统,这五个系统共同决定了青少年身心发展的不同方面。如果个体能够与环境达到较好的拟合程度,就有利于其身心发展;如果没有达到较好的拟合程度,个体可以通过积极的适应和调整自身或更换环境等方式来提高拟合度。但如果个体与环境之间拟合度过低,个体将会很难调整到合适的拟合度,更可能出现不良行为。因此,寻求有利于青少年健康上网行为的环境因素、构建与青少年拟合度较高的网络环境尤为重要。

第二节　青少年网络道德教育的理念与原则

一、青少年网络道德教育的理念

习近平总书记指出"道德要得到遵守,必须提高全体人民道德素质"[1],青少年学生思想道德素质建设一直是教育领域的一个重要课题。在网络自媒体时代,青少年思想道德的特点主要体现在新闻消费和新闻分享的地位上,即青少年面对网络中各种信息时的判断、理解、批评和理性反应。近年来,随着网络技术的进一步发展,人类进入了信息新时代。以互联网为代表的网络自媒体是当前网络技术和媒体的产物,网络自媒体因其高度的开放性、自由性和包

---

[1] 《习近平谈治国理政》(第二卷),外文出版社 2017 年版,第 135 页。

容性,成为青少年教育的重要工具。截至 2014 年年底,中国已完成数字教育资源全覆盖的国家级教学点有 6.4 万个,为教育系统进入"互联网+"的时代奠定了必要的基础。互联网的作用使得德育的社会化程度有了很大的提高,网络已成为学校、家庭、社区和社会外第五大德育场所。网络消除了物理环境可能带来的心理压力,因此教师有机会更多地了解中小学学生的思想状况,这样可以提高德育的针对性。互联网为道德教育增添了色彩,不仅丰富了德育的内容和形式,更是促进了德育手段的现代化,提高了德育的效能。

随着信息技术的发展,网络道德教育开始为人所熟知。网络道德教育被定义为一种教育活动,在这种活动中,为了达到一定道德教育的客观要求,教育者依据一定的教育原则,利用互联网为工具、内容、环境和道德教育资源,对用户产生潜移默化的影响,以培养符合道德伦理原则和标准观的用户。在网络道德教育中,网络不仅是德育的方式和环境,更是德育资源的载体。网络上的信息资源内容丰富,形式多样,通过对这些信息资源的开发、利用与创新(如网络德育社区、网络咨询答疑、家校合作互动平台等),以达到关注、预防与矫正各种德育问题的目的。

青少年作为祖国的未来与希望,其网络德育研究主要呈现以下特点。第一,以互联网技术为工具,依托于政治指导。第二,德育载体多样化,研究内容日益丰富。第三,立足本土,坚持民族化原则。第四,趋向于实证性的研究。第五,实践性有待加强。

"互联网+"道德教育对德育工作提出了一些要求,以下为应对"互联网+"道德教育的一些方法。第一,充分认识"强大的互联网+",建设"互联网+道德教育新平台"是"互联网+"道德教育的基本任务和首要任务。第二,网络+德育资源的开发与利用是"互联网+"道德教育的重要工作内容。第三,加强教师培训,提高教师的信息素养是"互联网+"道德教育的重要条件。第四,开展"互联网+"德育研究,实现德育与信息通信技术课程的有效结合是"互联网+"道德教育的最终途径。

如何使网络道德教育更为有效一直是众多研究者们关注的重点,以下是加强网络道德教育有效性的策略。首先,树立网络道德教育观念,以积极的态度应对网络。其次,创新网络道德教育形式,坚持以一元论道德内涵建设校园网站。再次,加强网络德育工作队伍建设,建立健全相关管理制度。最后,充分利用网络资源,加快建设新的大学网络道德阵地。

关于青少年网络德育有以下对策思考。首先,应帮助青少年改变传统观念,树立正确的网络德育观念。其次,应充分利用互联网技术,开发网络德育资源,创设良好的网络学习环境。再次,网络作为一种技术,其好坏取决于使用者,因此有必要开展专门的网络德育课程,以提高青少年控制网络的能力。然后,青少年的绝大部分时间在学校度过,教师对青少年有着极大的影响,因此建立高水平的师资队伍,全面提高教师的网络德育水平具有必要性。最后,发挥学校、家庭、社区的合力,共同促进网络德育建设。

高校(大学生)思想道德教育的主要内容应包括:

第一,提高大学生在信息生产过程中的思想和认知水平。媒体的网络时代是一个"国家媒体"时代,任何人都可以分享新闻,在自媒体时代要提高大学生在新闻和信息的生产过程中的思想认知水平,教育应主要集中在以下方面:首先,提高学生使用网络时的主观辨别力;其次,完善大学生新闻信息共享行为规范;最后,提高大学生信息共享的道德底线。

第二,培养大学生的话语权态度。网络媒体是大学生思想表达和社会参与的新载体,大学生可以自由表达自己的思想。这意味着学生的话语权有了很大的提高,但学生在使用话语权时要注意态度。因为话语权的表达往往受到政治环境、历史文化环境等诸多因素的影响。因此,大学生在面对网络中的信息时,应该充分了解自己行为的社会影响,不能过于主观和片面。

第三,提高大学生尊重他人的能力。网络自媒体有其自身的发展规律和运营模式,网络中的新闻信息并不具有纯粹的客观性。因为存在立场问题,所以需要帮助大学生全面了解网络媒体,尊重对新闻持有不同看法的人,以理性的态度面对网络新闻和信息。

第四,提高大学生的个人素养。大学生思想道德教育不仅仅靠教师的言行,更须借助网络自媒体培养的个人素养。通过网络自媒体培养大学生利用网络教育资源的习惯,建立与他人良好沟通的桥梁,提高大学生的思想道德修养。

第五,选择适合人学生的网络自媒体教育课程体系。世界上许多发达国家,如美国、英国、法国等已经将网络自媒体教育纳入大学生的教学体系。在当前多媒体的网络背景下,应该对大学生的道德价值观进行塑造,首先,课堂教学应当被视为网络多媒体教育的重要手段,网络媒体需要被添加在课堂教学中,也应该逐渐发展成一个理论体系。目前,我国部分学校已经有了一些专业的网络自媒体教材和专业教师,为构建大学生的思想道德价值观奠定了坚实的基础。各高校根据自身情况,在现有课程的基础上,建立与网络自媒体相关的课程,并将其纳入大学生的基础课程之一。其次,教学方法应灵活运用,以网络、计算机、媒体等作为补充。教学目标主要包括学习网络自媒体的运行原理以及传统媒体与网络自媒体的区别,把握网络自媒体的本质,即社会政治属性,理解网络自媒体的新闻和信息传播理论。需要规范大学生新闻信息的传播,防止负面信息的传播。

网络自媒体语境下大学生思想道德教育的重构主要体现在以下几个方面:

第一,在网络自媒体语境下开展思想道德教育活动。大学生对网络自媒体的信息传播缺乏深刻的认识,简单地通过互联网了解网络新闻信息。虽然大学生使用网络自媒体的频率较高,随时随地发布新闻信息,但他们不了解新闻信息在网络自媒体中的传播规律。因此,高校应开展网络自媒体思想道德教育。通过组织网络自媒体讲座和论坛,邀请 IT 界和新闻媒体的专家为学生解答问题,进行交流。同时,鼓励学生组织和参与网络自媒体社区,如校园广播平台、校园报纸期刊、校园网站社区等,让学生参与网络新闻的采访、制作、发布等过程。建立学校官方QQ群、官方微博、官方微信,让学生参与内容的编辑修改。在实践活动中提升多媒体知识素养,从而提高思想道德水平和综合能力。①

第二,构建大学生思想道德评价体系。虽然国内有几所大学开设了网络自媒体教育课程,并组织了网络自媒体校园活动。但由于没有统一的指标和标准来评价大学生思想道德观在网络媒体课程的学习和参加相关活动之后是否得到了改进,因此教师无法进行有效的思想道德教育。思想道德评价体系应包括以下几个方面:帮助学生了解和掌握网络自媒体发展的性质和规律;帮助学生提高识别网络自媒体信息的能力;帮助学生提高自我约束、认真评论、转发信息的能力。另外,要在社会主义核心价值观下培养大学生的道德价值观,提高大学生的政治修养和社会主义信仰,在网络自媒体语境下树立正确的世界观、人生观和价值观。

第三,增加教育投入。必要的教师经费投入是保障教学质量的重要因素之一。因此,为了使网络自媒体教育达到预期的效果,应该提高在这一领域的投入。首先,运用网络教学的方法,对高校教师进行网络自媒体培训;其次,鼓励教师利用网络自媒体与学生进行交流;最后,大力推广网络自媒体课程,加强专任教师队伍建设。

信息技术教育的高品质及其在教育实践中的相关问题包括:首先,参与者认为遵守法律是最基本的美德。因此,教育工作者应该让学生明白他们的上网行为是受法律约束的。其次,信息技术教育也需要尊重和自律。有了这些美德,学生们将能够在网络空间避免冲突和欺骗。最后,网络空间中分享的美德也很重要,因为它使学生将网络视为一种有用的学习工具和协调有意义活动的有用媒介。美德之间也存在相互关系。例如,虽然尊重是网络品格教育

---

① Ballou, D., & Springer, M. G., "Has NCLB Encouraged Educational Triage? Accountability and the Distribution of Achievement Gains", *Education Finance and Policy*, Vol. 12, No. 1 (2017), pp. 77-106.

的核心美德,但关于尊重的讨论也包括礼貌、诚实、自律、责任和遵守法律等美德。尊重是一种个人责任和自律的表达;尊重他人是诚实的行为和以他人为导向的礼貌;尊重法律就是遵纪守法。教师不应在电子商务课程中将美德视为不相关或截然不同的单元,而应提倡美德是相互关联的。通过这种方式,教育可以对青少年在网络空间中的道德态度、行为和体验产生积极的影响(见表 8-1)。①

表 8-1   四大核心美德及其教学关注点

项目	四大核心美德	教学关注点:小组访谈和内容分析
1	守法	·基本且必要 ·可能的教学问题:侵犯版权或诽谤他人
2	尊重	·彼此相处所必需的,尤其是在没有面对面的情况下 ·与礼貌和自律等其他美德相关联
3	自律	·面对充满诱惑的互联网需要自律 ·网络成瘾和网络色情是值得注意的问题
4	分享	·轻松获取共享应与适当使用在线资源相结合 ·应以尊重和守法为基础

有学者指出网络品格教育的设计,旨在利用互联网,以适合的方式,加强整体教育和品格教育的效果,旨在减少大众媒体的负面影响。一方面,在过去,人们很少关注任何系统的在线品格教育。然而,这已经成为当今最迫切的需求之一,特别是当新近的一些研究报告了一个新兴的趋势,即更多的学生认为网络学习是追求真正的理解,并以一种新的方式看待一般的学习。另一方面,当代道德心理学和道德教育已经受到了道德理性的影响。科尔伯格的结构化发展模型概述了道德认知的连续阶段,其主要前提之一就是道德理性。然而,"判断—行动差距"的存在,反映了这种道德理性主义在道德或品格教

---

① Chang, C. M., & Chou, C., "An Exploratory Study of Young Students' Core Virtues of E-character Education: The Taiwanese Teachers' Perspective", *Journal of Moral Education*, Vol. 44, No. 4 (June 2015), pp. 1–15.

育中是不够的。当代道德心理学已经意识到需要在道德理性或认知这一单一变量之外寻找完整的道德人格解释来解决问题。此外，青少年普遍抵制他们所称的"操纵"或"价值说教"，因此，青少年必须感到价值课程从真实的经历中自然地产生，而且他们有责任自己去发现这些课程。观察和反思他人如何应对各种困难和挑战，并受到鼓励和启发，对青少年来说比接受口头说教更重要。尤其是当世界范围的经济衰退对青少年造成极高的失业率和相当大的绝望情绪时，这就变得更加重要。因此，更深入的品格或道德榜样的培养是迫切需要的，特别是当品格教育与包括互联网在内的大众媒体上不断出现的大量负面例子形成对比时。

二、青少年网络道德教育的原则

对于青少年网络道德教育，应有以下两点意识。首先，网络作为一项重要的科学技术变革，解放了人类的劳动力和生产力，对人类的社会生产和社会关系有着巨大的促进作用。青少年网络道德失范问题应源自于其本身，而不应归责于生产技术的进步。其次，青少年正处于发展的重要阶段，身心都经历着迅速与不均衡的发展，具有情绪易激惹等特点。同时，为了贯彻新课程改革与素质教育以人为本的要求，青少年道德教育应以疏导为主，多积极引导与说服教育，并辅以适当的整治、监管与未雨绸缪，这才是应对的良策。道德是一个由道德动机、道德行为、道德后果三个各自独立而又密切相关的成分组成的系统的规范体系。网络道德是网络时代下对传统道德的完善和补充，它通过网络道德规范对网络社会中的个体进行语言和行为上的规范。长期以来，我国网络道德教育发展缓慢，网络中的种种道德失范现象也表明了网络道德教育的必要性和紧迫性。网络道德原则是网络道德教育的出发点，是网络道德教育能否沿着正确方向发展并起到良好效果的关键，需引起高度重视。

（一）坚持网络自由和网络限制相结合的原则

网络道德是建立在网络社会上的新型道德体系,被网络赋予了自由性、开放性的特征,因此网络道德教育也要求具有自由的特征。网络是一个巨大的虚拟空间,它将无数人和无数事物进行了网格化的联结,极大地加强了人与人以及人与物之间的联系。任何一个个体都能够自由地加入网络社区、自由地参加网络活动,自由地分享自己的观点与看法,网络为个人能力和个性的发展提供了无限的资源与自由选择的机会。因此网络道德教育必须充分适应网络社会所具有的自由开放的特性,给予网络行为主体自由的行为和活动空间,也只有在这样的条件下,网络行为主体才能充分发挥个人的主观能动性,才能更诚实而坦率地表达个人的观点,促进思想的碰撞、交流、融合以及发展,才能充分发挥互联网作为先进科学技术的优势。

然而,也正因为互联网所带来的无限的自由性,让许多以前无法做到的事情变得轻而易举,甚至是一些消极的、不正确的行为。比如,有人能够阅读国家禁止的书籍、信息与网站,有人能够获取、盗用或伪造网络用户的个人账户信息,甚至在某些情况下有人能够闯入某个国家的银行、军事等机密部门等。因此,网络空间中的自由也应具有一定的限制性,每一个网络行为主体在享受网络所赋予的自由时,也应为自己的网络行为的社会影响负责。网络的联结所代表的是网络社会的形成,每一个网络用户的行为都会产生一定的社会影响,网络上的自由并不是绝对的自由,而是一种相对的自由。因此,在进行网络道德教育工作时必须坚持网络自由与网络限制相结合的原则。

（二）坚持网络道德教育和网络技术相结合的原则

互联网作为人类历史上的第三次科技变革,对人类的生活和生产产生了巨大的影响。技术源于人们的主观需要和实践活动,其根本目的在于促进人类解放、自由和全面发展。科学技术的发展使人类从繁重的工作中解放出来，同时人类越来越多地依赖技术。网络道德教育不应一味排除技术，而应该有效吸纳技术积极的一面。技术可以增强道德教育的魅力与感染力，加强道德教育的有效性和针对性，以更好地促进学生健康良好的发展。道德教育是科技与人文的融合。道德教育不仅要发展人的知识、能力和智慧，还要注重人的精神和道德。明确德育的主体地位和技术的载体作用。首先，德育要发挥主导作用，用于确定方向和目标、控制德育的总基调和总路线；其次，技术为德育过程的设计、资源开发、利用、管理和有效性评价提供了支持手段。只有正确把握德育主体和技术载体间的关系，才能防止德育"技术化"。①

（三）坚持网络道德教育和现实道德教育相结合的原则

人类社会是一个整体的系统，网络更是进一步扩大了这个系统。但人类仍不能脱离现实社会，网络社会需以现实社会为载体，因为网络社会中的每一个个体首先应是生活在现实社会中的活生生的个体。网络社会实质上并不单单是指虚拟社会，网络社会中的道德行为反映并确证了现实社会中的道德行为。因此，网络道德教育与现实道德教育有着密切的联系，网络道德教育受制于现实道德教育，又影响着现实道德教育。

网络道德教育是网络社会高度发展的产物，是对网络活动参与者的交往活动与行为进行的疏导和约束。但网络社会并不是独立于现实社会的独立社会形态，每一个网民首先应是一个具有社会实践经验的个体，网络社会应是依托于现实社会所存在，人们的网络行为也应遵循其现实行为的基本规律，是现实社会行为的延伸与发展。道德教育的目的在于培养具有健全人格的人，这不仅是网络道德教育的要求，也是现实道德教育的要求，网络道德教育与现实

---

① Zheng, L. C., "Theoretical Analysis of the Integration Development of Moral Education and Technology", *Advances in Social Science, Education and Humanities Research*, Vol. 336 (October 2019), pp. 172-175.

道德教育的不一致会导致个体产生内部矛盾,不利于健全人格的形成。因此,网络道德教育应与现实道德教育相结合,提高个体的道德素养与道德素质,才能发展出具有适应性的网络道德教育。

（四）坚持网络道德教育与法律教育相结合的原则

对于国家的治理,要将依法治国与以德治国相结合;对于网络道德教育的实践,也要以此为鉴。网络道德教育主要依托于积极的引导与说服,强调疏导,是以一种无形的力量来构建个体的道德信念。而法律教育是依托于国家司法的强制力,增强个体的法律意识和法律观念,以此帮助个体养成良好的道德行为习惯,并自觉抵制不良行为。2021 年 11 月,教育部印发《全国教育系统开展法治宣传教育的第八个五年规划（2021—2025 年）》（以下简称《规划》）。《规划》指出,将法治教育纳入中小学课后服务范围。这就充分说明国家非常重视青少年的法制教育工作。网络道德教育与法律教育是一对相辅相成、相互促进的关系,二者既不可缺一,也不可偏废。长期以来,由于我国网络行为的相关法治不够健全,导致我国部分网民法律意识淡薄,缺乏网络行为的约束意识,网络暴力行为时有发生。因此,在网络道德教育中,不仅要坚持以人为本的因势利导,同时要将其与法律教育相结合,为网络社会参与划一道不可逾越的红线。

第三节　青少年网络道德学习
模式建构与实践

青少年网络道德教育模式是指教育者根据青少年的身心特点和青少年时期德育的现实需要,为培养青少年形成正确的网络道德意识、道德意志和道德情感所构建的教育模型和实践范式。① 构建青少年网络道德教育模式的目的在于增强青少年的网络道德意识,提高青少年的网络道德品格,使其能够自觉规范自身的网络行为,自觉抵制不良网络行为。

对"道德学习"的研究考察了领域一般过程(如贝叶斯推理和强化学习)在道德信念和价值观发展中的作用。"道德学习"不仅拥有哲学的分析资源,还拥有心理学的经验方法,这二者都是了解先天、后天和文化对道德发展的贡献的有效途径。然而,道德学习的研究尚需要关注以下两点:一是克服本土主义的偏见,二是区分两种社会学习:从何处学习和学习什么。经验表明,新手可以从专家那里学到一些东西,这些专家通过情绪化的行为或不自觉地使用词汇来"泄露"自己的道德感。道德发展取决于向其他行为者学习的程度,道德信念和价值观的文化选择是有潜力的。

哲学诠释学认为,伦理学不仅仅是以理论洞察问题,而且要基于理论,从实践经验出发去处理问题。只有在实践中处理伦理问题,从经验出发,才能知道什么在道德上是正确的。一个人如何感知和解释世界取决于他的个人经历、个人历史、成长的文化、家庭的规范和价值观,也取决于他在这个组织的教育和专业规范。此外,哪些道德概念是相关的,也由参与者根据自己的道德经验进行探索和讨论,而不是预先定义。根据这种对道德知识的解释,道德学习也得到了相应的具体解释。道德学习从经验和环境的对抗开始,基于与这个世界和他人的接触,不断地反思、学习和改变判断。由于个体的具体背景是有差异的,观察某一种情况的所有人都可能从中学到不同的东西。因此,参与和接触其他实践和观点是不可避免的。根据诠释学的观点,道德学习既不是把自己的观点完全抛在脑后的行为,也不是对情况达到一个明确的、客观的看法,这个想法是一个人对自己的有限位置的理解。苏格拉底(Socrates)认为道德学习需要洞察力和真诚的开放。一个人应该从不同的角度看待具体的情

① 王艳:《中学生网络道德教育模式的构建》,《湖南师范大学教育科学学报》2011 年第 4 期。

况,道德研究中的情境是具有重要意义的。当一个人积极地反思自己的道德行为和对情境的解释,并认真考虑其他观点和经验时,道德学习就发生了。总之,道德学习意味着对情境进行更丰富和更细致的理解。这种新的理解不仅发生在认知层面,也体现在行动上。道德学习能使一个人以不同的方式看待情况,并根据新获得的见解采取行动。

根据杜威的实用主义思想,道德探究是问题导向的,而不是理论导向的。当经历道德困境时,道德惯例不再是显而易见的,而是一个隐含的准则。每个人都可能存在着不同的道德困境,这种特定道德困境是具有特异性的,因为对其他个体来说可能不是道德困境。对这种情况进行反思的过程会鼓励人们明确自己的隐性规范(在此之前,人们甚至可能都没有意识到)。通过共同的道德调查,参与者将遇到其他规范和价值观,以及对这种情况的事实的其他解释。当不同的规范和价值观变得明确时,参与者能够看到更多的情况,反思不同的规范(不仅仅是关于合作,也可能是关于良好的照顾等等)。

综上所述,诠释学和实用主义都强调道德的动态性和语境性。这两种理论都以行动为导向,强调人们在对什么是道德上正确地进行判断时,实践和情境细节的重要性。道德知识根植于个体的行为和自我理解之中,当一个人的道德常规受到另一种观点的挑战时,道德学习就会发生。激励道德学习的途径多种多样,如通过与有不同想法的人进行实际对话,通过个人使用临床伦理支持(CES)工具,也可以通过观看电影或阅读文本或去剧院。道德审议案例(MCD)是一个有系统结构的对话,由一个训练有素的促进者对与会者所经历的具体道德困境进行分析和引导,帮助他们学会反思并有效开展道德学习。① 通过对解释学和实用主义理论的反思,可以确定基于主题的 CES 工具的四个核心特征:第一,作为出发点经历的道德问题;第二,集中对消费技术工具使用者

---

① Inguaggiato,G.,Metselaar,S.,Widdershoven,G.,& Molewijk,B.,"Clinical Ethics Expertise as the Ability to Co-create Normative Recommendations by Guiding a Dialogical Process of Moral Learning",*The American Journal of Bioethics*,Vol. 19,No. 11(November 2019),pp. 71-73.

生活经验内的道德概念、问题和惯例进行道德调查;第三,通过探讨其他观点,注重道德学习;第四,纳入相关细节。① 道德对话不仅会促进相互欣赏,而且还会促进共同的道德学习过程,可能还会解决所面临的困境。

一、青少年网络道德学习的即时交往模式

青少年网络道德学习的主体是教师、学生和家长。各主体之间两两配对(教师与学生、教师与家长、家长与子女),通过即时的交往与互动主动地达成网络道德学习的模式就是即时互动网络道德学习模式。

从社会建构主义的观点来理解,这一模式的主要假设是:第一,意义是通过对话和共识创造的,是语境相关的;第二,人与人之间的互动是共同的成就;第三,上下文影响人们如何相互交流。在建构主义框架下,可以更仔细地检视互动的片段。社会心理学的对话方法研究对理解人们在日常生活中如何相互交流特别感兴趣。在对话的方法中,语言是关键。谈话是人们建立关系的一种方式,应该被认为是积极的,是有所成就的。认知心理学家认为人们使用语言来表达"事物"(思想、感受、情绪),而社会建构主义者采用对话的方法,他们研究了谈话是如何被用来构建情境,影响人们的行为和"位置"。② 谈话不是面向过去的,而是被视为一种面向未来的社会行为。

(一) 教师与学生的交往

青少年是正在发展中的个体,其大多数生活和学习都在学校中进行,学校对青少年的影响又以教师的教育为主,因此,教师与学生的互动是青少年网络

① Hartman, L., Metselaar, S., Widdershoven, G., & Molewijk, B., " Developing a ' Moral Compass Tool' Based on Moral Case Deliberations:A Pragmatic Hermeneutic Approach to Clinical Ethics",*Bioethics*,Vol. 33(July 2019), pp. 1–10.

② Nigel, E., " Analysing Masculinity: Interpretative Repertoires, Ideological Dilemmas and Subject Positions ", in M. Wetherell, S, Taylor, & S. Yates (Eds.), *Discourse as Data: A Guide for Analysis*,London:SAGE Publications Ltd,2001,pp. 189–228.

道德学习的主体内容。随着互联网的覆盖和普及,教师与学生的互动不再局限于课堂互动,已拓展至网络互动。

第一,师生课堂互动。首先,学校应开设网络道德学习课程,或将网络道德学习内容融入学校德育课程之中。其次,学校应将网络道德学习融入各个学科课程中去,做到点、线、面的覆盖。再次,教师应结合网络时代的特点,运用网络技术的便捷性与新奇性,通过有趣的课件等教学资源,鼓励学生主动地进行道德学习。最后,教师应注重学生的主体地位,以学生为中心,引导学生与学生、学生与老师之间的双向互动,通过各种综合实践活动,促进学生的自主思考和自主学习,提高学生的网络道德意识和水平。

第二,师生网上互动。首先,学校可以建立学校网络论坛,并利用其进行互动。学校网络论坛打破了时间和空间的限制,任何人可以在任何时间、任何地点与其他人进行任何问题的探讨,这为教师与学生的即时互动与交流提供了条件。同时,可在学校网络论坛中开设相应的班级虚拟空间,由教师和学生代表带领班级学生进行各自班级虚拟空间的经营。比如,教师和学生代表可开辟一系列关于网络道德学习的专题知识和当前道德学习热点的主题讨论区,以引导学生主动地进行道德学习。学校网络论坛中也可发布网络道德现状及网络道德学习相关调查问卷,并通过网络心理辅导室,与学生进行及时沟通与交流。其次,教师与学生可以通过即时通讯软件(如 QQ、微信等)进行交流。QQ、微信等作为我国即时通讯软件的代表,在青少年群体中受到广泛欢迎,教师使用学生更乐于接受的方式更有利于保证信息交流的有效性,更有利于学生道德学习的主体地位的生成。最后,电子邮件可以作为教师与学生间即时互动的补充形式。相比于即时通讯软件,电子邮件具有信息多样化、更安全、更准确的特点,因此,师生之间可以通过电子邮件沟通、对德育问题和德育课程作业进行指导,不便公开的隐私问题或敏感话题也可以通过电子邮件进行安全而高效的互动,从而达到网络道德学习的目的。

网络道德学习平台可以建造一个完整的学习系统,包括音乐、美术、科学、文学、情绪管理、角色建筑和个人的关系。同时,还具有来自不同学科背景的大量榜样样本。这些榜样可以作为优秀的激励因素,帮助学生们过上有意义和充实的生活。此外,系统中还提供了一定的互动机制,让学生分享他们从每个范例中学到了什么。虽然这种开放的在线品格教育并不意味着要取代那些传统课程,但是,它确实是一种扩大品格教育影响力的方式,使得更多的学生在校园道德教育中收获更多。

(二)教师与家长的交往

家庭和学校之间的合作在中小学教育阶段至关重要。家庭是青少年成长的摇篮,是青少年的第一教育场所,教师与家长的即时互动有利于教师与家长之间形成合力,家庭与学校之间的合作可以提高学生的幸福感和学习成绩,有效促进青少年的道德学习进程。

第一,教师与家长之间同样可以使用 QQ、微信等即时通讯软件和电子邮件进行交流与互动。即时通讯软件能够将需要沟通的信息即时、迅速而又准确地传递至双方,教师与家长的信息即时互动能够帮助双方更了解学生的身体、心理和学习状况,有助于及时采取有效对策和方法进行引导,促进以学生为主体的网络道德学习的生成。同时,QQ、微信等还提供网络电话与网络视频等功能,是教师与家长之间进行家校合作互访机制的有效补充。互联网的普及扩大了家校合作的形式,将线下的传统形式与网络的新兴形式相结合是现代教育的时代潮流,也是时代趋势,这将有助于学校家校互访制度的有效实行以及教师与家长之间的进一步沟通与合作,改善传统中以学校教育为主的观念,保证了家长的重要地位。最后,电子邮件是一种比较正式的信息传递形式,可使信息传递更加严谨、得体,且信息具有永久保存性,也是教师与家长进行互动的有效途径之一。

第二,学校应为教师与家长建立便捷的信息互动平台。通过网络信息互动平台,为每一位学生建立专门的个性档案,包括思想品德、学习成绩、身体健康状况、奖惩情况以及班主任、任课教师的评语、对家长的建设性意见等内容，进行动态的信息交流，以便家长即时了解自己的孩子在校的相关情况。同时，家长也能直接通过网络信息互动平台对孩子的在家心理状态和学习情况以及自己的建议进行反馈，以便教师能够即时采取有效的、有针对性的引导途径。因此，建立便捷的信息互动平台也是促进教师与家长之间即时互动的重要途径。

（三）父母与子女的交往

青少年虽具有明显的独立意识，但其本质上独立性仍较弱。家庭教育作为基础性教育的基石，家庭和父母在青少年网络道德学习同样扮演重要的角色，良好的家德家风是个人成长成才的关键，家庭网络道德学习也是青少年网络道德学习的有机组成部分。

第一，父母与子女的互动基于和谐融洽的家庭氛围。俗话说，家是人们温暖的港湾，家应该是一个让人感受到温暖和爱意的地方、一个可以被包容和爱护的庇护所。在和谐融洽的家庭氛围中，孩子能感受到自己拥有与父母平等交流的权利，能说出心中真实所想，做真实的自己，才会与父母进行真正的沟通与交流。真正的沟通与交流是相互尊重、相互信任、相互合作的交流，能够给孩子带来精神上的支持和情感上的依托，而不再需要通过网络来寻求，降低了孩子沉溺网络等网络问题行为发生的可能性。同时，家庭的融洽还包括父母之间的和睦相处，父母之间的氛围能给孩子树立榜样，引导孩子树立积极乐观、热爱生活、与家人一起携手共进的信念。因此，父母可以通过家庭集体娱乐活动（如家庭野餐、家庭旅行等）来增进与孩子之间的情感交流，营造和谐融洽的家庭氛围。

第二，父母应了解网络，与孩子共同学习。终身学习自保罗·朗格朗（Paul Lengrand）正式提出以来，一直受到人们的广泛推崇与倡导。网络是新时代的潮流，吸引了孩子们的目光，因此，学习与了解网络对父母而言十分重要。如果父母不懂网络、不会使用网络,将会与孩子之间产生巨大的交流鸿沟,沟通的障碍可能会造成一系列的消极影响,比如父母和子女之间的隔阂与不理解,也不利于家庭融洽氛围的构建。父母通过对网络的了解,可以用孩子的语言和方式与孩子进行沟通,使孩子更乐于、更享受、更主动地与父母交流和学习。同时,父母在了解和学习网络使用的过程中,也能运用成年人的人生阅历和经验辨别出网络的负面信息和功能,对孩子的网络行为进行评估和判断,并在与孩子的讨论中,引导孩子树立正确的网络观念,学会辨别网络上良莠不齐的信息,远离网络垃圾。父母与孩子共同生活在一个屋檐下,因此父母在与孩子的共同学习和讨论中,就能对孩子产生潜移默化的影响,向他们传输正确的网络使用观念和网络道德观念,使孩子们能够学会辨别网络中的真、善、美,自觉向真、善、美靠近,并自觉抵制网络中的丑与恶。

二、青少年网络道德学习的信息平台模式

网络道德学习信息平台是指涵盖了各种网络道德学习知识与信息的综合性和系统性的检索平台,它是青少年进行网络道德学习的前提和必要保证。常言道,巧妇难为无米之炊,只有搭建好完善的网络道德学习信息平台,青少年才能够去获得所需的道德知识和信息,感受道德情感的激发与内化,进而生成道德行为。同时,在线信息平台具有便捷、可匿名以及可充足利用的吸引力等特点,这为青少年营造了一个"安全"的环境,使青少年以更加积极的态度直接获取信息和表达观点,尽管这些信息甚至是可能对自身安全产生威胁。根据网络道德学习信息平台的表现形式及影响青少年的作用机制,可设置网络道德学习显性信息平台和网络道德学习隐性平台。

(一) 网络道德学习显性信息平台

网络道德学习显性信息平台也叫作网络道德学习公开信息平台,是一种

以直接的、明显的方式呈现网络道德信息的资源平台。通过直观的信息表达方式,使青少年能够通过网络平台快速、直接地获取所需的信息,为青少年进行网络道德学习提供资源与环境。该平台包括以下内容:

第一,网络法规学习平台。网络法规是指由国家制定的一切调整和管理网络环境的法律规范的总称,是现代国家管理网络环境和治理网络问题的基础和基本依据,具有权威性和强制性,代表了国家的意志。青少年只有学习了必要的网络法规知识,才能明确网络行为标准的界限,才了解网络行为的可能后果和影响,才懂得约束和调控自身网络行为的重要性,并自觉维护健康的网络环境,做到利己、利人、利社会。青少年在上网时,尤其需遵守《全国青少年网络文明公约》,这是我国第一个针对青少年的较为完备的具有权威性的网络道德行为规范,具有极大的导向性。

第二,网络新闻讨论平台。互联网的信息及时而迅速,许多新闻都能够在互联网上及时传播,并引发众多讨论。因此,可以设置网络道德模范者或网络道德失范者相关内容的新闻,并在其下设置引导性的讨论区,使青少年能够在讨论中体悟网络道德模范者的精神鼓舞和网络道德失范者的经验教训,从正反两个方面感悟网络道德与网络道德失范的本质区别,并在讨论中加深对网络道德精神内涵的理解,同时促进自身和他人的网络道德学习,最终促进全体的网络道德学习。

第三,网络支持获取平台。正如约翰·多恩(John Dohrn)所说:"人不可能完全孤立如小岛,每一个人都是大地的一部分,是整体中的一员。"将心中的烦心事向他人倾诉时,心中的烦恼似乎就少了几分;伤心的时候,有人能够陪在身边,心中的忧愁似乎也少了几分,这就是社会支持的作用。互联网更是为社会支持带来了便利。有研究表明,网络社会支持能够显著降低个体的孤独感、抑郁、焦虑等消极情绪,是个体获得情感慰藉和依靠的重要来源之一。与线下社会支持相比,网络社会支持不仅能够节省时间和金钱,还能够提供一个更轻松、更自在的与人交流的环境,使得害羞的个体或敏感的信息也能在网络中寻求支持。因此,为了便于青少年寻求网络社会支持,建立多种类型的健康的网络支持平台十分必要。

第四,在线咨询平台。青少年正处于成长的关键期,也是心理问题和心理困扰的高发期,互联网为心理咨询中的治疗性工作提供了一个具有差异性和多样性的媒介。对于那些在面对面情境中感到焦虑、不愿意或不能寻求帮助的人,在线咨询可能是一种有效的干预形式。因此,在线咨询应用成为传统面对面咨询的积极补充和有效辅助。同时,在线咨询过程中要注重对话的简要性、丰富性与深度,以及时间的敏感性,需设置突出的提醒按钮等。

需要注意的是,青少年网络道德学习显性信息平台的建设不仅应有包含各种信息的大型全面性平台,也应有包含某类信息、适合不同群体的小型专一性平台,通过将大型全面性平台与小型专一性平台相结合,构建系统性的网络道德学习显性信息平台,便于青少年进行系统而又个性化的网络道德学习。

(二) 网络道德学习隐性信息平台

青少年正处于一个特殊的发展阶段,叛逆心理是其显著的心理与行为特点,因此在青少年日常网络行为中渗透网络道德引导,建立网络道德学习隐性信息平台,能够对青少年产生潜移默化的影响,是构建青少年网络道德学习模式的必要途径。

第一,在青少年的网络课堂中渗透网络道德学习引导。随着互联网的普及,网络课堂成为学校线下课堂的有益补充。它可以是学校开展的网络课堂,也可以是各大高校或研究者提供的网络课堂,但都是助益青少年网络道德学习的途径。在网络课堂中,教育者可以通过各种实例和逻辑推理等形式,使青少年获得道德认知,体验道德情感,在不知不觉中进行网络道德学习。

第二,在青少年的网络日常生活与休闲活动中渗透网络道德学习引导。学习之余,青少年往往会通过互联网进行日常吃、穿、用等活动以及休闲娱乐活动,它们同样是渗透网络道德学习引导的有益途径。例如,蜗牛游戏公司在其开发的《航海世纪》游戏中强化了对游戏内恶意砍杀行为的惩罚力度,以减少玩家之间相互砍杀的暴力行为的血腥程度,使它荣获了包括三届"金翎奖"(被誉为中国游戏产业中的游戏"奥斯卡")的十多项大奖。

三、青少年网络道德学习的活动体验模式

在马克思看来,"人的类特性恰恰就是自由的自觉的活动",人和动物最本质的区别就在于实践活动。人的自由自在的创造性实践活动是人生价值的第一特征,也是产生和决定人的其他所有特性的根据,道德学习当然也不例外。青少年能够从个体活动、学校活动、社会活动以及网络活动中获得丰富的实践经验,形成并逐步提升对自我、他人、学校、社会以及网络之间联系的整体认识,具有价值判断、责任担当、问题解决的网络道德意识和能力,从而促成青少年的网络道德学习。

(一)现实社区的网络道德学习活动体验

通过适当开展具有娱乐性和创新性的主题活动,能够帮助学生之间建立多种互动形式,有利于培养青少年健康的兴趣爱好,使学生能从多渠道获得愉悦感、成就感和幸福感,有利于学生身体、智力和心理的全面发展,推进国家素质教育的发展进程。

第一,学校可以成立关于"网络道德"的学生社团和协会,并定期组织开展以网络道德学习为主题的各种校园文化活动。学校是学生生活和学习的第二主要场所,因此学校是开展现实社区的网络道德学习主题活动的主力军。通过成立学生社团和协会,将青少年们有组织地聚成团体,在一系列网络道德学习的校园主题文化活动(如"我是网络小卫士"等)中加深青少年自身对网络道德的学习,同时对身边的同伴产生积极的影响,促进同伴的网络道德学习。同时青少年也能与同伴之间进行网络道德学习的经验交流,最终达成每一个青少年个体共同学习的目的。网络道德学习的相关主题活动应注重形式

多样与内容丰富,通过定期与不定期相结合的方式更能吸引和维持学生的兴趣,促进学生的网络道德认知和情感学习,规范其网络道德行为。

第二,社会应积极主动开展青少年网络道德学习主题活动。青少年生活在一定社会范围中,社会系统是青少年网络道德学习必要的外部条件,在成长过程中总会受到社会及社会成员的精神生活方式的影响。因此对于开展网络道德学习主题活动,社会系统义不容辞,也责无旁贷。首先,社会进行网络道德学习主题活动的前提应是构建积极有效的网络信息防控体系,进行"信息甄别"和"信息过滤",这是青少年进行有效的网络道德学习活动的保证。其次,社会系统应号召村民委员会或居民委员会开展和举办网络道德学习主题活动,通过与心理指导师或心理医生的合作,提高青少年对网络道德学习的意识,增强其自觉自主的网络道德学习行为。

(二) 虚拟社区的网络道德学习活动体验

虚拟社区即网络空间。即使"虚拟社区"的观念已经被多方批评为是一种幻想,是只提供社区印象而非真实情况的虚假社区。但是,对于许多互联网用户而言,虚拟社区的普遍存在意味着虚拟社区的确起到了一种重要的社会或心理作用。考虑到现实生活中青少年们社会参与水平的降低趋势,开展虚拟社区中的网络道德学习主题活动必不可少,虚拟社区的主题活动应与现实社区的主题活动进行有机结合,并形成良性互动。为有效发挥虚拟社区对网络道德学习的作用,需要注意以下两点:

第一,充分发挥互联网对网络道德学习的宣传作用。随着互联网的普及与发展,信息传播突破了传统媒体传播的模式框架,不仅是传统媒体的数字化,更产生了许多新型媒体,如新浪微博网、微信公众平台网、豆瓣网、知乎网、哔哩哔哩弹幕视频网等。这些新型媒体已经具备了一定的规模,并受到了广大青少年的欢迎和关注,在青少年群体中具有较大的影响力。这些新型媒体应该通过多种方式了解青少年的特点和内心需求,针对性地多为青少年提供各种正向的网络道德事件的新闻报道,使青少年能够及时发现和关注网络道德问题。同时,媒体还应给予正确的、立场鲜明的评价,通过形成科学而强大的舆论导向,促使青少年构建正确的道德认知,并主动地对自身的网络行为进行约束和调节,自觉地抵制网络上欺骗、低俗、暴力等负面行为,净化网络道德环境,促进自身和他人的网络道德学习。

第二,充分开发互联网对网络道德学习的引导作用。网络具有全面而又快捷的信息检索功能,因此通过网络可以迅速了解各种文献和最新资讯,满足青春期少年旺盛的求知欲和想象力,充分进行个性化学习。这不仅是孔子"有教无类"教育理想的实现,更是对其理念的进一步推进。同时,还应关注到互联网所具备的全新的娱乐功能,并利用其开发大量青少年喜闻乐见的健康游戏,通过寓学于乐,引导青少年在游戏中进行道德认知构建与道德情感培养,并最终实现网络社会道德与公德的践行。例如,可以开发有趣的网络道德情境体验游戏,吸引青少年主动参与体验虚拟的网络道德情境,进行相应的行为选择,并承担相应行为选择后的责任,通过对行为后果的体验和感悟,自觉形成正确网络道德价值观,对自身网络道德行为进行自我调节和管理。

四、青少年网络道德学习的自治与共治模式

随着教育理念的不断进步,道德学习的内涵也在不断拓展和延伸。总体来说,道德学习并不是道德与学习的简单相加,也不是对道德内容的学习,而是一种发挥个体主体性的体系化的道德培养。虽然学界对道德学习内涵的界定存在一定程度上的分歧,但究其本质均离不开行为主体的自觉性和主动性。若使青少年能够着眼于自身生活实际和学习实践,通过对社会环境及其普遍认可的道德行为规范与准则的敏锐体验和觉知,充分调适自身道德需求,弱化身心发展不平衡所带来的不良行为表现,使人格道德化,践行青少年网络道德学习的自治模式与共治模式。但当前既有模式间存在单独为战的情况,多种固有模式间缺乏借鉴与融合,会出现板结化现象。因此,本书基于道德主体与

外部客体和谐发展原则,通过整合政治学、教育学、心理学等交叉学科的相关研究内容,提出了青少年网络道德学习的自治模式与共治模式,开拓了青少年道德学习模式研究的新视域,为营造良好青少年道德学习氛围,推动青少年道德学习能力的发展,拓宽青少年道德学习的内涵和外延提供了有益借鉴。以下将从不同侧面论述青少年道德学习的自治模式与共治模式。①

(一)"自治"与"共治"模式的理论根源

1. 心理学领域内的"自治"与"共治"

第一,建构主义认为道德学习是儿童主动性建构的过程,儿童借助自身思维意识,通过对已有认知框架的同化或顺应,形成对道德准则和现象的认识、理解和获得。道德学习的本质表现为行为主体主动性地理解、建构以及自主地践履道德生活。道德学习是依据道德主体已有经验进行建构,依靠固有认知框架作出合情合理解释的过程,学习者的生活阅历对道德习得起决定性作用。同时,道德学习需兼顾道德主体的个性化,在合作中推动行为主体遵循道德规范与准则,激发个体内驱力,进一步提升个体的道德推理、判断及选择的能力。

第二,在鲍德温的"发展理论"中,自我置身于社会分享过程中,通过相互共享达成自我提高和自我实现。角色扮演法通过印象管理表露"理想自我",是个体获得群际认同的有效途径。鲍德温认为内隐自我理想能够约束外显道德行为,维护着内、外群体之间的和谐关系,并在道德学习的进阶型阶段发展过程中,实现个体自我内、外部和谐统一。

第三,道德学习的文化社会观源于理性主义思潮,其中突出强调杜威的"道德发展阶段三水平"和麦独孤的"道德发展阶段论"。杜威强调积极组织在道德学习中发挥的重要作用。麦独孤则认为,生物本能冲动(自然性)会直

---

① 刘思义、桑青松:《青少年道德学习的自治模式与共治模式探究》,《现代中小学教育》2019 年第 1 期。

接诱发个体表现出相应行为,随着人渐趋社会性,个人空间圈得到大幅度延展,在相互作用中提升了人的道德素养。因此,儿童青少年的道德学习需要兼顾道德主体和外部环境的交互作用。

2.政治领域内的"自治"与"共治"

虽然建构主义、发展理论与文化社会观中已有自治与共治的内涵,但"自治"与"共治"一词的明确提出最早是在政治领域内。①"自治"是指在政治体制中的各个次级单位以自主、自立和自我限定的方式开展自我管束;以相互抑制、阻碍权力过于集中的方式来共同协商管理。因此,可以将政治领域内的"自治"与"共治"剥离出符合青少年道德学习的心理学内容,构建青少年道德学习的自治与共治模式。

(二) 青少年道德学习的"自治"与"共治"模式

青少年道德学习的自治模式是指作为道德主体的青少年以及与青少年群体相关的他人对自身道德学习的管控。由此可知,青少年道德学习的好坏在很大程度上要归因于行为主体,作为道德主体的青少年可以积极主动管控自身品德建设,学习道德具体内容,践行道德实践,明确道德学习价值要旨。自治模式所约束的道德行为主体涵盖自我、与自我相关的他人,需要发挥自身的积极主动性,运用高级认知思维理性看待道德情感、意志及道德行为。

与此同时,道德学习主体间应该相互讨论、交流互鉴,优化群际交往的驱动力,将自我道德行为被约束在群体道德行为准则下运行。而共治模式指第三方作用(除自我与自我相关他人以外的第三方),强调互动平台的影响,落脚到群体间在同一共同使用的外部平台客体上共建、共商、共享,规范力量取代强制力量,以此拓宽青少年道德学习的途径或方式。众所周知,个人的发展离不开社会群体的支持,作为社会人的青少年群体,在日常生活和社会交流过

---

① 褚宏启:《自治与共治:教育治理背景下的中小学管理改革》,《中小学管理》2014 年第 11 期。

程中,不断内化社会道德规范与行为准则。青少年道德学习主体或多或少会受青少年群体相关他人的影响,相互讨论、相互学习、相互借鉴,这样才能共同促进青少年个体道德学习的不断完善。

自治模式充分发挥道德主体的积极作用,做到自我道德发展、自我道德完善和自我道德评价。共治模式强调互动平台的作用,不动用强制力量,而动用规范力量。道德学习除受道德主体及主体间影响外,同时也会诱发相关作用条件发挥效用。随着大数据时代的蓬勃发展,基于互联网平台的拓展,人们道德学习的方式不仅仅关注道德学习的产生、结果,更应该强调道德学习的过程以及在此过程中所运用到的方式、方法、平台等。道德是约束人与人之间关系的内隐标准,人们在互动平台所进行的日常活动也需要遵循道德规范,这就要求以互动平台为代表的第三方强化道德约束,共同推进青少年的道德水平的发展以及道德学习意识的内化。

主要参考文献

中文类

［1］班华:《略论终身道德学习》,《当代教育科学》2004 年第 4 期。

［2］陈钢:《青少年网络亲社会行为呈现新特征》,《中国社会科学报》2017 年 5 月 9 日。

［3］陈红等:《幸福感的神经机制:来自中枢神经系统的证据》,《西南大学学报(社会科学版)》2017 年第 2 期。

［4］陈美芬、陈舜蓬:《攻击性网络游戏对个体内隐攻击性的影响》,《心理科学》2005 年第 2 期。

［5］陈妮娅等:《大学生道德认同与网络利他行为的关系:乐观主义的中介作用》,《南京中医药大学学报(社会科学版)》2017 年第 4 期。

［6］陈乔见:《从"义"到"权利"——近代道德意识转型一例的观念史考察与义理分析》,《哲学研究》2021 年第 2 期。

［7］陈淑丽、柏杨:《青少年学生网络道德行为失范的表现、成因及解决对策》,《北京青年研究》2016 年第 25 期。

［8］陈斯允等:《社会知觉视角下道德诉求方式如何提升劝捐效果》,《心理学报》2019 年第 12 期。

［9］陈钟奇等:《父母教养方式与青少年的道德推脱:共情的中介作用》,《中国特殊教育》2019 年第 2 期。

［10］崔芳等:《右侧颞顶联合区及道德加工脑网络的功能连接预测社会性框架效应:来自静息态功能磁共振的证据》,《心理学报》2021 年第 1 期。

［11］崔丽娟等：《网络游戏成瘾者的内隐攻击性研究》，《心理科学》2006年第3期。

［12］邓林园、方晓义、伍明明等：《家庭环境、亲子依恋与青少年网络成瘾》，《心理发展与教育》2013年第3期。

［13］邓验、曾长秋：《论如何应对青少年网络道德失范问题》，《伦理学研究》2011年第1期。

［14］丁柏铨：《略论舆情——兼及它与舆论、新闻的关系》，《新闻记者》2007年第6期。

［15］丁迈、陈曦：《网络环境下的利他行为研究》，《现代传播—中国传媒大学学报》2009年第3期。

［16］丁子恩等：《大学生自尊与网络过激行为的关系：社交焦虑和双自我意识的作用》，《心理发展与教育》2018年第34期。

［17］董军等：《自我控制失败的理论模型与神经基础》，《心理科学进展》2018年第1期。

［18］董奇、林崇德：《当代中国儿童青少年心理发育特征——中国儿童青少年心理发育特征调查项目总报告》，科学出版社2011年版。

［19］樊富珉：《身心灵互动健康模式：小组辅导理论与应用》，民族出版社2003年版。

［20］范翠英等：《父母控制对初中生网络欺负的影响：道德推脱的中介作用》，《中国临床心理学杂志》2017年第3期。

［21］范青、原伟：《大学生网络成瘾与其人际关系、孤独感的相关性》，《精神医学杂志》2018年第31期。

［22］方杰、温忠麟：《基于结构方程模型的有调节的中介效应分析》，《心理科学》2018年第2期。

［23］方晓义等：《青少年网络成瘾的预防与干预研究》，《心理发展与教育》2015第1期。

［24］冯建军：《当代道德教育的人学论域》，福建教育出版社2015年版。

［25］冯建军：《他者性教育：超越教育的同一性》，《教育研究》2021年第9期。

［26］傅季重等：《道德的理论与实践》，上海社会科学院出版社1987年版。

［27］傅绪荣、汪凤炎等：《孝道：理论、测量、变迁及与相关变量的关系》，《心理科学进展》2016年第2期。

［28］傅小兰：《不忘初心　守正出新？——试论个体的信念形成与改变的心理过

程》,《中国科学院院刊》2017年第8期。

[29]甘媛源等:《大学生网络成瘾与学业延迟满足、学业拖延的关系》,《中国卫生事业管理》2015年第32期。

[30]高德胜:《生活德育论》,人民出版社2005年版。

[31]高峰、白学军:《越努力越幸福——中国背景下成就动机与主观幸福感的元分析》,《心理与行为研究》2021年第4期。

[32]耿晓伟等:《道德相对主义和厌恶情绪对道德直觉判断的影响》,《心理学报》2019年第4期。

[33]郭永玉:《人格研究》,华东师范大学出版社2016年版。

[34]郭永玉、刘毅、尤瑾:《人格理论》,上海教育出版社2021年版。

[35]虢美妮:《社会主义核心价值观引领网络文化发展研究》,《新疆师范大学学报(哲学社会科学版)》2013年第5期。

[36]何丹等:《父母教养方式与青少年网络欺负:隐性自恋的中介作用》,《中国临床心理学杂志》2016年第1期。

[37]胡百精:《互联网与集体记忆构建》,《中国高校社会科学》2014年第3期。

[38]胡耿丹等:《网络成瘾心理学》,北京师范大学出版社2019年版。

[39]胡阳等:《青少年网络受欺负与抑郁:压力感与网络社会支持的作用》,《心理发展与教育》2014年第2期。

[40]贾新奇:《论乔纳森·海特的社会直觉主义理论》,《道德与文明》2010年第6期。

[41]蒋怀滨等:《大学生网络利他行为与共情、网络社会支持的关系研究》,《山东师范大学学报(自然科学版)》2016年第3期。

[42]金童林等:《暴力环境接触对大学生网络攻击行为的影响:反刍思维与网络道德的作用》,《心理学报》2018年第9期。

[43]金童林等:《儿童期心理虐待对大学生网络欺负的影响:道德推脱的中介作用》,《中国特殊教育》2017年第2期。

[44]景怀斌:《德性认知的心理机制与启示》,《中国社会科学》2015年第9期。

[45]康德:《实践理性批判》,商务印书馆1999年版。

[46]雷雳:《互联网心理学:新心理与行为研究的兴起》,北京师范大学出版社2016年版。

[47]李礼:《网络道德情感量表的编制及信效度检验》,《伦理学研究》2021年第4期。

[48]李红:《中国儿童推理能力发展的初步研究》,《心理与行为研究》2015年第5期。

[49]李建华:《道德情感论——当代中国道德建设的一种视角》,北京大学出版社2011年版。

[50]李良俊:《新媒体环境下大学生网络责任感的培养》,《学校党建与思想教育》2015年第17期。

[51]李明:《从"谷歌效应"透视互联网对记忆的影响》,《国际新闻界》2014年第5期。

[52]李鹏等:《信念与结果对道德、法律责任判断的影响》,《心理科学》2015年第4期。

[53]李青、朱恒民:《基于BA网络的互联网舆情观点演化模型研究》,《情报杂志》2012年第3期。

[54]李森、高静:《论教学道德性的内涵及层次》,《教育研究》2019年第4期。

[55]李相南等:《青少年社会支持与攻击的关系:自尊、自我控制的链式中介作用》,《心理发展与教育》2017年第2期。

[56]李政葳:《国家网信办启动网络生态治理专项行动》,《光明日报》2019年1月4日。

[57]李政涛:《中国教育公平的新阶段:公平与质量的互释互构》,《中国教育学刊》2020年第10期。

[58]林崇德:《发展心理学》,人民教育出版社2010年版。

[59]刘慧瀛等:《大学生网络欺负与心理症状、网络社会支持和心理弹性的关系》,《中国心理卫生杂志》2017年第12期。

[60]刘惊铎:《道德体验论》,人民教育出版社2003年版。

[61]刘思义、桑青松:《青少年道德学习的自治模式与共治模式探究》,《现代中小学教育》2019年第1期。

[62]卢家楣:《青少年心理与辅导——理论与实践》,上海教育出版社2011年版。

[63]卢家楣等:《当代大学生道德情感现状调查研究》,《教育研究》2016年第12期。

[64]鲁洁等:《德育新论》,江苏教育出版社2000年版。

[65]陆桂芝等:《暴力暴露对大学生网络攻击行为的影响:有调节的中介模型》,《心理发展与教育》2019年第3期。

[66]罗跃嘉等:《道德判断的认知神经机制》,《西南大学学报:社会科学版》2013

年第 3 期。

[67][爱尔兰]玛丽·艾肯:《网络心理学——隐藏在现象背后的行为设计真相》,门群译,中信出版集团股份有限公司 2018 年版。

[68]马晓辉、雷雳:《青少年网络道德与其网络偏差行为的关系》,《心理学报》2010 年第 10 期。

[69]马永翔:《心智、知识与道德——哈耶克的道德哲学及其基础研究》,生活·读书·新知三联书店 2006 年版。

[70][美]科尔伯格:《道德发展心理学》,郭本禹等译,华东师范大学出版社 2004 年版。

[71][美]罗伯特·斯莱文:《教育心理学》,吕红梅等译,人民邮电出版社 2020 年版。

[72][美]麦特·里德雷:《美德的起源——人类本能与协作的进化》,刘珩译,中央编译出版社 2004 年版。

[73]戚万学等:《改革开放 40 年德育理论研究的主题及进展》,《教育研究》2018 年第 10 期。

[74]任午令等:《基于攻击行为预测的网络防御策略》,《浙江大学学报》2014 年第 12 期。

[75]桑标主编:《儿童发展心理学》,高等教育出版社 2015 年版。

[76]桑青松:《青少年道德学习》,中国人民大学出版社 2015 年版。

[77]桑青松等:《心理韧性集体咨询对校园受欺凌小学生状态焦虑的影响》,《心理与行为研究》2019 年第 3 期。

[78]石中英:《回到教育的本体——顾明远先生对于教育本质和教育价值的论述》,《清华大学教育研究》2018 年第 5 期。

[79]苏彦捷、孙芳芳:《道德具身性的元分析研究》,《华东师范大学学报(教育科学版)》2014 年第 2 期。

[80]檀传宝:《爱的解释及其教育实现——孔子的"仁"与诺丁斯的"关怀"概念之比较》,《教育研究》2019 年第 2 期。

[81]王从兴等:《概念加工深度影响道德概念水平方位隐喻联结》,《心理学报》2020 年第 4 期。

[82]王海明:《道德学习解析》,《中国大学教学》2007 年第 2 期。

[83]王汉林等:《道德概念的空间形象性:语言因素和具身因素的共同作用》,《心理学报》2020 年第 2 期。

[84]王洁等:《感觉寻求与网络成瘾关系的元分析》,《心理科学进展》2013 年第 10 期。

[85]王淑庆:《人工道德能动性的三种反驳进路及其价值》,《哲学研究》2021 年第 4 期。

[86]王云强、郭本禹:《大脑是如何建立道德观念的:道德的认知神经机制研究进展与展望》,《科学通报》2017 年第 25 期。

[87]温忠麟、叶宝娟:《有调节的中介模型检验方法:竞争还是替补?》,《心理学报》2014 年第 5 期。

[88]吴霞等:《道德动机动态系统理论:一种道德发展的新科尔伯格取向》,《心理科学》2018 年第 1 期。

[89]解登峰:《情感教育视角下青少年网络社会责任感培养》,《中国教育学刊》2017 年第 6 期。

[90]谢家树、吕永晓:《特拉华欺负受害量表(学生卷)中文版信、效度研究》,《中国临床心理学杂志》2015 年第 4 期。

[91]徐碧波等:《中国青少年互联网心理与行为研究及展望》,《心理发展与教育》2018 年第 34 期。

[92]杨晨晨等:《状态自恋与攻击行为——知觉到的威胁、愤怒情绪和敌意归因偏差的多重中介作用》,《心理发展与教育》2016 年第 2 期。

[93]杨国荣:《道德行为的两重形态》,《哲学研究》2020 年第 6 期。

[94]杨继平等:《观点采择对大学生网络偏差行为的影响:道德推脱的中介作用》,《心理科学》2014 年第 37 期。

[95]杨丽珠等:《特质愤怒与反应性攻击的综合认知模型述评》,《心理科学进展》2011 年第 9 期。

[96]杨韶刚:《西方道德心理学的新发展》,上海教育出版社 2008 年版。

[97]叶红燕、张凤华:《从具身视角看道德判断》,《心理科学进展》2015 年第 23 期。

[98]叶娜、张陆:《公正世界信念对农村留守初中生情绪体验的影响:多重中介效应分析》,《中国特殊教育》2017 年第 1 期。

[99][英]艾莉森·艾特莉尔主编:《网络心理学——探寻线上行为的心理动因》,杨海波等译,人民邮电出版社 2018 年版。

[100][英]彼得斯:《道德发展与道德教育》,邬冬星译,李玢校,浙江教育出版社 2000 年版。

[101]应贤慧、戴春林:《中学生移情与攻击行为:攻击情绪与认知的中介作用》,《心理发展与教育》2008年第24期。

[102]袁辉:《无用论抑或决定论——康德道德教育理论中的个人教育与社会启蒙教育》,《教育研究》2020年第9期。

[103]袁晓琳、肖少北:《中学生网络道德的实证研究》,《教学与管理》2017年第30期。

[104]张丽华、苗丽:《敌意解释偏向与攻击的关系》,《心理科学进展》2019年第12期。

[105]张茂聪、王培峰:《网络交往伦理:青少年网络道德教育的新视域》,《教育研究》2007年第7期。

[106]张敏等:《感戴对网络利他行为的影响:现实利他行为的中介作用》,《中国特殊教育》2014年第4期。

[107]赵欢欢等:《大学生特质移情与网络利他行为:网络社会支持的中介效应》,《心理发展与教育》2012年第5期。

[108]赵倩:《大学生道德认同与网络利他行为:网络道德与性别的作用》,《中国临床心理学杂志》2018年第6期。

[109]赵勇:《大学生道德学习的本质及其实现方式》,《学校党建与思想教育》2013年第7期。

[110]郑显亮、王亚芹:《青少年网络利他行为与主观幸福感的关系——一个有中介的调节模型》,《心理科学》2017年第40期。

[111]郑显亮等:《网络利他行为对青少年主观幸福感的影响——有调节的中介效应》,《中国特殊教育》2017年第8期。

[112]周晓林、于宏波:《社会情绪与社会行为的脑机制》,《苏州大学学报》(教育科学版)2015年第1期。

[113]周兴国:《公民德性教育:历史、观念与行动》,安徽教育出版社2013年版。

[114]周宗奎等:《网络心理学》,华东师范大学出版社2017年版。

[115]朱鹤等:《中国部分大学生网络欺凌行为发生现状调查》,《吉林大学学报(医学版)》2016年第42期。

[116]朱美侠等:《初中生社会支持网络与亲社会行为的关系:性别的调节作用》,《中国健康心理学杂志》2016年第10期。

[117]朱小蔓:《情感德育论》,人民教育出版社2005年版。

[118]朱晓伟等:《从受欺负到网上欺负他人:有调节的中介模型》,《中国临床心

理学杂志》2019 年第 3 期。

[119]邹泓:《同伴关系的发展功能及影响因素》,《心理发展与教育》1998 年第 2 期。

外文类

[120]Anioke, J. N., "Media Effects on Children's Social and Moral Development: A Theological Moral Study in Africa", *Cultural and Religious Study*, Vol.5, No.3(March 2017).

[121]Ardi, Z., Viola, K., & Sukmawati, I., "An Analysis of Internet Abuses Impact on Children's Moral Development", *Journal Penelitian Pendidikan Indonesia*, Vol. 4, No. 1 (2018).

[122]Bandura A., "Selective Moral Disengagement in the Exercise of Moral Agency", *Journal of Moral Education*, Vol.31, No.2. (June 2002).

[123]Bayraktar Fatih, Machackova Hana, Dedkova Lenka, Cerna Alena, & Ševčíková Anna, "Cyberbullying: The Discriminant Factors among Cyberbullies, Cybervictims, and Cyberbully-Victims in a Czech Adolescent Sample", *Journal of Interpersonal Violence*, Vol.30, No.18(November 2015).

[124]Bohannon J., "Searching for the Google Effect on People's Memory", *Science*, Vol.333, No.6040(July 2011).

[125]Bussey K., Fitzpatrick S., & Raman A., "The Role of Moral Disengagement and Self-efficacy in Cyber Bullying", *Journal of School Violence*(2015).

[126]C. Garofalo, P. Velotti, A. Callea, et al., "Emotion Dysregulation, Impulsivity and Personality Disorder Traits: A Community Sample Study", *Psychiatry Research*, Vol.266, (August 2018).

[127]C. Gordillo, I. F. Antelo, Guadalupe & Martín-Mora Parra, "Pueden Las Víctimas de Bullying Convertirse en Agresores del Ciberespacio? Estudio en Población Adolescente", *European Journal of Investigation in Health*, Vol.9, No.2(January 2019).

[128]C. Valdes, A. Angel, M. Carlos, & A. Ernesto, "Relationship among Parental Restorative Discipline, Shame Management, Sympathy, and Bullying", *Revista Mexicana de Psicologia*, Vol.34, No.1(2017).

[129]Cantone, E., Piras, AP., Vellante. M., et al., "Interventions on Bullying and Cyberbullying in Schools: A Systematic Review", *Clinical Practice and Epidemiology in Mental Health*, Vol.11(March 2015).

［130］Chang,C.M.,& Chou,C.,"An Exploratory Study of Young Students' Core Virtues of E-character Education:The Taiwanese Teacher's Perspective,"*Journal of Moral Education*,Vol.44,No.4(June 2015).

［131］Chen W.,Fan C.Y.,Liu,Q.X.,Zhou Z.K.,& Xie X.C.,"Passive Social Network Site Use and Subjective Well-being:A Moderated Mediation Model",*Computers in Human Behavior*,Vol.64,No.11(November 2016).

［132］Costello,M.,Hawdon,J.,Ratliff,T.,& Grantham,T.,"Who Views Online Extremism? Individual Attributes Leading to Exposure",*Computers in Human Behavior*,Vol.63 (October 2016).

［133］Craig A.D,"Significance of the Insula for the Evolution of Human Awareness of Feelings from the Body",*Annals of the New York Academy of Sciences*, Vol.1225,No.1(April 2011).

［134］Eva Oberle PhD,Kaitlyn McLachlan PhD,Nicole L.A.Catherine PhD,Ursula Brain B.A.,Kimberly A.Schonert-Reichl PhD,Joanne Weinberg PhD,& Tim F.Oberlander, "Afternoon Cortisol Provides a Link between Self-regulated Anger and Peer-reported Aggression in Typically Developing Children in the School Context",*Developmental Psychology*, Vol.59,No.6(May 2017).

［135］Frimer,J.A.,& Walker,L.J.,"Towards a New Paradigm of Moral Personhood", *Journal of Moral Education*,Vol.37,No.3(September 2008).

［136］G.Daniel,Y.Takuya,& S.Christiane,"Through the Magnifying Glass:Empathy's Differential Role in Preventing and Promoting Traditional and Cyberbullying",*Computers in Human Behavior*,Vol.96(July 2019).

［137］G.Liu,X.Niu,& L.Lin,"Gender Moderates the Effect of Darkness on Ethical Behaviors:An Explanation of Disinhibition",*Personality and Individual Differences*,Vol.130, (August 2018).

［138］Geller,E.H.,Son,J.Y.,& Stigler,J.W.,"Conceptual Explanations and Understanding Fraction Comparisons",*Learning and Instruction*,Vol.52(June 2017).

［139］Giota,K.G.& Kleftaras,G,"The Discriminant Value of Personality,Motivation, and Online Relationship Quality in Predicting Attraction to Online Social Support on Facebook",*International Journal of Human Computer Interaction*, Vol. 30, No. 12 (December 2014).

［140］Goodboy,A.K.,Martin,& M.M.,"The Personality Profile of a Cyberbully:Examining the Dark Triad", *Computers in Human Behavior*, Vol.49(August 2015).

[141] Greene J.D., et al., "The Neural Bases of Cognitive Conflict and Control in Moral Judgment", *Neuron*, Vol.44, No.2(November 2004).

[142] Greene J.D., "Why are VMPFC Patients More Utilitarian? A Dual-process Theory of Moral Judgment Explains", *Trends in Cognitive Sciences*, Vol. 11, No. 8 (September 2007).

[143] Greene J.D., Morelli S.A., Lowenberg K., et al., "Cognitive Load selectively Interferes with Utilitarian Moral Judgment", *Cognition*, Vol.107, No.3(July 2008).

[144] H.B.Jiang, G.Chen & T.Wang, "Relationship between Belief in a Just World and Internet Altruistic Behavior in a Sample of Chinese Undergraduates: Multiple Mediating Roles of Gratitude and Self-esteem", *Personality and Individual Differences*, Vol.9, No.5(September 2016).

[145] H.Vossen, J.T.Piotrowski, & P.M.Valkenburg, "Development of the Adolescent Measure of Empathy and Sympathy", *Personality & Individual Differences*, Vol.74(February 2015).

[146] Hadit J., "The New Synthesis in Moral Psychology", *Science*, Vol.316, No.5827 (June 2007).

[147] Harenski C.L.& Hamann S., "Neural Correlates of Regulating Negative Emotions Related to Moral Violations", *Neuro Image*, Vol.30, No.1(April 2006).

[148] Hartman, L., Metselaar, S., Widdershoven, G., & Molewijk, B., "Developing a 'Moral Compass Tool' Based on Moral Case Deliberations: A Pragmatic Hermeneutic Approach to Clinical Ethics", *Bioethics*, Vol.33(July 2019).

[149] Heirman, W., Walrave, M., Vandebosch, H., Wegge, D., Eggermont, S., & Pabian, S., *Cyberbullying Research in Belgium: An Overview of Generated Insights and a Critical Assessment of the Mediation of Technology in a Web 2.0 World*, in Cyberbullying across the Globe, Berlin, Germany: Springer(2016).

[150] Hinduja, S., & Patchin, J.W., "Cultivating Youth Resilience to Prevent Bullying and Cyberbullying Victimization", *Child Abuse & Neglect*, Vol.73(November 2017).

[151] Hökby, S., Hadlaczky, G., Westerlund, J., Wasserman, D., Balazs, J., Germanavicius, A., Machín, N., Meszaros, G., Sarchiapone, M., Värnik, A., Varnik, P., Westerlund, M., & Carli, V., "Are Mental Health Effects of Internet Use Attributable to the Web-Based Content or Perceived Consequences of Usage? A Longitudinal Study of European

Adolescents", *JMIR Mental Health*, Vol.3, No.3(July 2016).

[152] Inguaggiato, G., Metselaar, S., Widdershoven, G., & Molewijk, B., "Clinical Ethics Expertise as the Ability to Co-create Normative Recommendations by Guiding a Dialogical Process of Moral Learning", *The American Journal of Bioethics*, Vol. 19, No. 11 (November 2019).

[153] J.E.Han, N.Boachie, I.Garcia-Garcia, et al., "Neural Correlates of Dietary Self Control in Healthy Adults: A Meta-analysis if Functional Brain Imaging Studies", *Physiology Behavior*, Vol.192, No.1(2018).

[154] J.J.Allen, A .G.Anderson, B.Bushman, "He General Aggression Model", *Current Opinion in Psychology*, Vol.19, No.3(2018).

[155] Jacobs Niels C.L., Dehue Francine, Völlink Trijntje, Lechner Lilian, "Determinants of Adolescents' Ineffective and Improved Coping with Cyberbullying: A Delphi Study", *Journal of Adolescence*, Vol.37, No.4(June 2014).

[156] Jones, L.M., Mitchell, K.J., & Finkelhor, D., "Trends in Youth Internet Victimization: Findings from Three Youth Internet Safety Surveys 2000—2010", *Journal of Adolescent Health*, Vol.50, No.2(February 2012).

[157] K.A.Fanti, A.G.Demetriou & V.V.Hawa, "A Longitudinal Study of Cyberbullying: Examining Risk and Protective Factors", *European Journal of Developmental Psychology*, Vol.9, No.2(March 2012).

[158] Kayis A.R., Satici S.A., Yilmaz M.F., et al., "Big Five-personality Trait and Internet Addiction: A Meta- analytic Review", *Computers in Human Behavior*(October 2016).

[159] Khan, S., Gagné, M., Yang, L., & Shapka, J., "Exploring the Relationship between Adolescents' Self-concept and Their Offline and Online Social Worlds", *Computer in Human Behavior*, Vol.55(February 2016).

[160] Kimpe, L., Walrave, M., Ponnet, K., Ouytsel, & J., "Internet Safety", *The International Encyclopedia of Media Literacy*(May 2019).

[161] Koenigs M., et al., "Damage to the Prefrontal Cortex Increases Utilitarian Moral Judgements", *Nature*, Vol.446, No.7138(May 2007).

[162] Kokkinos C.M., Kipritsi E. Bullying, Moral Disengagement& Empathy: Exploring the Links among Early Adolescents.*Educational Psychology*, Vol.38, No.4(June 2015).

[163] Lam, R., & Muldner, K., "Manipulating Cognitive Engagement in Preparation-to-collaborate Tasks and the Effects on Learning", *Learning and Instruction*,

Vol.52(May 2017).

[164]Lamm C. ,Silani G.& Singer T. , "Distinct Neural Networks Underlying Empathy for Pleasant and Unpleasant Touch" ,*Cortex*,Vol.35(February 2015).

[165]Lee,C.Y. ,Der Peter Pan,J. ,Liao,C.J. ,Chen,H.Y. ,& Walters,B.G. , "E-character Education among Digital Natives:Focusing on Character Exemplars" ,*Computers & Education*,Vol.67(September 2013).

[166]Leung N.M. ,Wong S.F. ,Wong W.Y. ,et al. , "Filial Piety and Psychosocial Adjustment in Hong Kong Chinese Early Adolescents" ,*Journal of Early Adolescence*,Vol.30,No. 5(October 2010).

[167]Lewis,S.P. ,& Knoll,A.K. , "Do It Yourself:Examination of Self-injury First Aid Tips on YouTube" , *Cyberpsychology, Behavior, and Social Networking*, Vol.18, No.5 (May 2015).

[168]Lin,X. ,Su,W. ,& Potenza,M.N. , "Development of an Online and OfflineIntegration Hypothesis for Healthy Internet Use:Theory and Preliminary Evidence" ,*Frontiers in Psychology*,Vol.9(April 2018).

[169]Livingstone,S. ,& Smith,P.K. , "Annual Research Review:Harms Experienced by Child Users of Online and Mobile Technologies:The Nature,Prevalence and Management of Sexual and Aggressive Risks in the Digital Age" ,*Journal of Child Psychology and Psychiatry*,Vol.55,No.6(January 2014).

[170]Lobbestael,J. ,Baumeister,R.F. ,Fiebig,T. ,Eckel,& L.A. , "The Role of Grandiose and Vulnerable Narcissism in Self-reported and Laboratory Aggression and Testosterone Reactivity" ,*Personality and Individual Differences*,Vol.69(October 2014).

[171]Lou,S.J. ,Shih,R.C. ,Liu,H.T. ,Guo,Y.C. ,& Tseng,K.H. , "The Influences of the Sixth Graders' Parents' Internet Literacy and Parenting Style on Internet Parenting" , *Turkish Online Journal of Educational Technology*,Vol.9,No.4(October 2010).

[172]Luo,N. ,Zhang,M.L. ,& Qi,D. , "Effects of Different Interactions on Students' Sense of Community in E-learning Environment" ,*Computers & Education*,Vol.115(August 2017).

[173]Lwin,M.O. ,Stanaland,A. ,& Miyazaki,A. , "Protecting Children's Privacy Online:How Parental Mediation Strategies Affect Website Safeguard Effectiveness" ,*Journal of Retailing*,Vol.84,No.2(June 2008).

[174]M.C.Wegemer,S.J.Eccles, "Gendered STEM Career Choices:Altruistic Values,

Beliefs, and Identity", *Journal of Vocational Behavior*, Vol.110, No.3(2019).

[175] M. Callaghan, C. Kelly& M. Molcho, "Exploring Traditional and Cyberbullying among Irish Adolescents", *International Journal of Public Health*, Vol.60, No.2(2015).

[176] M. E. Varghese, & M. C. Pistole, "College Student Cyberbullying: Self - esteem, Depression, Loneliness, and Attachment", *Journal of College Counseling*, Vol. 20, No. 10 (2017).

[177] M. S. Hagger, E. Leaver, K. Esser, et al., "Cue-induced Smoking Urges Deplete Cigarette Smokers' Self-control Resources", *Annals of Behavioral Medicine*, Vol.46, No.3 (2013).

[178] M. Tzun, "Cyberbullying and its Effects on the Adolescent and Youth Health: A Huge Problem behind Tiny Keys Cyber Bullying and Health", *Journal of Clinical and Analytical Medicine*, Vol.9, No.2(2018).

[179] Ma, H. K., Li, S. C., & Pow, J. W. C., "The Relation of Internet Use to Prosocial and Antisocial Behavior in Chinese Adolescents", *Cyberpsychology, Behavior, and Social Networking*, Vol.14, No.3(March 2011).

[180] Maibom, & H. L., "The Many Faces of Empathy and their Relation to Prosocial Action and Aggression Inhibition", *Wiley Interdisciplinary Reviews Cognitive Science*, Vol.3, No.2(March 2012).

[181] Mayer, C., "Written Forms of Signed Languages: A Route to Literacy for Deaf Learners?", *American Annals of the Deaf*, Vol.161, No.5(January 2017).

[182] Metselaar, S., Molewijk, B., & Widdershoven, G., "Beyond Recommendation and Mediation: Moral Case Deliberation as Moral Learning in Dialogue", *American Journal of Bioethics*, Vol.15(January 2015).

[183] Michela Sarlo, Lorella Lotto, Andrea Manfrinati, Rino Rumiati, Germano Gallicchio & Daniela Palomba, "Temporal Dynamics of Cognitive-emotional Interplay in Moral Decision-making", *Journal of Cognitive Neuroscience*, Vol.24, No.4(April 2012).

[184] Michl Petra, Meindl Thomas, Meister Franziska, Born Christine, Engel Rolf R., Reiser Maximilian & Hennig-Fast Kristina, "Neurobiological Underpinnings of Shame and Guilt: A Pilot FMRI Study", *Social Cognitive and Affective Neuroscience*, Vol.9, No.2(October 2014).

[185] Mok, K., Ross, A. M., Jorm, A. F., & Pirkis, J., "An Analysis of the Content and Availability of Information on Suicide Methods Online", *Journal of Consumer Health on the*

Internet, Vol.20, No.(1-2)(April 2016).

[186] Molenberghs P., Bosworth R., Nott Z., et al., "The Influence of Group Membership and Individual Differences in Psychopathy and Perspective Taking on Neural Responses when Punishing and Rewarding Others", *Human Brain Mapping*, Vol.35, No.10(October 2014).

[187] Molenberghs P., Cunnington R.& Mattingley J.B., "Is the Mirror Neuron System Involved in Imitation? A Short Review and Meta-analysis", *Neuroscience & Biobehavioral Reviews*, Vol.33, No.7(August 2009).

[188] Moll, J.& de Oliveira-Souza, R., "Moral Judgments, Emotions and the Utilitarian Brain", *Trends in Cognitive Sciences*, Vol.11, No.8(September 2007).

[189] Moll, R.Z.ahn, R. de O.liveira-Souza, F.Krueger & J.G.Rafman, "The Neural Basis of Human Moral Cognition", *Nature Reviews Neuroscience*, Vol.6, No.10(November 2005).

[190] Morelli S.A., Lieberman M.D & Zaki J., "The Emerging Study of Positive Empathy", *Social and Personality Psychology Compass*, Vol.9, No.2(February 2015).

[191] Müller, K.W., Beutel, M.E., Egloff, B.K., & Wölfling, "Investigating Risk Factors for Internet Gaming Disorder: A Comparison of Patients with Addictive Gaming, Pathological Gamblers and Healthy Controls Regarding the Big Five Personality Traits", *European Addiction Research*, Vol.20, No.3(March 2014).

[192] Müller, K.W., Dreier, M., Beutel, M.E., Duven, E., Giralt, S.& Wölflfling, K., "A Hidden Type of Internet Addiction? Intense and Addictive Use of Social Networking Sites in Adolescents", *Computers in Human Behavior*, Vol.55(February 2016).

[193] N.Stephanie, S.Ronald & Y.Scott, "Retrospective Experiences of Cyberbullying and Emotional Outcomes on Young Adults Who Stutter", *Journal of Child & Adolescent Trauma*, Vol.11, No.1(March 2018).

[194] Nakagawa S, Takeuchi H, Taki Y, et al., "Comprehensive Neural Networks for Guilty Feelings in Young Adults", *NeuroImage*, Vol.105(November 2014).

[195] Näsi, M., Räsänen, P., Hawdon, J., Holkeri, E., & Oksanen, A., "Exposure to Online Hate Material and Social Trust among Finnish Youth", *Information Technology & People*, Vol.28, No.3(July 2015).

[196] Noll, J.G., Shenk, C.E., Barnes, J.E., & Haralson, K.J., "Association ofMaltreatment with High-risk Internet Behaviors and Offline Encounters", *Pediatrics*, Vol.131, No.2

(January 2013).

[197]Pabian S.,Bacher C.J.S.D.& Vandebosch H.,"Dark Triad Personality Traits and Adolescent Cyber – aggression", *Personality and Individual Differences*, Vol. 75 (November 2014).

[198]Paciello M.,Fida R.,Tramontano C.,et al.,"Stability and Change of Moral Dis-engagement and Its Impact on Aggression and Violence in Late Adolescence", *Child Develop-ment*, Vol.29, No.1(September 2008).

[199] Petra Gradinger, Dagmar Strohmeier, Eva Maria Schiller, Elisabeth Stefanek & Christiane Spiel, "Cyber – victimization and Popularity in Early Adolescence: Stability and Predictive Associations", *European Journal of Developmental Psychology*, Vol.9, No.2(March 2012).

[200]Preis M.A.,Kröner–Herwig B.,Schmidt–Samoa C.,et al.,"Neural Correlates of Empathy with Pain Show Habituation Effects: An FMRI Study", *PLoS One*, Vol.10, No.8(Au-gust 2015).

[201]R.D.Rey,P.Elipe & R.Ortega–Ruiz, "Bullying and Cyberbullying: Overlapping and Predictive Value of the Co–occurrence", *Psicothema*, Vol.24, No.4(November 2012).

[202]R.M.Kowalski,G.W.Giumetti,A.N.Schroeder,& M.R.Lattanner, "Bullying in the Digital Age: A Critical Review and Meta–analysis of Cyberbullying Research among Youth", *Psychological Bulletin*, Vol.140, No.4(2014).

[203]Rymw,A.Cmkc.,& X.B.Bo, "Does Gender Matter in Cyberbullying Perpetra-tion? An Empirical Investigation", *Computers in Human Behavior*, Vol.79, No.27(February 2018).

[204]S.J.Ward,L.A.King, "Gender Differences in Emotion Explain Women's Lower Immoral Intentions and Harsher Moral Condemnation", *Personality and Social Psychology Bulletin*, Vol.44, No.5(February 2018).

[205] S. K. Anja, S. Martin, Z. Pavle, W. Ralf & S. Herbert, " Feeling Cybervictims' pain–The Effect of Empathy Training on Cyberbullying", *Aggressive Behavior*, Vol.42(2016).

[206]S.N.Ansary, "Cyberbullying: Concepts, Theories, and Correlates Informing Evi-dence–based Best Practices for Prevention", *Aggression and Violent Behavior*, Vol.50(Januar-y 2020).

[207]S.Pabian,C.J.S.D.Backer & H.Vandebosch, "Dark Triad Personality Traits and Adolescent Cyber–aggression", *Personality&Individual Differences*, Vol.75(2014).

［208］Sherman L.E.，Payton A.A.& Hernandez L.M.，"The Power of the Like in Adolescence：Effects of Peer Influence on Neural and Behavioral Responses to Social Media"，*Psychological Science*，Vol.27，No.7（July 2016）．

［209］Simmons，R.G.（eds.），*Moving into Adolescence：The Impact of Pubertal Change and School Context*，Routledge（2017）．

［210］Smith，P.K.，"The Nature of Cyberbullying and What We can Do about It"，*Journal of Research in Special Educational Needs*，Vol.15，No.3（August 2015）．

［211］Tang Honghong，Lu Xiaping，Su Rui，Liang Zilu，Mai Xiaoqin & Liu Chao，"Washing away Your Sins in the Brain：Physical Cleaning and Priming of Cleaning Recruit Different Brain Networks after Moral Threat"，*Social Cognitive and Affective Neuroscience*，Vol. 12，No.7（March 2017）．

［212］Thomas J.，Holt，Adam M.，Bossler & David C.May，"Low Self－Control，Deviant Peer Associations，and Juvenile Cyberdeviance"，*American Journal of Criminal Justice*，Vol. 37，No.3（September 2012）．

［213］Tosun L.P.，"Motives for Facebook Use and Expressing 'True Self' on the Internet"，*Computers in Human Behavior*，Vol.28，No.4（July 2012）．

［214］Trivers，& R.，*Parental Investment and Sexual Selection*，Chicago：Aldine Publishing（2017）．

［215］Van Ingen，E.，& Wright，K.B.，"Predictors of Mobilizing Online Coping Versus Offline Coping Resources after Negative Life Events"，*Computer in Human Behavior*，Vol.59（June 2016）．

［216］Verduyn P.，Lee D.S.，Park J.，Shablack H.，Orvell A.& Bayer J.，et al.，"Passive Facebook Usage Undermines Affective Well－being：Experimental and Longitudinal Evidence"，*Journal of Experimental Psychology General*，Vol.144，No.2（April 2015）．

［217］Wang，H.Y.，& Shao，X.W.，"Impact of We Media on Deconstruction and Reconstruction of College Students' Ideological and Moral Outlook"，*EURASIA Journal of Mathematics，Science and Technology Education*，Vol.13，No.12（November 2017）．

［218］Yoder Keith J & Decety Jean，"The Good，the Bad，and the Just：Justice Sensitivity Predicts Neural Response during Moral Evaluation of Actions Performed by Others"，*The Journal of Neuroscience：The Official Journal of the Society for Neuroscience*，Vol.34，No.12（March 2014）．

［219］Young，L.& Saxe R.，"The Neural Basis of Belief Encoding and Integration in

Moral Judgment", *Neuro Image*, Vol.40, No.4 (June 2008).

[220] Zheng, L.C., "Theoretical Analysis of the Integration Development of Moral Education and Technology", *Advances in Social Science*, *Education and Humanities Research*, Vol. 336 (October 2019).

责任编辑：吴焰东
封面设计：石笑梦
版式设计：胡欣欣

图书在版编目（CIP）数据

网络文化与青少年道德学习/桑青松 著. —北京：人民出版社，2023.5
ISBN 978－7－01－025561－3

I.①网… II.①桑… III.①互联网络-影响-青少年教育-品德教育-
研究-中国 IV.①D432.62

中国国家版本馆 CIP 数据核字（2023）第 058527 号

网络文化与青少年道德学习
WANGLUO WENHUA YU QINGSHAONIAN DAODE XUEXI

桑青松 著

人民出版社 出版发行
（100706 北京市东城区隆福寺街 99 号）

北京中科印刷有限公司印刷 新华书店经销

2023 年 5 月第 1 版 2023 年 5 月北京第 1 次印刷
开本：710 毫米×1000 毫米 1/16 印张：20.5
字数：280 千字

ISBN 978－7－01－025561－3 定价：96.00 元

邮购地址 100706 北京市东城区隆福寺街 99 号
人民东方图书销售中心 电话（010）65250042 65289539